BRINGERS OF THE DAWN

Teachings from the Pleiadians

BARBARA MARCINIAK

プレアデス＋かく語りき

地球30万年の夜明け

バーバラ・マーシニアック 著

大内 博 訳

ナチュラルスピリット

BRINGERS OF THE DAWN
Teachings from the Pleiadians
by Babara Marciniak

プレアデスからの日本語版読者へのメッセージ＊

私たちは、あなたと、いま、一緒におります。こんにちは。このようなかたちで、あなた方と時間をともにすることができることは、私たちにもありがたいことです。あなた方とシェアしたいことは、実にたくさんあります。というのは、すべては創作ですから。そして、この本の出版という創作のダンスにおいて私たちはパートナーなのですから。

この本の純粋で簡潔なメッセージが、あなたの国の人々の言葉となって伝えられるのは非常に嬉しいことです。この本は、クリスタルと同じように、さまざまな面から光を発する情報の宝庫で、いま地球がさしかかっているときにおいてきわめて重要なものです。あなたのコミットと、純粋な願望、奉仕したいという意欲を承認します。ここだけの話ですが、あなたも知っている通り、いまというときに、日本という文化の中にあなたが配置されたのは偶然ではありません。というのは、きわめて深遠なかたちで、この本の情報はあなたがこれまで明確に理解できなかったことの謎を解く鍵となるからです。

これと同じように、現実の一つの切り取り方を提示したこの本には、日本のリーダーとして、次なる進化のリーダーとなるべく日本に配置された人々の頭脳・心・感情の中に明晰な理解が生まれるようなメッセージが入っています。これはあなたもご存知の通り、日本や日本人にかぎったことではありません。しかし、日本の人々は来るべき大変化において極めて重要な働きをすることになるでしょう。それは、日本の人々が地球の他の民族に比べて、心と感情により近い状態を保ってきたからです。日本人の波動、リーダーシップ、彼らが果たすべく運命づけられている役割はきわめて重要なものです。

あるレベルにおいて、日本の人々は彼ら本来の目的に目覚めさせられるのを待っています。あなたもよく知っているように、この本は目に見えるレベル、目に見えないレベルなど、数多くのレベルではたらきかけます。日本の人達は、さまざまなドアがそれと分からないうちに、目に見えることなく開かれていく、その魔術的な展開の波長にきわめてユニークに波長が合っているのです。

この本のメッセージを見ると、これから訪れる変化の特定の領域についてだけ語ることはとてもできません。というのは、すべてのことがひっくり返されるからです。変わらないものは何もありません。いったん鍵をさしいれ、ドアが開き、別な次元からの精妙な光が入ってくると、変わらないでいることは不可能です。しかしながら、特に日本の人達が、彼らの目から見て、もっとも大きな変化をとげることになるだろう領域はいくつかあります。その一つは、男と女のエネルギーの糸を素材として、新しい布を織り成していくという領域です。

現在の地球において、これを達成するのは大きな仕事です。あなた方の文化、社会の土台は、男性支配の構造になっています。ひいては、これが序列階級という考えに反映され、内面的な実現よりも外面的な実現を大事にするすべてのあり方に反映されています。あなた方の文化の中で、高い意識と洞察をもった人々は、さまざまなかたちで、この男女の分裂を微調整し、バランスを計るようになるでしょう。この男女の分裂にはそれなりの理由がありました。人間が理解を深め、学びをするための機会を提供するためにあったのです。しかし、いま、この分裂は人間が新しいドアをとおる妨げとなるでしょう。

日本の人達は、この分裂に気付きながらも、それをよしとして受け入れてきましたが、心の奥底では、何かがおかしいことを知っていました。それは、日本の人達は、非常に精妙な波長と波動が合っているからです。その波動とは、調和の波動です。それは本当に美しい波動です。この国の人達は、ほんの少しでもバランスが崩れているときには、心の内奥でそれに気付き、人間の目には見えないような微妙なズレを調整し、ふたたびバランスをとり戻し、調和を実現するようにプログラムされているのです。日本の人々は、肉体的にも、非肉体的にも、細胞の一つ一つが調和への願望に波長が合っているのです。この調和との合体こそ、すべての生きとし生けるものとの合一に繋がり、宇宙の天使的な波動に繋がるのです。

日本の人々には、まるで、完璧な天国の歌と波長が合ったフィラメントがあるかのようです。日本の人々は、心の耳を澄まして、自己存在のすべての細胞を、長いあいだ忘れられてきたあの歌、あの完璧な歌に合致させ、すべての存在と合致させなければなりません。日本民族全体がこの波長と合体し、そうすることによって進むべき道を示すパイオニアにならなければなりません。攻撃的にこうすべきだと主張したり、人を支配しようとするようなやり方ではなく、そっと立ち止まり、心の中にあるすべての存在と繋がる波動に合わせ、その奇跡的な瞬間の純粋さの前に静かに立ちつくし、あらゆる次元の存在レベルに波長を合わせることによって達成するのです。この完璧な宇宙と調和をはかり、融合し、波長を共有するのです。そうすることによって一条の狼煙《のろし》となり、アンテナとなり、他の人々が自分自身を本来の姿に戻し、自らの本来の姿と波長を合わせる導き手となるのです。この国の人々にとって、これこそ神に祝福された優雅なる奉仕の道です。混乱はやがて自ずと静まり、その航跡には純粋さだけが残され、もっとも素晴らしい、民族としての調和が達成されることでしょう。

すべては完璧なタイミングで進行しています。
すべては完璧なタイミングで進行しています。
すべては完璧なタイミングで進行しています。

＊一九九四年、八月二一日、BRINGERS OF THE DAWNの日本語版の出版が間近に迫ったとき、ジャネット・大内をチャネラーとして、大内博が、プレアデスのエネルギー体に、とくに日本人へのメッセージがあるかどうか聞いたところ、このようなメッセージが送られて来ました。

プレアデス＋かく語りき　目次

序文1　信頼こそが鍵です

テラ・トーマス

一九八八年、バーバラ・マーシニアックと私が初めて会ったとき、私たちはともに人生の心ときめく一ページを紐解きはじめていたところだった。私はミシガンに引っ越して、出版者のバリー・コニコフ、スージー・コニコフ夫妻とともに、「コネクティング・リンク（Connecting Link）」という新しい雑誌を始めていたし、バーバラはプレアデス人のチャネリングを始めていた。長年にわたって、旅行をしたり、調査活動をしたり、意識拡大のための文献を研究しながら、さまざまな仕事をわたり歩いてきた後で、私たちの本来のあり方と信条を包括する仕事を創作し、そのことに心をときめかせていたのだった。

その後の二年間、バーバラと私はさまざまな集まりに出向いて、プレアデス人の教えを試してみては、だいたいの場合、大いに楽しい体験をしていた。プレアデス人の教えを本にしようと話し合ったりもしたが、あえて無理をしてまでという気持ちはなかった。そのときがくれば、本はできるだろうとの思いがあった。

一九九〇年が訪れ、どんな一〇年になるのかまだ定かではない九〇年代が始まった。雑誌も基礎が固まり、バーバラが行ったプレアデス人とのチャネリングのテープは約三〇〇本にも達していた。私は、そろそろニューヨークに移るべきときだと感じていた。ニューヨークに行けば、雑誌はコンピューターを使って継続できるし、同時にネットワークを拡大できると思った。同時に、この本をやるべきときがきたと感じてもいた。「この本」を私がどのように考えていたかというと、プレアデス人が口述してくれて、私はそれをテープに録音して書き起こし、それを編集すればできあがるだろうというものだった。私がとくに努力する必要はなく、忙しい雑誌編集の仕事から時間をとられることもあまりないだろうと考えていた。そういうわけで、五月にバーバラと私が、「本のためのチャネリング」をして、プレアデス人が本をどのように作ろうと考えているるか、その考えを聞いて私は非常に驚いたのである。

プレアデス人は、その本を私に口述はしないし、私は自分自身のプロセスでもってその本をまとめなければならないといったのである。私には、何のことやら見当もつかなかった。すると彼らはこういった。「この本をただあなたに与えたとしたら、あなたはただの従業員になってしまうでしょう。あなた自身の工夫、努力は何もないのですから。この本を作る仕事は、あなた自身にとっての何か新しいものの誕生となるのです。それは、あなた自身の内部における新しいプロセスの誕生で、創造性をまったく新しいかたちで活用するものです」。

おやまあ、そういうことですか。「分りました。それじゃ、この奇跡のプロセスをどうやって実現するんですか。どこから始めればよいのですか」

すると彼らは次のように答えた。「あなた自身の意図を用いることによってこの本をまとめるのです。これは論理的思考を使うプロジェクトではありません。直観が導いてくれます。論理的思考に頼ることなく、しかも次に何がくるのかを理解しながらプロジェクトを遂行し、かつ完了することができるかどうかの試練です。これはあなたにとって素晴らしい訓練になるでしょう。この体験によって、あなたはより高い意識の世界、より高い秩序の世界、より深い信頼の世界へと導きあげられるでしょう。このプロジェクトが完了し、成功したとき、あなたはこういうはずです。〝どのようにしてこれをやりとげたのかしら。見当もつかないわ〟。

この体験によって、人々がエゴからくる情報から自由になれば、宇宙と一体になれるということが分るでしょう。これからの数ヶ月間、あなたが体験するプロセスはきわめて集中的なものとなるでしょう。この本を書く過程で、あなた自身のイニシエーションを体験することにもなるでしょう。あなたには、これからの六ヶ月のあいだに、二、三の領域で達成すべきことがあります。そして、これらすべてのことがすべて相互に繋がっています」。

彼らは、また、テープを聞いて、本に載せるべきだと私が感じたものだけを書き起こすようにともいった。バーバラの妹のカレンが、どのテープによい情報が入っているかを直観で感じとって、それを私のところに送ることになっていた。また、私の友人のマーシャも、どのテープをふくめるべきかについて第六感を働かせることになっていた。その後で、どの部分を選ぶかは私が決めるのである。原稿にページをつけたりしないように、そして、それらの書き起こした原稿をどのようにまとめるべきかについて考えないようにとの指示を受けていた。それぞれのページに一～五語のコードと色を少し使うことは許されていたが、それだけだった。

私にも感じがつかめてきたが、私の論理的な頭脳には、もう一つの質問があった。私は、プレアデス人にこう聞いた。「本が完成する前に出版社を探すべきでしょうか、あるいは、すくなくとも、この本を書いているということを知らせるべきではないでしょうか?」

プレアデス人の答えは次のようなものだった。

「理想的には、その通りで、あなたがこの本を書きはじめていることを知らせるべきでしょう。初めて机に座ってこの仕事を始めるときには、机の上をきれいにして、あなたのまわりのすべてがきちんと整理された状態にして始めなさい。スペースをきれいにして、あなたの手伝いをしてくれるクリスタルを側に置きなさい。それから、あなたの意図を言葉にして祈りなさい。〃私が本を作りはじめたことをお知らせします。出版を仕事とされている方で、このデータを必要としている人たちのために、本にして出版することにかかわる方に、これをお知らせします。この本を出版する人が私を発見し、私の前に現れることを意図します。その人が問い合わせてきたときには、私も名乗り出ることを約束します。このプロセスは私の力を超えたところで行われるであろうことを理解しています。それは私の責任ではありません。子供が生まれたときにそれを知人に知らせるのと同じように、私はこの本の誕生を人に知らせます。そうすれば、それに呼応して返事がくるであろうことを知っております。このことに全幅の信頼を置きます〃。これでよいのです。出版社はあなたに接触をはかってくるでしょう」。

「あなたが体験するプロセスそのものが、この本が伝えようとすることの一部なのだということを忘れないでください。というのは、あなた自身についての新しい何かを発見することになるからです。そうすれば、あなたがどのようにしてこの本を作ったかという観点から本そのものが語られることになるでしょう。あなたには、この本の重要性が理解できるはずです。なぜなら、あなたが一人の先達としてこの道を切り開くとき、現実をお手玉のように空中に放りあげ、さまざまな文章や文脈をあなたという存在のなかで転換させて新しい秩序に造りあげるという体験をしているでしょうから。信頼することができない人には、これはなかなか信じがたいことでしょう。信頼こそ鍵なのです。この本を作るというプロセスであなたが頼りにできるのは信頼だけです。コミットメント（存在をかけた取り組み）がポイントなのです。あなたは本来のあなたにコミットすることが可能なのだということ、失敗はしないだろうということ、必要なものはすべて与えられ、不自由することはないということを知るでしょう。あなたの意図の通りにすべてうまくいくでしょう」

「この仕事におけるあなたの役割はあなたが望むものを意図し、あとはデータが流れてくるままにしておけばよいのです。このプロセスのなかで、あなた自身についての発見を重ね、そして、情報をコード化していくなかで、本が自然にできあがっていくでしょう。この経験はあなたにとって驚くべきものとなるでしょう」。

彼らがいったことを、いまこうして読み返してみると、当時、私が理解していたものとはまったく違ったものが見えてくる。いまにして思えば、この本をまとめる仕事は私にとってのイニシエーションとなるだろうということ、私が試されるだろうということ、そして、人々が宇宙的なあり方を実現するためには、エゴからくる情報を精算する必要があることを、彼らは何回も私にいってくれたのである。これらの言葉が何を意味するのか、いまの私には、理解できるが、当時は見当もつかなかった。

個人的な問題が次々に出てきた。私は自分を信頼せず、自分を愛していなかった。まったくの話し、自分が誰なのかもわからず、本当の自分と見せかけの自分の区別もつかなかったのである。私は一連の体の深部へのボディーワークを開始し、これによってさらにさまざまな問題が明確になってきた。意識から締め出していた幼年時代のさまざまな記憶、肉体のなかに蓄積された心の傷、そして、痛み。私はもう酷い状態だった。とてもプレアデス人の本にとりかかれる状態ではなかった。二ヶ月に一回雑誌を出すのがやっとというありさまだった。

一〇月に、プレアデス人とともにエジプトに行った。この旅行が私の人生の転換点になるだろうという気がしていた。エジプトに行くことで私の人生のスピードが早まり、この本にとりかかれるようになるのではないかと思った。それは、素晴らしく、かつ、強烈な旅で、私は完全にノックアウトされた。私の回路が開け放たれ、それがあることすら知らなかった領域が私自身のなかで覚醒した。その多くは、暗く、醜いものだった。ニューヨークに戻ったとき、この本を始める状態にないことは確かだった。それどころか、いったい自分にこの本をやることができるのかさえ、もはや確信がもてなかった。

そのとき、一つだけ確信がもてたことがあるとすれば、ニューヨークを出なければならないということだった。ニューヨークでは心を深く落ち着かせることもできず、心を明確に澄ませることもできなかった。エネルギーに攻撃される感じで、町を歩けばまるで自分が無防備に裸体をさらしているかのようで、地下鉄にも乗れなくなってしまった。ニューヨーク脱出のときがきた。

その年の一二月、私はノースキャロライナに引っ越した。やるべきことをやるときは、物事はうまくいくものだ。エジプトで会った友達の一人、リビーはラレイの南に位置する田舎に住んでいた。そして、私もそこに住みたいと思っていた。そこに行く前に私の住むべき家が空くように私は意図を明確にした。その家やまわりの土地の様子などを具体的に心に描いた。リビーもそれらしき家があったら連絡をくれることになっていた。私が引っ越しをする一週間前に、私の現在の大家さんがリビーの店に入ってきて、テナントが前触れもなしに引っ越しをすることになったとこぼしたのであった。リビーはすかさず「それがテラの住むべき家だからよ」といった。

翌週に私は全財産をもってニューヨークから車でノースキャロライナのその家に引っ越した。その家はまさに私が望んでいたものだった。広々としていて、採光も十分で、おまけに一七五エーカーの土地に建っていた。完璧だった。ここに足を踏み入れた瞬間から私の癒しが始まった。私は地面に横になったり、木を背中にして座ったりして、自然が私を癒してくれるのに身を任せた。私自身を癒すこと、そのことに私は集中した。一月に「コネクティング・リンク」の一三号を活字に組むために、ミシガンに行ったとき、この雑誌との私のかかわりも終りにきたと感じた。この雑誌とともに私は成長をとげてきたのであるが、いま、何か新しいことを始めるべきときがきたと感じた。その新しいことが何なのかは分からなかったが、それが明確になった時点で動けばよい。

家に帰って二、三日のあいだは、編集の仕事を止めるなんてほんとうに馬鹿なことをしたのではないかと自問自答したものであった。いまでは、田舎に住んでいるのだから、仕事を探そうにも探しようがないのである。それからひょっとして、仕事がないのは完璧だということに気がついた。あの本を完成させるときがきたのだ。私はテープを聞いて、少しずつ書き起こしはじめた。この仕事は順調に進み、すべてが自然に流れるようであった。原稿の順序についてはとくに気にせず、あえて順序づけようともしなかった。すべてのことが、私という存在を通して流れていくままにしたのである。

このころ、プレアデス人は小人数を対象として一連のクラスを教えていた。その目的は、私たちをさまざまな個人的問題から一挙に解放することだった。クラスは〝意識のコードに火をつける〟と呼ばれたが、彼らがやったことはまさにその名に恥じないものだった。ニューヨークで完了したと思っていた問題のさらに深い所へ入っていったのである。クラスに出た私たちは、感情的なお荷物の多くを下ろすことができ、お互いに強いきずなで結ばれたのである。この一連のクラスは参加者が再誕生を体験することで完了した。これは私の人生においてもっとも強烈な体験の一つだった。

プレアデス人による本についてのチャネリングをもう一度やってみたところ、『プレアデス+かく語りき』が、意識の飛躍的な発展をもたらすだろうこと、そして、最初は人々がその周波数を彼らの体で固定することによって可能になるという説明があった。これを聞いて、私はあることにはっと気付いた。この本についての話しはじめた一九九〇年には、私はまだできる状態ではなかったのだ。なぜなら、私には、その周波数を保持することはできなかっただろうからである。私は、本の仕事をするに十分なだけ浄化されていなかった。これについて、プレアデス人に聞いてみると、次のような答えがかえってきた。

〝テラさん、あなたは自分自身を信頼していませんでした。他人に対しては自分を信頼しているといっていましたが、あなたは自分のことが好きですらなかった。自分を他人と比較していました。自分自身に何が起きているかについても正直ではありませんでした。あなたのまわりの人たちがあなたのためにこれを鏡に写してくれていたのです。自分のなかにもっと深く入っていく必要がありました。誰でもそうなのですが、自己嫌悪が自分のなかにうずたかく積もっているのです。うまく機能していないあなた自身の行動のいくつかを探求し、その理由を発見する必要がありました。そして、その発見によってあなたは「周波数の固定者」になることができたのです。この本がこのようなかたちであなたに与えられた理由はここにあります。あなたの意識に大きな突破が必要だったのです。本に使うこともないような内容の話をテープから書き起こしたり、それについていろいろ考えたりすることによって、あなたは私たちと直接接触するというプロセスを経験していたのです。後ろにとり残されたくないのであれば、あなた自身にもあてはめて実行しなければならないいろいろなことに、中立の立場で、何度も何度も耳を傾けたのです。そして、実際にそれらのことをあなたは実行したのです〟

それからしばらくして、テープを十分書き起こしたから、そろそろ本をまとめるときだとのコミュニケーションがあった。どのようにして本をまとめるのかについて私には見当もつかなかった。書き起こした原稿を通読して順序を考えるのだろうか。ページによっては数行の文しか書かれていないものもあれば、数ページにわたるものもあった。この原稿をどのようにして順序立てればよいのだろうか。

プレアデス人は、次のようなガイダンスをしてくれた。毎晩眠りに就くときに、一分間、『プレアデス＋かく語りき』の本のカバーをイメージすること。いろいろ実験してみて、場合によっては毎晩カバーの絵を変えてみてもよい。私はただそのカバーを見て、それから本を開き、読みはじめる、そして、眠りに就く。必要な情報は私が眠っているあいだに与えられるだろう。未来においてすでに存在している本を読むことによって、この本を現実化しはじめるだろうと彼らはいった。私は何もする必要はなく、彼らが必要なことは全部やってくれるというのであった。やってみるに値する方法だ。

一週間めはうまくいかなかった。眠りに就く前に視覚化をやってみたが、目を覚ましては、書き起こした原稿の山をみてパニック状態に陥った。私の論理的な頭脳が、原稿を読んで何らかの秩序、順序を構成しようと躍起になるのだった。まったくもって、どうしたらよいか分からずイライラせざるをえなかった。ついに、ある日の午後、原稿が辺り一面にばらまかれたオフィスのフロアーに座り込み、いまにも泣き出しそうになって、私は叫んでしまった。〝プレアデス人、あなた方がこの仕事やるっていったじゃないのよ。私はもう諦めますからね。もうまかせるから！〟

私は、原稿を一枚ずつ拾いはじめた。ただ片付けようと思ったのである。しかし、どういうわけか、私は一枚目を左から、二枚目を右から、それから後ろから一枚、そして、また左からというように原稿を拾いあげていたのである。そのようにして原稿を拾うことには、何の根拠も理由もなかった。私は何も考えずにただ原稿を拾いあげていたのだった。三〇ページほど集めたところで、作業を止めて、手にもった原稿を見た。思わず身体中がぞくぞくした。「何と、これは本の第一章にちがいないわ」と私は思った。その原稿をもって机に行き読みはじめた。それは、まるではめ込みパズルのようにピッタリ合っていた。ショックだった。私はこの種のことを信じているけれども、実際に自分の体験として起こりはじめると、それはやはり驚きである。このことがあってから、本の仕事は〝らくらくと〟進行した。〝らくらくと〟というのはプレアデス人の大好きな言葉だ。

もう一度本についてのチャネリングをやり、そのなかで、私はこの新しいプロセスが気に入ったし凄く楽しいとプレアデス人に伝えた。彼らはこれに答えて次のようにいった。「物事をどのようにしてやるかについての直接的なガイダンスのこれは始まりです。あなたが『私はコントロールを放棄します。どうやればよいのか私には分かりません』といえばいうほど、より多くのエネルギーが入ってくるでしょう。あなた自身が邪魔をしないようにすれば、どんどんすべてがやさしくなります。あなたがしなければならないことは、意図することだけなのです。あなたが意図すればするほど、物事はやさしくなります。後で、この本が完成したときに、多くの人たちがあなたに、どのようにしてこの本を作ったのですかと聞くでしょう。そのとき、この意図のプロセスを使って実現したと答えてほしいのです。あなたに私たちの教えを実証してほしいのです。あなたは、私たちがいったことを信じることによって、その教えを受けとることができたのですから」。

「このプロセスを完全に把握するまでずいぶん時間がかかったことを忘れないでください。あなたに説教しているわけではありません。あなたを導いて過去に引き戻し、何度も何度も、自分のことを振りかえってもらうことによって、物事を動かす力がどこにあるのかを理解してほしいだけなのです。それは、明確な意図によってです。あたかもそうなるように行動し、後はそれを受けとるだけでよいのです」。

本の残りの部分もきわめて順調に進んだ。そして、約束通り、プレアデス人はバーバラと私の手をわずらわせることなく出版社を見つけてくれた。私たちを、バーバラ・ハンド・クロウに会わせてくれたのである。この情報を世に出すのにこれほどの適任者はいないという人である。彼女のガイダンスによって、私は書きなおすべきところは書きなおし、文を推敲することによって、ただのチャンネルされた本から、ほんとうに素晴らしい本にすることができたのである。

プレアデス人のいった通りである。できあがったこの本を見ても、私にはどのようにしてこの本ができあがったのか分からないのである。私はこの本をデザインもしなかったし、計画もしなかったし、思いついたのも私ではないし、順序立てることすらしなかった。私がしたことといえば、ただ信頼し、彼らが私を通して働くことを許しただけである。これはまったく素晴らしい体験であり、私の人生を変えた体験でもあった。肉体をもたない存在とどのようにして仕事をするのかを学んだのだった。これから、どんなプロジェクトであれ、一人でやるということはないだろう。いま、オリジナルの映画のシナリオを書いているが、私は数人の専門家といっしょにシナリオを書き、シナリオを売るための専門家も雇っている。信じられないほどスムーズに進行していて、まさに、「らくらくと」いぅ感じなのだ。

プレアデス人は、私が彼らを信頼してこの仕事をやったことに関して私に感謝し、そのお礼にたくさんの小切手を私にプレゼントするといった（霊的な存在からの小切手とは、ドルのように現金化できるものではない）。彼らは、私に実に数多くの贈り物をくれた。この本をやることによってえた最大の贈り物は〝私自身〟だった。いまでは、私は私を信頼しているし、愛しているし、頼りにしているし、心も開いている。私自身への新しい愛をもつことによって、素晴らしい友人が私の人生に現れ、彼らは、私の家族になった。血の繋がりをもつ家族とのさまざまな人間関係も癒された。そして、ほんとうに驚くような体験を私の人生に呼び入れた。二四年前、私は娘を養子に出したのであるが、その娘が私を尋ね当ててきた。彼女は、私の住んでいるところから、二時間でいけるところにおり、私たちは、いま、暖かで、親密な関係を築きつつある。私は彼女が私の人生に戻ってきてくれたことに感謝している。

もう一つの大切な贈り物は自信である。自分は作家だということはいってきた。長年にわたってものも書いてきた。しかし、最近のことであるが、ある朝、目を覚まして前夜に書いたシナリオを読んでみた。そして、突然、私は悟った。私は物書きであると。いつか物書きになるのではなく、すでに自分が物書きであると！

肉体をもたない存在とどのようにしてコミュニケーションをはかるかについて学んだことも、まことに貴重な贈り物で、これによって、数多くの新しい領域が私の前にひらかれることとなった。いま、私は動物とのコミュニケーションを始めつつあるところだ。家畜だけでなく、野生の動物とのコミュニケーションである。これは素晴らしい体験で、と同時に、私自身がまだ気付いていないようなさまざまなコミュニケーションが開かれたとも感じている。それはもう、かぎりない世界である。

この他にも実にたくさんの贈り物があった。プレアデス人によれば、この本を作ったプロセスこそ私の人生にとってのもっとも力強い教えとなるだろうということだが、私も同感だ。私がこれを選択したことに感謝するとともに、このプロセスを通じて私の家族である友人たちが与えてくれた愛、応援に心から感謝している。そして、プレアデス人に深く感謝したい。彼らの愛、友情、励まし、サポート、そして、何よりも、私を騙して私を私自身の進化の旅に旅立たせてくれたことに。

ノースキャロライナのピッツボロにて
一九九二年三月

序文2　プレアデスからの愛が私を包みこむ

バーバラ・マーシニアック

〝バリ島に閉じ込められてしまった！〟というのがそのときの私の正直な気持ちだった。オーストラリアに行くには、ビザが必要であるということをなぜいまのいままで思い付かなかったのだろうと不思議でならなかった。航空券とパスポートを手にもって、荷物を計器に載せているとき、ダーウィン行きの飛行機に乗るにはビザが必要だといわれたのだ。いったいこれはどういうことだと頭を忙しく働かせながら、何とかここを切り抜ける方法はないかと考えた。私の意思で何とかしてみるぞ。このゲームでは少しは経験を積んでるんだから何とかなるはずだ。それまでの四年のあいだに困難と思われるような体験を神からのメッセージに転換して、その生きた神のシンボルとともに移動して新しい展望が見える地点へ到達するという能力を私は何度も試されていた。テレックスがシドニーの領事館に送られ、答えが送られてくるのを待つ最初の一時間は、入国許可が降りてオーストラリアでのプレアデス人の教えのワークショップのツアーをすぐにも開始できるだろうと確信していた。私はその一週間前にノースキャロライナを出発し、ハワイにちょっと滞在した後、バリ島で三日の休暇をすごし、二ヶ月におよぶ旅行の次の目的地に向かう準備が整ったところだったのである。

ターミナルの時計を見あげ、時間のゆったりとした流れをもどかしく感じながらも、私の意図が現実の出来事へと転換されるのを辛抱強く待った。時間がゆったりとすぎていくなかで、突然、ひょっとしたら飛行機には乗れないかもしれないと思いはじめた。ひょっとしたら、今回はどんなに意図しても、どうにもならないかもしれないと思いはじめたのである。身体は即座にこの新しい展開に抵抗を開始し、とくに飛行機に乗れなかった場合、ツアーのスケジュールをこなすためにしなければならないであろうさまざまな調整に抵抗している自分を感じた。何か嫌なことが起こりそうな感じがした。

出発時間の午後一一時になり、私はといえば、航空券とパスポートと、ツアーの予定表を手にもっているというのに、火曜日にバリ島のオーストラリア領事館に行くようにとの宣告。それは土曜日の夜で、日曜日と月曜日は休日だから火曜日というわけ。次のダーウィン行きの飛行機は、私が到着予定日の次の日まで待つしかない。

私は降参して、タクシーを拾い、荷物を乗せて、数時間前に出てきたばかりの、海辺の古風なバリのホテルで静かに一人のときをすごすべく出発した。私の部屋が待っていた。この忌ま忌ましい問題には差し当って解決策はないことを認識した私は、諦めることにした。すべてよい結果になるんだという心地よい考えに切り替えて、もし、どこかに閉じ込められなければならないとしたら、バリ島は最高じゃないかと思い直した。

次の日、樹の上にある部屋の窓べに座っているとき、二番目の閃きがやってきた。それは、私は、『プレアデス十かく語りき』の序文を書くことにコミットしているのだから、それを完了するまではオーストラリアに行くことはないだろうという閃きだった。バリのコーヒーを飲みながら、私をとり巻く環境、窓の外に見える豊かな緑に心が豊かになる感じがした。どこから書きはじめるべきか、私を通して独自の存在を築きあげたこのプレアデス人との交流という類い希なプロセスをどのような時間と空間の枠に入れるべきかと瞑想した。

くりかえしくりかえし見る夢にうなされるかのように、いつもいつも同じ質問を受けたものだ。「どのようにしてそれは始まったのですか」。初めのころは、プレアデス人のチャネリングを始めることに繋がっていったさまざまな衝動、出来事を順を追って説明することでそれに答え、そこでとどまっていたものだった。しかしながら、果てしのないと思われるほどのくりかえしをしているうちに、一つのエネルギーが私の現実のなかで激しく騒ぎはじめた。そして、同じ物語をくりかえすうちに、より大きな全体像が私に見えてきた。さまざまな出来事、さまざまな始まりが、さまざまな方向から、さまざまな時間帯からやってきて、それが一つの目的を織り出していることが見えてきた。

子供のころ、私は知恵遅れの兄をもったために自分は人とは違っていて、目立たされていると感じたものだった。彼がいることで私の若い心はさまざまな挑戦を経験したものだ。そして、私たちの家族はさまざまな教訓を学んだ。最近になって、Ｐの導きで――プレアデス人を私は愛情を込めてこう呼ぶのだが――昔の写真を見直して、自分自身についての考えを再検討してみたいと思った。このアプローチを喜んで受け入れた私は、兄のドナルドの顔から天国の光とも思える愛の光がさし出ているのが見えた。どの写真をとっても、光が必ず兄の顔を照らし出していた。私は兄の存在によって、ひょっとしたら祝福されているのだなんて考えたことは、それまで一度もなかった。

私たちの家族は、家族とは何なのかという境界線を、私の母方の祖母であるポーランドからやってきたバブチの影響を受けながら、ともに分かち合い探求した。祖母は彼女の地上の体験を超越した威厳と誇りをもっている人だった。一九〇〇年代初期の莫大な数のヨーロッパ移民のパイオニアであり、その落とし子であった彼女は、アメリカの町の歩道には金が敷き詰められていると聞いてやってきた。彼女のどっしりとした影響の下で、二人の男兄弟とすぐ下の妹と私は遊び、大地を駆け回って探索したのだった。彼女を通して本当に愛されているということを体験し、大地を尊敬し愛することを学んだ。彼女が結婚する前の名前はポーランド語で〝星〟という名前だったと、彼女は私たちに教えてくれた。地球を愛するという教えは、私自身の星との繋がり、プレアデス人との繋がりのなかでも度たび登場することになった。

一〇代になると、私がいうところの〝違い〟に導かれて、形而上的な考えを探求する道を歩み、現実の解釈はいろいろ可能であることを発見して、初めて心のときめきを体験した。一九七〇年代の後半にはセスがチャネリングしたものを読み、その後、私が夢のなかで体験した冒険を書き留めることを数年つづけ、同時に、セスのメッセージを食い入るように読んでいた。

一九八七年の八月、ハーモニック・コンバージェンス[*1]の夏、そして、その七ヶ月後の一九八八年三月、私は瞬間的な現実崩壊を体験した。その現実崩壊の体験のなかで、一見重要とも思われない過去の出来事が金切り声をあげて認識を迫ってきた。この現実崩壊の体験で何度か、私の身体は突然ショックを受けた状態になり、私のまわりにいる人々はUFOに誘拐されたときの体験についてさり気なく話し合っていた。初めてこれを体験したときは何気なくやりすごしたが、二度目のときは、私の身体はそれまで経験したことがないほどに活性化して、蘇ってきた記憶は私を圧倒した。UFOのデータを提示されたことで私の夢のファイルを引き出すことができ、吸収することがきわめて困難な一つの真実が明らかになった。

何年も前のこと、一九八〇年代の前半、ニューメキシコ州のタオスに住んでいたとき、私は深夜、寝室で三人の青く輝く存在と遭遇した。そのときは、この遭遇体験によって私は非常な動揺を体験した。そのような動揺を体験するというのは私には異常なことだった。この悩みを解決するために、私はこの出来事をセスによってインスピレーションを受けて始めた夢日記に書いて、そこに止めておくことにした。というのは、それが安全であるかどうかもふくめて、この未知なる存在と私の関係を判断するための基準が何もなかったからである。そういうわけで、夢でないことは確かだが、説明不可能な現実の一断面として片付け、私の心のなかでは夢としての位置を長いあいだ占めつづけたのである。

いま、ふたたびこの昔の質問が浮上してきた。私のこの遭遇は人生のどういうカテゴリーに属することなのかという疑問である。それは本当に現実だったのだろうか。あのときの出会いのシーンをリプレイしてみると、私の身体の細胞の一つ一つが、あの地球外生物は現実のものであったことを確認した。私の身体は、この三人の青色の存在との出会い、彼らが私のまわりを浮遊して、何か明らかに存在はするが偽装された傷の痛みから私を癒してくれたことを決して忘れはしなかった。私の知力は世界観の拡大を迫られ、これを理解しろという挑戦を受けた。私はこの体験とともに生き、さらにそれを私のあり方のなかで統合するという難題に直面した。この挑戦に応ずることによってその後展開したことに向けて私は開かれたのだった。

プレアデス人と私は、その後数ヶ月して、一九八八年の五月一八日、ギリシャのアテネで、公式に異なった現実を交錯して出会うこととなった。私はそれまでのほぼ三週間、元気のよい形而上学研究者のグループと、エジプトやギリシャの遺跡巡りをしていたのだった。グレートピラミッドを皮切りに、古代のヴォルテックスを、まるで無邪気な子供のように歩き回って、沈黙する石のなかに秘められた神秘に心をぞくぞくさせていた。この旅行はアクロポリスとデルフォイ神殿を訪れることで完了し、ホテルのバーでグループの人たちに別れを告げているとき、突然、部屋に行って静かに座り、グレートピラミッドのなかの王の部屋にいると想像しながらチャネリングをしたいという衝動を感じた。私はこの考えにわくわくし、これはこの旅行の趣旨からしても相応しいことだし、タイミングもピタリだと思ったことを覚えている。

私はホテルの部屋に行き、気持ちが落ち着いてから背骨を真っすぐにして座り、瞑想してピラミッドの王の部屋とオームの音のなかに入っていった。自分に向かって「いま、はっきりとしたメッセージのチャネラーになることを意図する」と宣言した。数分のうちに、私は言葉を発したいという衝動を感じ、この衝動が私の声とは異なった囁くような声で自らの表現を開始したとき、私の心の別な部分、合理的な何でも理解しないと気が済まない部分が、私の思いを通して、いまその瞬間に出ている声そのものの信憑性を疑いはじめた。この最初のチャネリングは私の側における非常な精神の抑制と機敏さを要求するものだった。というのは、私はその時点で未知の存在の言葉を発しながら、同時にこの未知の存在に対して疑問を投げかけ、それからその質問への答えに耳を傾け、さらにコミュニケーションが進行するように方向づけなければならなかったのである。

約三〇分たったかと思われるころ、未知の存在は〝プレアデス人〟であると名乗ったが、それ以上の説明はしなかった。コミュニケーションは全体でせいぜい一時間というところだった。そのエネルギーはきわめて明確なもので、しかもたっぷりと豊かなエネルギーが感じられた。私はなぜか非常に喜びに満ちた再会の体験をしたような気分になり、彼らの言葉はその答えによって私を慰めてくれた。そのときの気持ちを考えてみると、英知と心の平和に満たされた気分だけが思い出される。

目を開けたとき、私の心は不可思議なものへの深い驚嘆に包まれていた。これがそうなのだろうか？　この旅行への参加を最後の瞬間に決めさせた心の奥深くにある衝動にしたがうことによって、何か素晴らしい世界に足を踏み入れたのだろうか。それとも、自分が望むあまり、幻想の世界に入り込んでこの体験をデッチあげてしまったのだろうか。その違いとは何なのだろうか。プレアデス人？　私は最初はこれを重荷に感じざるをえなかった。私がＥＴとコンタクトしているなどということを、真っ当な気持ちの持主であれば誰が信じるというのだろうか。すでに長いあいだにわたってラディカルなあり方を自分のものとしていた私ではあったが、こればかりは楽観できる話ではなかった。

直観的な衝動にしたがった結果、何という心のさざめきを私は体験してきたことだろうか。それ以来、私を突き動かすエネルギーを信頼し、尊重することを学び、いまでは私の占星術のチャートを見て、当初の衝動が何を物語るものかを読みとることができる。プレアデス人のチャートについても同じことが見えるのである。プレアデス人との接触が始まって最初の一ヶ月のあいだに、彼らは私に占星術の勉強をするようにと提案した。普遍的な言語と目的コードを適切に読みとるために、どれほどの複雑さとコミットを占星術が要求するかということを私は知らなかった。プレアデス人のバースチャートとプレアデス星雲の位置はほんの三分しかズレていないのである。なかなかできることではない。

お互いを知りはじめた最初のころは、彼らが私の現実に刻み目を入れるのに用いた微妙な方法に私は気付く余裕はなかった。私はＥＴと接触しているのだという考えに適応するのに気をとられていたのである。私たちの融合が徐々に容易になり、信頼と理解が生まれていったが、それには練習が必要だった。私の妹のカレンは、最初のときからこれらのセッションの手伝いをしてくれたが、私がチャネリングをすることに決められた時間を熱心に待ってくれたものだった。彼女は疑いの気持ちなど少しも見せなかったが、私はといえば、これは現実のことなのだろうかと半信半疑であった。

私自身が作り出したことに協力したいとの思いから、私は条件付きで私の身体と声の使用を許可し、さらに、もしも、プレアデス人が彼らのいうような存在であるならば、彼らが望むことを実現するのは簡単なことだろうとつけ加えた。私は独善的に、たいして意味のない存在のために時間を浪費するつもりはないと考えていたのである。こうした態度は、人によってはまったく馬鹿げたものだと考えるかもしれない。しかし、こうした領域の体験をしたことのある人であれば分かることだが、境界線を引くことはきわめて必要なことである。彼らと深いきずなを築くのに二年を費やさなければならなかったが、ある日、ボディーセラピーをやっていたときに、プレアデス人の愛がまるで波のように私を包み込み、私の感情の身体に彼らのはかり知れない価値が刻み込まれ、私は、すべての抵抗を放棄した。

やがて私は、プレアデス人は第一日目から彼らの存在を微かながらも示してくれていたことを知った。彼らは私が憧れ求めてきた私の師となり友となってくれた。彼らは人々や出来事を現実化する同時性と直観のゲームに直結しているようであった。そもそも心配症とはほど遠い私は、プレアデス人が私を通じて彼ら独自の存在を具現していくなかで、彼ら流の何事にもこだわらずに、ときとともに流れていくあり方に入っていくことは容易なことだった。さまざまな人々、機会があらゆる方向からやってきた。私の仕事は彼らのエネルギーを管理し、彼らのエネルギーを体現することだった。彼らが教えてくれたすべてのことを体現し、人々と出会い、生きる、それが私の仕事だった。

いまでは私とプレアデス人は調和のとれた関係をもち、正直いって、私は人間であるよりもよりETであるという感じのほうが強い。彼らは私を通して彼らの教えを生きたものとし、私の生活はプレアデス人の神秘劇となり、その劇を通じて、私は多次元の魂の鼓動に触れることができたのである。私はこれらの出会いを完全に理解しているというつもりはない。まったくの話、時々、これほど多くの人が私がプレアデス人とともに紡ぎ出した幻想の世界にかかわっていることが不思議に思われることがあるほどである。いま、すべてが急速に変貌をとげつつある時代にあって自由に表現された人生を生きる機会を与えられていることに深い感謝の念を禁じえないと同時に、その創造的な表現が数多くの人々の人生に意味を生み出していることは、私へのかけがえのない贈り物であり、返礼としての恩寵であると感じるのである。

ＰＳ　私はダーウィンに無事到着、ワークショップにも間に合った。

プレアデス＋かく語りき——地球30万年の夜明け

第1章

時空を超えた大使たち

こんにちは。プレアデス人です。プレアデス星雲のエネルギーの集合体です。私たちには、長い歴史があります。私たちの祖先は一つの周期を完了し、すなわち、一つの宇宙を完成させた宇宙からやってきました。地球の皆さんは、地球という惑星の完了にむけて、現在、とり組んでいます。私たちは皆さんのその仕事のお手伝いをするためにきています。この完了、あるいは、大転換は長年にわたって多くの存在によって予告されてきました。重要な時期です。いま、地球に起きることは、宇宙全体に影響をおよぼすことになるでしょう。

地球が完了するためには、あなた方が、まず自分が誰なのかを理解し、この実験をさらに推し進めていくことが必要です。私たちの祖先は完了した宇宙からやってきて、存在の源は根本創造主であり、第一の原因であり、根本創造主が時間を旅することであると理解するにいたりました。彼らは、宇宙の本質、すなわち、創造性を発見した宇宙からやってきたのです。この本質を発見することによって、私たちは、自分自身が創造主であることを発見したのです。

私たちの祖先には、二つの選択がありました。一つは、根本創造主のところに戻ること、それは、一つの動きにすぎないのですが、そして、根本創造主の振動数のなかに存在することでした。もう一つの選択は、継続でした。ある一つのかたちが完了したときには、さらにその活動を継続するのが普通なのです。彼らは、この宇宙に大使としてやってくる選択をしました。というのは、いつの日か、地球の人々もまた、完了の日を迎えるであろうことを知っていたからです。彼らは、プレアデス星雲にきました。それは、プレアデス星雲は地球がもっとも困難なときに地球の人々に援助の手を差し延べるだろうことを知っていたからです。そして、その困難な危機を迎えたときに、あなた方、地球の人々は根本創造主とふたたび一緒になる心構えができるであろうことを知っていたからです。

私たちの祖先は、地球を最初に計画した存在でした。さまざまな世界、文明に、創造性と愛の種をまいたのです。彼らの資質からして当然のことなのですが、彼らは世界の指揮をとりたいと思いました。それは、音楽の指揮者が指揮をとりたいと思うのと同じようなものでした。私たちの祖先はあなた方の祖先でもあります。あなた方を私たちの昔からの家族と呼ばせてください。実際、そうなのですから。私たちの祖先は、地球を最初に計画した存在に彼らのＤＮＡを与えました。このＤＮＡが人類のＤＮＡの一部となりました。

私たち、プレアデス人は、あなた方の未来からきています。私たちの「現在」の時間内に、暴虐と混乱に支配された場所があります。同じような暴虐と衰退に地球が支配されるかもしれないという未来の可能性が、私たちには見えます。時間は三次元の世界では非常に誤解されています。皆さんは、時間は何時何分とか、一定の量によって測定されるものと信じています。時間は皆さんが考えているよりもずっと広大なものです。実際には、時間は情報を記号化し、情報と遊ぶものです。時間を延ばし、歪め、曲げ、捩《ね》じることによって、皆さんがさまざまな現実に同時に存在することを可能にしてくれるものです。時間の楕円形のカーブに乗り、時間は固定されたものではなく、したがって、現実も固定されたものではないことを理解することによって、多くの現実を同時に体験できます。

すべての現実は固定されたものではなく、したがって、未来も固定されたものではない（いくつかの可能性があるだけです）というわけで、地球にとってのもっと明るい可能性を挿入する機会がいまだと私たちは感じます。この惑星に光をふたたび導き入れ、地球をその本来の目的に戻したいと私たちは願っています。本来の目的とは、地球が銀河系宇宙間の情報交換センターになることです。そういうわけで、私たちは、時間を逆戻りして、変化を引き起こすための核、または種子と呼ばれる場所に戻ってきたのです。この変化は地球に影響をおよぼすだけでなく、あなた方の未来、私たちの現在、そして、宇宙全体に影響をおよぼすことになるでしょう。

大きなニュースです。皆さんは、まさに進化をとげようとする場所と時間のなかにある、地球にきているのです。大きな飛躍が起ころうとしていて、あなた方はそれに参加しているのです。それは、あなた方地球の人々だけではありません。多くのエネルギーが、この大きなプロジェクトに参加するために地球にきています。この地球のまわりを多くの母船がとり囲み、文字通り、エネルギーの変換機の役目を果たしています。古代から存在する星座から光が地球に注がれています。これらの星座は何億年ものあいだそうしてきました。情報の光が地球に向かって大量に注がれています。

この情報があなたに注がれるとき、あなたの身体はそれを受け入れ、変換し、体内にとどめ、そして、それを他の人々に注いであげなければなりません。多くの人たちは、母船とテレパシーで繋がり、自分だけのラジオステーションをもっているかのように、必要に応じて、自由に情報を入手することができるでしょう。

これは超意識の進化です。あなたという存在のもっとも高いあり方に進化することです。あなた方は、この存在になる必要はありません。なぜなら、あなたは、すでにそのような存在です。ただ思い出すだけでよいのです。ハーモニック・コンバージェンスのときに、地球を覆うベールがとり払われて以来、外宇宙からエネルギーが絶え間なく地球に送られてきています。そして、あなたの進化の度合いに応じてそのエネルギーを絶えず増大させています。あなたの現在の進化のスピードはものすごく加速されており、今後の一〇年間の一年、一年は、前世紀の一〇年、あるいはそれ以上の年月に匹敵するでしょう。一九九九年までにあなたがどれくらい多くのことを達成するか、そして、またどのような存在になっているかを感じてください。それは、一〇年間で一〇〇年を生きたような感じかもしれません。

あなた方に、さまざまな記憶が洪水のように蘇ってくるでしょう。そして、その他多くの事柄が一挙に起こるでしょう。皆さんの多くは、宇宙船に乗って太陽系のさまざまな場所を訪れることになるでしょう。皆さんが、光の時代に入っていくとき、いままでその存在を知らなかったような世界が開けてくるでしょう。皆さんはさまざまな時代を体験してきました。青銅器時代、鉄の時代、産業の時代、情報の時代などなど。このような時代は、三次元の世界に生命の可能性の種をまき、植え、育て、具現するためのものでした。いま、一つの転換が起ころうとしています。それは次元の変化で、三次元の密度が薄まり、あなた方はより高い次元に移行していき、そこでは肉体がそれほど固定された状態ではなくなります。皆さんがここにいるのは、この進化のプロセスを会得したいと願っているからであり、そして、その状態で存在したいと思っているからです。これは実に心ときめくことではないでしょうか。皆さんは、これによって、多くの現実のなかに同時に機能することになるのですから。

皆さんの存在の奥深くにすべての答えがあります。皆さんの頭にさまざまな疑問がわき起こってくるのは、皆さんの存在そのもののなかから答えを引き出すためなのです。これを達成するためには、まず第一に、情報がすべてそこにあることをあなたが「信じ」なければなりません。

人類は、いま、大きな教訓を学びつつあります。その教訓とは、もちろん、あなた方の神性、根本創造主との繋がり、そして、存在するものすべてとの一体性を実現することです。その教訓とは、すべてのものは繋がっており、あなたも全体の一部であるということです。この巨大な空間のなかに、数多くの文化や社会が存在しています。そして、これらの文化や社会は、地球が生まれてこのかた、生まれたり、消えたりしてきました。手伝いにきているのは、プレアデス人だけではありません。私たちは、一つの星座からきた一つのグループにすぎません。さまざまな存在が、さまざまな理由でここにきています。地球外存在の大多数は地球の人々の向上のためにきていますが、他の理由できている存在もおります。

地球の歴史は、さまざまな特別の時代を体験してきました。あなた方の多くは、星のエネルギーを通して、そして、より高い次元の世界と連携をとりながら、何億年も前から地球にかかわってきました。あなた方は、地球がどのような苦難を体験したかをよく知っています。何回、地軸が移動したか、そして、何回、空から援助の手が差し延べられたかを皆さんはよく知っています。

あなた方の発達を助けるために空からやってきた存在が神に変えられてしまったとき、情報が歪曲されました。子供が自分にできないことができる人を偶像化するのと同じように、あなた方の社会は神を創造しました。神を創造するという行為の背後にある考えこそ、あなた方がこの地球にきて変えようとしている価値のパラダイムの一つです。三次元の世界は大きな挑戦の世界です。三次元にあっては、巨大な限界が自然に生まれるからです。この限界を通して、さまざまな構造が生まれ、この過程を通じて、あなた方は創造することを体験し、自分が根本創造主の一部であり、根本創造主は体験を願望することを知るのです。

あなた方は、崇高な存在です。光の家族です。この時期にあなた方が地球にやってきたのは、転換を創造し、地球の転換に力を貸すという任務を果たすためです。愛が鍵です。愛が宇宙を構成しています。現在、地球に存在する技術はある程度の発展しかできません。それは、人類は愛が必要であることを理解していないからです。エネルギーはあらゆる形態の創造を可能にしてくれますが、人間が、貪欲、憎悪、あるいは光の方向を向いていない感情をもって仕事をするとき、ある程度の前進しか許されません。そのようなあり方の振動数で入手できる情報は限定されているのです。愛こそ基礎となる煉瓦です。したがって、人が愛をもっているとき、すべての可能性が存在します。

光の概念をとり戻すこと（光の概念とは、つまり情報と愛にほかならず、創造性そのものでもあるのですが）、それがあなた方の仕事です。何一〇万年ものあいだ基本的に暗い世界にいたシステムのなかに入って、それを変革するには「光の家族」のような異端者が必要です。私たちは、自分自身の世界でも異端者です。前にもいいましたが、私たち自身のシステムが、いま、転換を必要としています。私たちのシステムを変えるために、さまざまなシステムのなかにいる光の家族の橋、またはリンクとしての役割を私たちは果たしています。あなた方が、愛と責任を通して意識を高めるとき、私たちは滋養を与えられ、活力を与えられ、私たちの意識は拡大され、さらに進化することができます。したがって、私たちがあなた方の友人であり、ガイドであり、援助者であるのと同じように、あなた方もまた、私たちを助けているのです。

この転換は皆さんをどこに連れていくのでしょうか？　私たちは、あなた方が意識的に世界を創造するようになってほしいと願っています。あなた方は、種をまく準備をしています。そして、あなた方自身が、新しい世界が生まれつつあるとき、その新しい世界に、種としてまかれるための準備をしているのです。この地球で何が起こったかという歴史があなた方の記憶に蓄積されているがゆえに、他の人々にどの方向に行くべきかを教え、そして、自らその方向を意識的に保持することができるでしょう。

あなた方が参加しているのは、実に壮大な計画です。皆さんは、きわめて困難なときに、きわめて困難な場所にくるチャンスに飛びついてきた人たちです。皆さんはそれが絶対にできると確信していました。と同時に、多くの援助が与えられるだろうことも地球にくる前に聞いてきました。そして、あなた方の発達段階でさまざまな岐路に差しかかったときには、さまざまな存在が地球にやってきて、あなた方の制動装置をはずし、あなた方に点火し、さらに、私たちはあなた方の代わりには仕事はしないと思い出させるであろうという話も聞いてきました。私たちは、この引き金の一つであり、触媒の一つです。皆さんが、プレアデス人という名前を聞くときに繫がりを感じるのは、私たちは、あなた方自身がもっている情報、あなた方自身の知識を前面に押し出しているからなのです。

あなた方と一緒に仕事をすることによって、あなた方に自分が誰であるかを思い出してもらい、自分にとっての最高の情報源が自分であることを発見してもらうことが私たちの意図です。もしも、私たちが皆さん一人ひとりにあるキャリアをもたせるとしたら、あるいは、一つのあり方を与えるとしたら、皆さんにインスピレーションを与える存在になってくださいというでしょう。皆さんがこのあり方において生活し、人生において出会うすべての人に対してインスピレーションを与える存在になれれば、皆さんは自らの光を生きることになるでしょう。それはきわめて深遠な達成です。

思い出してほしいのですが、私たちは自分のための理由があって地球にきており、皆さんは皆さんの理由があってここにいます。私たちは皆さんと一緒に、地球で進化をとげ、新しい振動数を創造するためにここにいるのです。個々人が進化するにつれて、お互いから遊離していくという信念のパラダイムを打ち壊したいと願っています。これまでの皆さんの価値体系がどんなものであったかに関係なく、皆さんの存在の核心に触れる情報を提供することによって、調和と協力のゲームを作りたいと願っています。

私たちは、自分の履歴書におもしろい体験をたくさん書けるようにしたいと思っています。一九八八年、初めて皆さんにチャネリングを始めたとき、私たちのグループには、五〇人から七五人の存在がおりました。肉体をもった存在もいましたし、肉体をもたない存在もおりましたが、皆プレアデス人でした。グループの構成員は、その後どんどん増えつづけて、いまでは一〇〇人以上の存在がいろいろな星座から参加しています。いまの私たちは、プレアデス人プラスと呼ぶべき存在です。私たちの世界には、私たちが地球の皆さんと一緒に達成したいと思っていることは実現できないだろうと信じている存在もいます。彼らは、あまりにもリスクが大きすぎると感じているのですが、どういう結果になるかを興味津々に見守っています。

あなた方の世界には、私たちは恐怖を広めるために地球にきていると信じている人もいますが、私たちはそのようには考えていません。誰であれ怖がらせようというようなつもりは全然ありません。ただ情報を提供したいだけです。もしも、あなた方が真っ暗な部屋のなかに座っていて、奇妙な音が聞こえてきたら恐ろしいと思うでしょう。しかし、明りをつけて、その音を出しているものの実体を見ればそれほど怖いことはないでしょう。私たちは、皆さんが、現在、どのような状況に置かれているのかを知らせたいだけです。光は情報であり、無知は暗闇です。私たちは皆さんに暗闇のなかではなく、光のなかで仕事をしてほしいと願っているだけなのです。

私たちが皆さんと一緒に仕事をしているのは、私たちの意識をより自由な意志と表現に向けて進化させたいと願っているからです。皆さんが自分が住んでいるシステムを変える任務についているのと同じように、私たちにも、私たちのシステムを変える任務があるのです。私たちが地球にくることについては、私たち自身の目的があります。前にもいったように、私たちは、あなた方の未来からきています。ある種の問題については、私たちも手一杯の状態です。あなた方が私たちを必要としているのと同じように、私たちも皆さんを必要としています。あなた方は、光の家族として、壮大な新しい可能性を一連の現実世界に設定し、実行し、挿入することができます。そして、この可能性は、これからの二〇年間のあいだに、地球という存在局面において内部爆発をすることになるでしょう。それは、皆さんが、肉体をもって、この惑星に存在しているからです。まさに、あなた方を通して大転換が起きるでしょう。皆さんがいますることは、私たちにかぎりない影響をおよぼすことになるでしょう。地球に起きることは私たちにかぎりない影響を与えることになるでしょう。

私たちは、このプロセスを皆さんとともに体験しながら、手を貸し、教え、進化をとげるために地球にきています。私たちは、物事のあり方について私たちがどのように理解しているかを話しますが、それは、皆さんをより高い意識へと昇らせるためです。私たちのいうことだけが真実であるというつもりはありません。この教えのすべては、大きな目的を心に置いてデザインされています。私たちが皆さんにするお話は、皆さんをより高い意識の世界に連れていくように工夫されています。これが、私たちの意図していることです。私たちが言葉を選び、概念について語るとき、そうした言葉や概念は、皆さんの肉体の奥深くに内蔵されているコードを目覚めさせるための引き金なのです。皆さんの肉体は問いかけを待っています。問いを提示されることによって、皆さんの体内にある答えが共鳴して振動し、体内の細胞の記憶がすでに知っていることを思い出しはじめるのです。私たちが皆さんに話しかけるとき、皆さんは思い出すでしょう。

私たちの話を聞くときに、現実とはどのようなものかについての皆さんの定義を拡大してください。しかし、私たちがいうことを文字通り鵜呑みにすることは決してしないでください。より大きな宇宙のあり方が見えるように、私たちが描き出す大きな曲線についていくようにしてください。私たちが一つの考えについて定義を下すとき、決してそこにとどまってはいけません。私たちは皆さんがもっているパラダイムを解放し、皆さんが入っている檻を揺るがして、真実の知識を活性化したいのです。そして、その真実の知識は、あなた方の内部に貯蔵されているのです。データはそこにあります。私たちは、あなた方のなかにある知識を目覚めさせるためにやってきたのです。

皆さんに考えてもらうために、さまざまな考えを提示したいと思います。一つの考えに固執しないようにしてほしいと思いますが、同時に、ある考えに対してためらいを覚えたり、恐怖を感じたりしたならば、そのような自分の反応を大事にしてほしいと思います。あなた自身のいわゆる暗い部分、影の部分に直面するとき、関係しているすべての人々が解放されるという機会を創造しているのです。これは最初にして最後の信条ともいうべきものにかかわってきます。「思いは創造する」という信条です。あなた方がどのような状況にいるとしても、その原因はあなたの考えです。あなたの体験を転換し、地球という存在を転換するのは、思いが創造するということを完全に信ずることです。

絶対的なものについてあまりにも断固たる言い方をする人については、すこし疑ってみることを勧めます。多くのさまざまな意見や話に耳を傾けることは大事なことです。人の話に耳を傾けてください。そして、それがあなたにとって正しいと感じられるかどうかを確かめてください。それはあなたに恩恵をもたらすものですか、あなたをより高いところに引きあげてくれるものですか。私たちが皆さんに教えたいことの一つは、何をすべきかを決定するのは皆さん自身であるということです。私たちは皆さんに情報を提供しますが、その情報をどうするかは皆さんしだいです。人生の舵を握っているのは皆さんであって、私たちではありません。

私たちは物語の語り手であることに誇りをもっています。私たちのデータの提供の仕方は信頼できるものですし、扇情的なところもあります。しかしながら、ある段階の私たちが話すことが話のすべてというわけではありません。それで話の終りということではなく、それが唯一の真実であることは決してありません。それは一つの断片であり、より大きな全体のごく小さな部分にすぎません。

今日、私たちが何をいったとしても、来年の今日になれば違ったことをいうであろうことを保証します。なぜなら、後一年すれば、皆さんはより大きなスケールで話が理解できるようになっているからです。ですから、話は絶えず進化していきます。皆さんは、その話のなかに自分の本来のあり方を見出さなければなりません。自分がすでに知っていることを発見するのです。自分が信じたいことを発見するのでもなく、命令されていることを発見するのでもありません。あなた方が知っていることを信頼することが絶対に必要です。というのは、この知識こそ、あなた方を根本創造神と結びつけるものだからです。あなた方の一人ひとりが、人生は何らかの目的をもったものであることを知らなければなりません。自分の役割を思い出すなかで、これが自覚されることになるでしょう。

あなた方自身がこの地球にくることを選択したのです。あなた方には、記憶を呼び起こし、人間存在の価値を創造の前線に引き戻すという任務があります。あなた方は、必要とされています。数多くの人生を生きるなかで、あなた方はこの仕事のための訓練を受けてきています。何の準備もせずにきたわけではありません。皆さんが、現在、知る必要があることはすべて皆さんのなかに入っています。どのような訓練を受けたのかを思い出すのは皆さんの仕事です。この人生においては、新しい情報を与えられることはありません。前にもいったように、この人生においては、すでに知っていることを思い出すだけです。私たちはこのことを皆さんに思い出させるためにきています。それが私たちの任務の一つです。

第2章 根本創造主の旅

人類は一つの実験です。創造の世界に存在するすべてのものがそうであるように、人類もまたデザインされたのです。根本創造主は、自己探求のために、自らの喜びのために、そして、自己表現のために、この宇宙で創造の実験を遙か昔に開始しました。根本創造主は生命のエネルギーと本質、それは自らの延長存在であるのですが、それをこの宇宙にもたらし、この延長存在に贈り物を授けました。根本創造主は自らのもてる能力を喜んで、惜しみなく与えました。この宇宙以外にも数多くの宇宙が存在しますが、この宇宙はすべてが許される自由意思の領域としてデザインされました。

根本創造主は自らの延長存在に向かってこういいました。「行きなさい、そして、創造しなさい、そして、すべてのものを私にもち帰りなさい」。これは、まことに単純な課題ではなかったでしょうか。言葉を換えると、根本創造主はこういったのです。「私はあなた方に私自身を贈り物としてさしあげましょう。あなた方は、行き、あなた方自身を惜しみなく与え、あなた方がこの宇宙で創造するものすべてがその本質は私と同じであるということを理解させてください」。

根本創造主の延長存在（創造神と呼ぶことにしますが）たちは、行き、自らのなかにある根本創造主のエネルギーを用いて実験を始めました。彼らは自らの序列階級を作り、それがひいては、他の序列階級を作ることになりました。次々に生まれた序列階級はそれぞれ独自の性質を与えられ、この宇宙の発展に寄与することとなりました。やがて、星雲体系の一つで、地球を星雲間の情報交換センターにしようという計画が生まれました。それは途方もなく雄大な計画でした。地球は美しい惑星であり、一つの星雲体系の端に位置しており、他の星雲から容易に接触できる位置にありました。地球は、また、宇宙を駆け巡るエネルギーの道である、数多くのポータル（次元の入り口）の近くにも位置していました。

すべての星雲の代表者をこの惑星、地球に送り込むために大急ぎで作業が進められました。創造神のなかには、遺伝学にきわめて優れている者がおりました。彼らは、序列階級によって分子を繋ぎ、分子に個体性と、周波数と電荷をコード化して与え、生命体を創造しました。数多くの、意識をもった文明がこの惑星にそれぞれのコードを表現させるべく、自らのDNAを提供しました。それから、遺伝学の権威である創造神が、さまざまなDNAを実験することによって、さまざまな種をデザインし、人間や動物が生まれました。それらのDNAは、地球を情報交換センター、光のセンター、生きた図書館にするために、数多くの意識をもった文明体が貢献してくれたものです。地球の計画は実に壮大なものでした。

地球を最初に計画した存在たちは、光の家族であり、光と呼ばれる意識の一側面のために仕事をし、光とかかわりの深い存在でした。光は情報そのものです。光の家族は、彼らが心に描いた情報センターを創造しました。さまざまな星雲がそれぞれの情報を提供し、誰でも参加することができ、誰でも知識を分かち合うことができる場所をデザインしました。地球は宇宙の図書館になったのです。宇宙の図書館とは、どのようにすれば情報を周波数と遺伝の過程を通じて保存することができるかを実験する美しい場所にほかなりません。

時間の枠の外では、一〇万年という時間は、皆さんが知っている時間の枠でいえば一年のうちにすぎてしまうでしょう。創造神は皆さんが理解しているような時間の枠のなかには存在していません。数十万年、百万年は彼らにとって無に等しいものです。

さまざまなエネルギーが、存在に変えられました。約五〇万年前には地球に人類が存在し、彼らはきわめて高度な文明を発達させました。これは、皆さんがレムリア、あるいはアトランティスと呼んでいる文明のことではありません。私たちにとっては、レムリアやアトランティスは現代に属するものです。いま話しているのは、遙か南の南極大陸の雪をいただいた山々の下に埋もれている古代の文明のことです。

地球に生きた図書館を作るというプロジェクトは、やがてその所有権をめぐって争いが生ずることとなりました。一部の存在にとってそれはきわめて魅力的なものだったのです。地球の誕生当初、その所有権をめぐって宇宙で戦争が展開されました。皆さんは、誰が地球を所有しているかなんて考えたことがありますか。地球は不動産として最高の物件です。宇宙において、これが誰にも所有されずにあるなどということは不可能です。

争いが始まり、地球は二元性が支配する場所となりました。地球は自由意思の空間でしたから、好きなことを何でもやる権利のある創造神たちがやってきて、地球を支配するにいたりました。私たちはこれを地球の〝乗っとり〟と呼んでいます。これは、ウォールストリートの企業の乗っとりと同じことでした。これらの創造神は約三〇万年前に地球を乗っとりました。これは、歴史的に見ると、皆さんが人類の歴史の始まりと呼んでいる時期に当たります。しかし、これは皆さんが、現在、歴史の始まりであると教えられている時期であるにすぎません。実際は、三〇万年前というのは、人類の歴史の後半、現代の始まりなのです。

この戦いが行われたとき、ある存在のグループが戦いに勝ち、地球を勝ちとりました。この新しい地球の所有者たちは、地球の原住民、すなわち人間にそれまでのことを知ってほしくありませんでした。何も知らなければ操縦するのが簡単だからです。光が情報で、闇は情報の欠如であるとは、こういうことにほかなりません。これらの存在たちは地球の光を消し、地球は彼らの領土となりました。光がどういうものかについて、新しい目で見ることができるようになった気がしませんか。放射能が拡散し、放射能活動が活発に見られ、地球の大部分はズタズタにされました。地球の原住民であった人間は破壊され、散り散りばらばらとなりました。

地球の新しい所有者となった創造神たちは、また、遺伝学にも長じていました。彼らは、どのようにして生命体を作るかを知っていましたし、この地球という領土を彼らがほしがったのには彼らなりの理由がありました。領土が創造され、そして、ある種のエネルギーによってそれが保持されるのには、多くの理由があります。すべてのものには、意識があるというのがその一つです。

意識はつねにコミュニケーションをはかっています。意識は振動しており、振動していない場合には、一定の電磁気周波数を与えることによって振動させることができます。意識の電磁気エネルギーに働きかけることによって、ある特定の振動数で振動させ、食べ物の源泉を作ることができます。林檎をいろいろに料理して、いろいろなかたちで食べることができるのと同じように、意識もまたさまざまなかたちに料理して、摂取することができるのです。

創造神のなかに、進化をとげていく過程で、生命体を創造し、意識体の周波数を調節することにより意識を物に吹き込むことによって、自らを利することができることを発見した者がいました。そうすれば創造したものをつねに支配下に置いておくこともできるのでした。根本創造主も、このようにして自らに滋養を与えているのだということに彼らは気付きはじめたのです。根本創造主は他の存在を送り出して意識の電磁気振動数を作らせ、それを自らの食料源としているのです。

地球の新たな所有者たちの食欲と好みは、前の所有者のそれとは異なっていました。彼らは、混乱と恐怖を滋養としました。混乱と恐怖が彼らを太らせ、彼らを刺激し、彼らに安定した支配の座を与えてくれたのです。

約三〇万年前にやってきた新たな地球の所有者こそ、聖書のなかで語られている偉大な存在たちです。バビロニアやシュメールの文字板、世界中のさまざまな文書のなかに語られている存在です。彼らは地球にやってきて、そこに住んでいた人間を組み替えたのです。彼らはあなた方のＤＮＡを組み替えて、あなた方が一定のかぎられた周波数のなかにおいてしか行動できないようにしました。この周波数は、彼らに滋養をもたらすものであり、彼らの支配の継続を可能にするものであったのです。

最初の人類は、素晴らしい存在でした。彼らがもっていた一二束のＤＮＡはさまざまな意識をもった文明体が与えてくれたものでした。新しい所有者がやってきて、実験室で異なったＤＮＡ、つまり二束のＤＮＡをもった人間を作り出しました。彼らは人間の当初のＤＮＡを抽出し、分解してしまいました。当初のＤＮＡのパターンは体内に残されましたが、機能はできなくなりました。分解され、電源を抜かれた状態になったのです。人間の細胞のなかに、光が記号化されたフィラメントがあり、これは、きわめて細いエネルギーの糸で、これが情報を伝えるものです。これらの細い糸が太綱となって、それがあなた方のＤＮＡを形成しています。それは光ファイバーの原理と似ています。あなた方が、組み替えられたとき、二つのＤＮＡだけ残されました。生存するのに不必要なＤＮＡ、あなた方に情報を与えるＤＮＡは切り離され、彼らにとって支配しやすく、操縦しやすい周波数に閉じ込められることとなったのです。

電磁気の壁に似た周波数の壁が地球のまわりに作られ、これによって人間の周波数をどの程度加減し、変化させるかが調節されることとなりました。こうして、この周波数の壁のために、情報そのものである光の周波数が地球に届きにくくなりました。光の周波数がこの壁を突き破ることができても、それを受け止める光がなかったのです。人間のＤＮＡは電源を外され、光がコード化されているフィラメントは機能停止の状態であるため、光をもたらす創造のための宇宙線に接続できるものが何もなかったのです。

あなたはこの物語のなかで、どんな役割を果たすのでしょうか。あなたは光の家族の一員です。あなたがこの本を読んでいるという事実だけで、あなたが光の家族の一員であることが分かります。なかには、これは夢で見たことがある話のように思われる人もいるでしょう。私たちは、あなたがあなた自身の内部ですでに知っていることを思い出させているだけです。私たちは皆さんの記憶の扉を開くために地球にやってきました。光の帯を通して、人類にインスピレーションを与え、あなた方がそもそも誰であるかを思い出し、現実を自ら創造し、自分自身の所有権、および地球の正当な所有権をふたたび自分のものにするようになってもらうために、私たちは地球にきているのです。私たちプレアデス人は、タイムトンネルを通って、光の代表として、自分の過去に戻ってきました。私たちはあなた方と一つの周波数を共有するために戻ってきました。その周波数は、再編されてしまった人間のＤＮＡを変えるために、あなた方が地球で体現することに同意した周波数です。これは大変な物語です。ビッグニュースです。

地球を最初に計画した存在たちは、地球を諦めるつもりはありません。そう簡単に諦めると皆さんも思ったりはしないでしょうね。彼らは光の家族を招集し、内部に潜入し、一人ひとり、人間として肉体をもって生まれ変わり、創造の宇宙光線を通してもたらされる、情報である光を、光が失われてしまった地球にもたらすようにとの任務を課しました。かくして、光の家族は地球での任務を開始しました。光が失われた組織、ということは情報が失われた組織ということになりますが、その組織に潜入したのです。人類の法則を変えることによって、創造の宇宙光線が人間の肉体を貫きはじめました。一人ひとり、そして、一つ一つのグループを貫いていきました。何万年にもわたって情報の周波数がほんのわずかずつ地球にもたらされてきたのです。つねに現れようとする光、すなわち、情報を締め出そうとして、しばしば大きな戦いがくり広げられました。地球の計画を最初に立てた存在たちは、宇宙全体の見地からすれば、彼らのプロジェクトを奪った創造神を許し、理解することが彼らにとっての教訓であることを知っていました。

原初の立案者たちは、地球の周波数が変わる時期に、独自のプランが作動し出すように仕組みました。その時期とは、現在の地球の所有者たちが、もし、周波数を変えなければ滅亡していく時期です。感情こそ食料の根源です。食料源を愛にしている存在がいます。原初の立案者たちは地球の周波数を愛の周波数に変えようと意図しています。現在、地球を所有している者たちが食料としている恐怖、心配、混乱、飢餓、落胆を除去しなければなりません。

この食料源を除去するのは誰だと思いますか。あなたです！　光の家族の一員であるあなたは反逆者です。あなたは体制の破壊者として、あなた自身の恐怖を征服し、地球に住む他の人々に恐れる理由は何もないことを示すために地球にきているのです。あなた方は体制のなかに侵入して、問題を起こすのが大好きな人たちです。光の家族のなかでも、あなた方は有名な存在です。現実という体制のなかに侵入して周波数を変え、情報をもたらすというあなた方の仕事はよく知られています。人々を説得して考えを改めさせるというのは、光の家族としてのあなた方の仕事ではありません。あなた方は、ただ、体制のなかに入り込んで入れものとしての役割を果たすだけです。あなた方の人間としての肉体に創造の宇宙光線を受け入れるだけです。あなた方は人間の変装をして、ある一つの過程があなたのなかで起きることを許すのです。

あなた方には、コードが埋められています。この記憶が蘇りはじめると、周波数を変えるための地球での計画に自然に反応するようになるでしょう。あなた方は、ある一定の周波数を保持し、維持し、そして、その周波数を生きることになるでしょう。周波数としての存在こそ、あなた方の肉体としての身体、精神としての身体、情緒としての身体、魂としての身体の総体であり、これが電子波動として伝わっていくのです。あなた方がこの周波数を生きるとき、いたるところで、すべての人々に影響をおよぼすことになります。あなた方がいまやっていることは、まさにこれなのです。すでにこの任務を自覚している人たちも数多くおりますし、たくさんの人々がこの記憶を蘇らせつつあります。

人類を支配している周波数を変える計画には、あなた方のＤＮＡと光がコード化されたフィラメントを束ねなおすということもふくまれています。とてつもなく巨大なプロジェクトです。地球は、地球にしかできないやり方で宇宙の進化に力を貸しているのです。地球こそ、いろいろなことが集中的に起きつつあるところです。物事の中心地であり、最高に面白い場所です。地球でこの壮大な宇宙の計画の花が開きはじめ、地球で起きることは数多くの宇宙に存在する世界に影響をおよぼすことになるでしょう。

光の家族として、皆さんは何度も地球にやってくることに同意しました。さまざまな外見をとり、さまざまな時代に生まれることによって、いろいろ必要なことを学び訓練を重ねてきました。周波数の変化が起こりはじめ、皆が一緒に生まれてきて、この計画を実行に移すときのために、あなた方は地球を体験して備える必要があったのです。

光の家族が地球のいたるところで団結しつつあります。あなた方は、相違点に焦点を合わせるのではなく、お互いが共有する点に焦点を合わせなければなりません。光の家族として、情報をこの地球にもたらし、あなた自身の成長を刺激するのです。あなた方はこれをやらねばなりません。なぜなら、あなた自身の成長が、この地球に影響を与えるのですから。

あなた方のＤＮＡは二重螺旋から一二の螺旋へと進化していきます。一二の螺旋は、あなた方の肉体の内外にあるエネルギーの中心点、つまり、チャクラに相応するものです。いま地球に住む何百万という人たちがこの任務についています。あなた方はこの任務を果たすために必要な周波数を体現することに同意しました。まだ、少数ではありますが、あなた方のなかには、これが完璧にできている人たちもいます。そして、この少数の人たちが他の人々に影響をおよぼしています。間もなく、あなた方は、自分が何者であるか、そして、任務がどんなものであるかについて明確に分かりはじめるでしょう。

このプロセスにかかわる人たちは信じられないような進化の飛躍を体験することになるでしょう。そして、このプロセスは、これからの二〇年間、ますます加速されることになるでしょう。すでに、ＤＮＡの一二の束、一二の螺旋が繋がった人たちもいます。これらの一二の螺旋は、身体の内部のＤＮＡ、身体の外部にあるＤＮＡと相互に作用し合うことになるでしょう。ＤＮＡの一二の束が繋がるということは、一二のエネルギーのセンター、つまり、情報のセンターが機能を開始し、相互に情報のやりとりを始めることを意味します。

これまでのところは、これらのセンターのうち七つは身体の内部にあり、五つは身体の外にありました。それは、一般的には、チャクラの中心点として知られ、太陽系でいままで知られている一二の天体の回転の動きと呼応しています。これらの天体は三次元の世界で振動しており、それがあなた方の目でも認識できます。これらの天体は、また、情報を満載した状態で回転しています。宇宙の最先端にまでおよぶチャクラの体系によって回転し、同時にＤＮＡが彼らの体内で回転しているのです。

人間のＤＮＡが一二の束をもった螺旋のシステムとして再編され、この情報が利用されはじめると、信じられないほどの力が生まれます。個人個人が、ただ一緒に集まって、欲することをともに意図するだけで、すなわち宇宙全体のエネルギーをテレパシーで受けとる容器になることによって、宇宙を変えることになるでしょう。

あなた方のＤＮＡを束ねるプロセスを突然変異と呼びます。光の家族の一員として、この突然変異を体内に生じさせるとき、あなた方は一二の情報センターの情報をまとめることが可能になります。あなた自身が自分の体験を創造するということを理解し、意識的な創造者になりはじめます。それだけでなく、自分が誰であるかについて意識的に思い出せる人になります。

一〇番目、一一番目、一二番目のチャクラが開きはじめると、地球以外のエネルギーがあなたの生活のなかに現れはじめます。より高い周波数を保持する人が増えるにつれて、このようなエネルギーも増えてきます。一〇番目のチャクラは太陽系と繋がり、一一番目のチャクラは銀河系と、一二番目のチャクラは宇宙におけるある特定の場所と繋がっています。あなた方が、これらの周波数を保持するようになると、世界を驚愕させるような情報を地球にもたらすことになるでしょう。

さまざまな存在が混じり合って一体となり、さまざまな文化が合体し、多くの〝新しい世界の秩序〟が導入され、大変な混乱が生ずることになるでしょう。光の家族の一員としてあなた方は、これを冷静に見守り、現在の体制を打ち砕くには混乱と混沌が必要であり、そうして初めて光による再建が可能となることを知ってください。光の家族の一員であるあなたには、これは進化のプロセスであり、変化する周波数に対応できる人は進化していくであろうことが理解できるはずです。いま現在、地球はまことに心ときめく場所です。素晴らしいプランだと思いませんか。

第3章
あなた方の神とは誰か

「神とは何か」という考えについてはいろいろな誤解があります。宇宙には、長いあいだにわたって進化をとげ、自己を創造的に表現したいという自らのニーズを満たすために、さまざまな能力や機能を発達させてきた知的な存在がたくさん存在します。存在や意識の背後にある大切なものは創造性です。そして、創造性はさまざまなかたちをとります。

何百億年も前には、地球は、新しい存在の形態を創造するという仕事を自らに課した偉大な存在の心のなかの一つの考えにすぎませんでした。これらの偉大な存在の多くが、この宇宙の創造に影響を与え、あなた方は、彼らを神と呼びました。実際は、彼らは根本創造主から遙かに隔たった、地球外の光をもたらすエネルギーだったのです。私たちは大文字でＧＯＤという呼び方をすることは滅多にありません。大文字でＧＯＤというときは、根本創造主という存在に言及するときだけです。根本創造主は、愛が体内に満ち満ちて内部爆発を起こし、その豊かなる愛のゆえにすべてのものに意識を与えられたのです。すべてのものは根本創造主の旅する姿です。

私たちは、自分が根本創造主の延長存在であると思っています。つねに、情報を収集し、新しい冒険に旅立ち、人生をより興味深く、かつ生きがいのあるものにするために必要なことは何でもやり、根本創造主に滋養を提供しています。私たちのプロジェクトや努力を通じて根本創造主に滋養を提供するとき、私たちは根本創造主に新たなる創造のためのエネルギーを提供しているのです。

私たちは、根本創造主の間近にまで行ったことは一度もありません。私たちのなかで最大の光の振動をもった存在でも、現在の進化の段階では根本創造主の間近に行くだけの能力はありません。その強烈な光に対処する準備ができていないのです。私たちの進化のある段階で、根本創造主をほんの一瞥できればと希望していますし、願わくば、ほんの少しのあいだでも一体になれたらばと思っています。私たちはこれが可能であることを知っています。だからそれに向かって努力しています。

意識の進化と情報を体内に宿らせる能力によって、私たちは根本創造主の間近に行くことが可能になります。地球に住む多くの人々が、神と一体になったことがあると感じています。この人たちは神の一部と一体になったということはあるかもしれません。その神の一部とは、その時点で彼らの振動数に一番合っていた部分だったのです。根本創造主のもつ全体の振動数は、肉体を一瞬のうちに破壊してしまうでしょう。普通の存在の肉体では根本創造主のもつ情報をすべて体内に入れることは不可能です。あなた方に対して〝神〟を代表しているという存在は、根本創造主のほんのわずかな部分にすぎません。

根本創造主ですら、より大きな何かの一部にすぎません。根本創造主は、自らもまた、ある創造物の子供であり、つねに自己発見と自覚を絶え間なく体験しているのです。思い出してください。意識はすべてのもののなかに存在していますが、意識は発明されたのではありません。意識は、ただ〝あった〟だけなのです。

意識とは知ることであり、あなたが知っているということこそ、あなたにとって根本創造主に一番近いところなのです。あなた方が知っていることを信頼するとき、あなた方のなかに存在する神が目覚めることでしょう。

いま、世界がいかに大きなものであるか、そして、その世界で誰が有名な野球選手なのかについて、地球の人々が大きく目覚めようとしています。それは世界の野球シリーズであるだけでなく、宇宙全体を巻き込んだ野球のゲームです。

あなた方が意識していようといまいと、地球には序列階級があるのと同じように、宇宙にも序列階級があります。あなたがある場所に住んでいても、何らかの序列階級が存在することに全然気がつかないということはありえます。農地を耕し、税金を払い、投票はせず、どのような官僚政治のもとにあるのかまったく知らずにいられるという可能性があります。これと同じように、地球は宇宙にある官僚的な政治機構というものに全然気付いていていないのです。

あなた方が、このような組織、ないしは序列階級が存在すること、そして、これらの組織は、あなた方とはまったく異なった時間の体験に基づいていることを知っておくことがきわめて重要です。他の存在たちは、あなた方が知っているような時間のなかで生きているのではありません。あなた方にとっての一年は、彼らにとっては一日のほんのわずかな部分にすぎないかもしれません。あなたにこのことが本当に理解できれば、地球がこの数千年のあいだ放っておかれたように思われる理由が分かるでしょう。いま、ふたたび、空からの活発な働きかけが始まろうとしています。膨大な量の新しい知識が、あなた方のパラダイムと価値体系のなかに入ってくるでしょう。地球は、いま、カルチャーショックを体験しようとしているのです。

あなた方は、ある目的をもってこの時期に地球にやってきました。人類のＤＮＡを再編した創造神たちもまた、いま地球に戻ってくるでしょう。なかには、すでに地球にきている者もいます。地球には、さまざまな存在が何度も何度も訪れました。そして、いろいろな実験によって、さまざまなかたちの人間が生み出されました。地球における歴史の流れが創造されるに当たっては、さまざまな要素が影響をおよぼしました。この惑星で、数多くの文明が何百万年にもわたって繁栄し、そして、滅び、その跡形すら残していないのです。これらの文明は、一つ残らず、あなた方が神と呼ぶ存在たちによる影響を受けたものでした。

人間の歴史は、あなた方が神と名付けた光の存在たちによる影響を受けてきました。聖書のなかでは、これらの存在の多くがまとめられて一つの存在に集約されました。しかし、実際は、彼らは一つの存在ではなく、非常に強力な地球外の光の存在のエネルギーの結合体であったのです。彼らは私たちの目から見てもすさまじいエネルギーでしたから、礼讃され、神として崇められたのも無理はありません。

これらの存在についての本当の姿を伝える文献は、地球には、ありません。これらの創造神はすべて、創造性、意識、そして、エネルギーととり組むことによって学び、自らの発展を促進するために地球にやってきました。目的を見事に果たして教訓を学んだ者もいましたが、大きな間違いを犯した者もおりました。

このような古代の神々とは、どんな存在だったのでしょうか。彼らは現実を動かし、自然の霊たちに命令を下して自分の意にしたがわせることのできる存在でした。人間は、昔から、自分にできないことができる存在を神と呼んできました。

このような存在は、さまざまな古代の文化が栄えていたときから語り継がれ、羽の生えた生き物、光の球として描写されてきました。あなた方の世界は、これらの神々がどんな存在であったかを示すヒント、手掛かり、さまざまなもので満ち満ちています。しかし、人間を操作したいと思った者たちが、あなた方人間を支配するパラダイムを作るために、彼らに都合のよい話を捏造しました。あなた方は、これらの存在は真の神であると教えられ、彼らを崇め、称え、彼らの意にしたがうように教え込まれたのです。このパラダイムがいま、大きく変ろうとしています。真実がいままさに現れようとしています。この真実が現れるとき、あなた方の世界を見る目は完全に変わることになるでしょう。真実を見ようとしない者たちこそ災いなるかな。ショックの振動が世界中を駆け巡ることになるでしょう。

地球を支配してきた創造神たちは、ほとんどの者は他次元に存在していますが、三次元に肉体をもって現れる能力をもっています。彼らは地球をある一定の周波数にコントロールしておき、感情的な衝撃を作り出してはそれを自分の滋養にしているのです。他の何にもまして生命を重んずる者もいれば、生命を尊重せず、生命とのかかわりを理解できない者もいます。

意識が意識に食べ物を与えます。あなた方には、この概念を理解することは難しいようです。それは、あなた方は、実際に食べ物を食べて生きているからです。存在のなかには、意識を糧としている者もいるのです。すべての食べ物は、生育のある段階では意識をもっています。フライにしても、煮ても、あるいは畑でもいできても同じことです。あなた方はそれを摂取して、自分に滋養を与えています。あなた方の感情は他の存在にとっての食べ物なのです。あなた方がコントロールされて狂乱状態を引き起こせば、このような存在に滋養を与える振動数を作り出すことになります。

愛の振動数によって生きている存在がいます。このグループがいま、地球で愛の食べ物をふたたび育てたいと思っています。彼らは、この宇宙を愛の振動数に変えて、他の世界に行って、その愛の種をまく機会をもてるようにしたいと思っています。

あなた方は、光の家族のなかの反逆者を代表している存在です。あなた方は、地球に戻ってくることに同意した人たちです。任務をもっているのです。あなた方は、人間の肉体に入り、肉体にとって代わるのです。

霊的存在としての力によって、肉体を変えることを意図するのです。あなた方は、皆、入念な注意を払って、これが一番やりやすいような遺伝系列を選んできました。光の家族のメンバーたちが通り抜けてきた遺伝系列を選んできているのです。

人間が本来のあり方で存在し、さまざまな現実を理解できたとき、多次元に同時に存在することができました。すなわち、神々と等しく一体でいることが可能だったのです。あなた方は、この本来のあり方を自分自身のなかに目覚めさせようとしています。

創造神が、この現実を乗っとってしまいました。現代の企業の乗っとり屋が、年金の資金が潤沢にあるという理由から、ある企業を乗っとるのと同じようなものです。創造神が地球を乗っとった時代には、地球の年金は潤沢にあったのです。あなた方に、彼らこそ本当の神であると信じ込ませるために、彼らはあなた方の遺伝子を変えました。

これが起きたとき、光の家族は地球から追い散らされ、無知を行動の基盤とする暗黒のチームがやってきて支配することになったのです。これらの創造神が体現する知識、それは彼らがあなた方から奪ったものだったのですが、それを求めようとして体験した恐怖の記憶をあなた方の肉体はもっています。この創造神たちは素晴らしい宇宙存在でした。彼らはさまざまな操作をする能力をもっていて、現実をいろいろなかたちで動かすことができる力をもっていました。人間は、無知なるがゆえに、このような宇宙存在を絶対的な神と呼びはじめたのでした。

根本創造主は、一人の存在として地球を訪れたことはありません。根本創造主はあらゆるもののなかに存在しているのです。あなた方が神と呼んできたのは、小さな神々であり、彼らは崇拝されたいと願い、あなた方を惑わせ、地球を一つの属国とみなして、自由意思が尊ばれる宇宙の銀河系にある彼らの財産にしてしまったのです。

この乗っとりが行われるまでは、あなた方人間には、素晴らしい能力がありました。遺伝子の操作が行われ、多くのものが破壊されました。人間についてのさまざまな実験が行われ、それが地球にもたらされました。地球にあっては、もともとのデータベースは破壊はされませんでしたが、散り散りばらばらとなったのです。ある時点までは、あなた方のＤＮＡは整然としていました。まるで美しい図書館と同じように、情報はすべて項目別に整然と整理され、必要な情報はただちに入手できるようになっていました。遺伝子操作が行われてデータの電源が抜かれると、それはまるで図書館の検索システムを誰かが隠してしまい、すべての本が本棚から下ろされて、床の上にただ積みあげられているような状態になり、何の秩序もなくなってしまったのと同じようなことになったのです。あなた方のＤＮＡも、乗っとり屋によってこれと同じようにばらばらにされてしまったのです。

私たちは、いま、あなた方に一つの物語を話しています。これには、明らかに物語があるのです。私たちはあなた方の論理的な頭脳に向かって話しているのではなく、メモリーバンクに向かって話しています、そうすることによって、あなた方もこの物語に実際に参加していた存在であることを思い出してほしいからです。こうすることによって、これまでに何があったのか、そして、現在、進行中のプロセスにおいて、あなたがどんな存在であるかが分かりはじめるでしょう。

遺伝子に関する情報はすべてばらばらになり、順序も秩序も失われてしまいましたが、それは細胞のなかに残されました。あなた方に残された唯一の情報源は二重螺旋だけとなったのです。二重螺旋とともにあったその他のデータベースは検索不能となり、あなた方は、非常にかぎられた情報に基づいて機能せざるをえなくなりました。絶対的な神と自称する存在にとって、あなた方は非常に操作しやすく、コントロールしやすい存在となりました。

ある存在がやってきて、地球に現存していた素晴らしい種を奪い、それを再編成して、自分自身の目的とニーズのために使いはじめたのです。彼らは人間の内部にあった情報の周波数を乱し、DNAを変え、あなた方に二重螺旋だけを残して、無知な状態にしておくことに成功しました。情報を検索することができなくなって、いうなれば、あなた自身のラジオのダイヤルを回せなくなってしまったのです。

これらの創造神は人間の内部にあるDNAを変えることに着手したのですが、そのDNAとは、あなた方の知性であり、青写真であり、コードそのものなのです。いくらコードが存在しても、現実に行動する場所を与えられなければ、自らを表現することはできません。もしも、あなたが、小さな部屋に監禁されて成長するための場所を与えられなかったとしたら、あなたは自分を表現することは決してできないでしょう。この数千年のあいだ、あなた方のコードは非常にかぎられたDNAのなかに閉じ込められてきたのです。いま現在、地球に存在することのもっとも心ときめく側面の一つは、あなた方のDNAの組み替えが行われているということです。宇宙光線が地球に注がれ、変化が生ずるだろうことが地球に住む人々に知らされ、肉体の再編成が始まっています。生きた図書館である人間の歴史と意識を保持しているデータは、いままではばらばらになっていましたが、それがふたたびまとまろうとしています。

DNAは進化しつつあります。新しいDNAの束が形成され、光のコードが入っているフィラメントが作られつつあるのです。根本創造主から発せられる電磁波のエネルギーによって、ばらばらになっていたデータがあなた方の体のなかで一緒になろうとしています。私たちは、このプロセスがあなた方の内部で進行するのを見守り、必要とあらば手を貸し、ともに成長するために地球にきているのです。

このDNAの再編成が完成すると、より進化した神経組織が誕生し、いままでよりもずっと多くのデータがあなた方の意識に入ってくることが可能になるでしょう。いままで眠っていた数多くの脳細胞が目覚め、いままでのように肉体のほんの一部だけを使うのではなく、あなた方の肉体が一〇〇パーセント活用されることになるでしょう。

地球上のありとあらゆる場所が、この変化、この意識によって影響を受けています。あなた方のなかで、光の番人である人たち、現存する現実を一〇〇パーセント方向転換して、新しい選択の道を導入したいと願っている人たちは、この新しい意識の周波数を固定している人たちです。この周波数を固定し、理解しないと、大混乱が生ずることになります。実際に、大混乱が生ずるでしょう。だからこそ、あなた方は、地にしっかりと足をつけている必要があるのです。

大混乱の状態を適切に利用すれば、状況を再編成することが可能となります。時間は、いま、崩壊しつつあります。エネルギーはますます増大の一途をたどっています。あなた方は、このエネルギーを最初に使う存在となるために地球にきた人たちです。このエネルギーをあなた方の体内にとり込むことによって新しい意識の道をつけ、それによって他の人たちはあなた方がする苦労をしないですむことになります。

多くの人たちが何の前触れもなしに、突然、このエネルギーを感じはじめるでしょう。あなた方は、データであり情報である光を地球に呼び込んでいます。これによって、意識が言葉を一言も発することなく、探求していくための新しい道を切り開いているのです。新しい意識の道は、新しい現実、新しい選択、新しい生活の仕方、新しいあり方を創造します。したがって、現在の社会の崩壊は避けられません。

あなた方の現在の社会は、光を保持していません。多次元の可能性も保持していません。あなた方をかぎられた可能性のなかに閉じ込めているだけです。あなた方はこのことにうんざりしているはずです。創造神たちは宇宙に自分自身の家をもった宇宙存在です。彼らもまた進化の道を歩んでいます。ただ、彼らを〝創造神クラブ〟から追い出したいと思っている存在がいます。というのは、創造神クラブが創造する生命体を彼らは尊重しないと思われているからです。三〇万年前に地球が乗っとられるまでは、最初に地球にやってきたチームが、地球に情報をもたらし、地球を巨大な情報センターにして、数多くの銀河系を結びつける役割を果たせるようにするために活躍していました。それから、創造神のあいだで大戦争が発生し、地球のさまざまな文書のなかで語られている宇宙存在がその戦いに勝利を収めました。彼らが地球にやってきたのは、この地球を自分のために使いたいとの目的があったからであり、その目的も多様なものでした。根本創造主のこの宇宙においては、すべてが許されています。すべてが許されているからこそ、さまざまな教訓を学ぶことが可能なのです。

これらの創造神のなかには、結婚によって血統を交え合った者もいました。それは、ヨーロッパ大陸の君主国家や王国がやったのと同じことでした。これらの創造神たちはさまざまな血筋を混合することによって何が創造できるかを実験しました。覚えているでしょうが、彼らには、遺伝の仕組みが分かっていましたから、生命力を具現し、利用し、生命力がどのように働くのかを理解することによって、ありとあらゆるものが創造できたのです。このプロジェクトがどれほど壮大なものであったかは、いまの時点では、あなた方には、理解することができないでしょう。

地球にやってきて、当初の計画をばらばらに粉砕してしまったこれらの存在は、いったい何者だったのでしょうか。私たちが時々、黒いTシャツと呼ぶ宇宙存在は、いったい何者なのでしょうか。暗い勢力について話をするときには、あまり厳しい言葉使いは避けたいものです。彼らがあたかも悪者であるかのような話し方はしたくないものです。彼らはただ情報を与えられていないのだということを理解してください。したがって、彼らは情報のないシステムを創造するわけですが、その理由は彼らはそうしなければならないと信じているからなのです。彼らはかつて戦いを起こし、自らを知識と訣別させた存在であり、いまは必死に彼らがもっている知識と、彼らが進化させた生命体にしがみつこうとしているのです。それは、恐怖に基づいた生命であり、他の生命を尊重しない生命であり、他の生命を利用する生命です。いったい彼らは何者でしょうか。爬虫類の動物です。

これらの宇宙存在は半分人間で半分爬虫類です。私たちは彼らにリジーというあだ名をつけていますが、それはあまり深刻にならずに、ユーモアをもってこの事実を見ることによって、あなた方が、彼らのことを深刻に考えたり、気持ちを動転したりしないようにと考えているからです。私たちはあなた方を脅かすために地球にきているのではなく、情報を提供するためにきているのです。あなた方は、こういうことは全部体内に情報としてもっています。あなた方が何者であるかという歴史を自ら紐解きはじめるとき、あなた方のなかには、爬虫類としての記憶を蘇らせる人もいるはずです。あなた方はいつも人間としてだけ生まれ変わってきたと考えているとすれば、それは幻想にすぎません。あなた方は、創造を体験し、創造についての情報を集め、創造の全体を理解するために輪廻転生するのです。したがって、一種類の体験しかしないということはありえません。そんなことをしたら、一生、毎日毎日同じレストランに行って食事をして、「私は食べ物についてはすべて分かっています」というのと同じことです。馬鹿げたことです。あなた方の境界線の拡大を開始しなさい。そして、さまざまなことを体験する必要があるのだということを悟ってください。すべての生命には、素晴らしい輝きがあるのです。

創造神はさまざまな形態をとります。彼らのすべてがリジーというわけではありません。昆虫のような創造神もいます。私たちプレアデス人は鳥のような、また、爬虫類の創造神と繋がりがあります。さまざまな文化に、宇宙からやってきて鳥のエネルギーとともに仕事をした存在がいました。エジプト、南アメリカ、北アメリカの古代文明の絵を見れば、そこには、鳥や爬虫類の絵があるはずです。歴史のある時点では、鳥と爬虫類はともに助け合って仕事をしたこともあり、また、あるときは戦いもしたのです。あなた方の理解が深まるにつれて、この物語はさらに拡大していきます。あなた方は、自分自身の歴史を思い出しはじめるでしょう。

創造神たちは、あなた方と深く繫がっています。親になる決断を下すとき、あなた方は子供たちから学ぶことに同意し、彼らが幸せになることに責任をもつことに同意し、そして、また、子供たちが自分自身に対して責任をもつように導いてあげることに同意します。創造神についてもまったく同じです。あなた方の成長を見守ることを通じて、彼らは生命について学び、彼らの創造物について学び、いうなれば、どうすれば立派な親になれるかについて学ぶのです。

創造神のなかには、自分自身の世話をさせるために、あるいは自分のニーズを満たすだけのために生命を創造した者もおりました。彼らはあなた方の感情を糧としていました。人類全体から隠されてきた大きな秘密の一つは、感情には、途方もないほどの豊かさと富がともなうということです。あなた方は、感情を探求しないようにと導かれてきました。というのは、感情を通じて、物事の本質が分かってしまうからです。感情によって霊体と結びつくことができるのです。霊体はもちろん、肉体のある存在ではなく、多次元の存在局面に存在しています。

周波数コントロールの程度がシフトして、いま、外からやってくるエネルギーが地球を変えはじめています。これらのエネルギーはあなた方を必要とします。これらのエネルギーといえども、地球を外から変えることはできません。地球は内部から変わらなければなりません。これらのエネルギーは単に創造的な宇宙線を地球にもたらし、その光線があなた方の肉体を貫いて、肉体の内部に飛躍的な進化を引き起こすのです。

あなたが感情を適切なかたちで使うことができるようになったとき、そして、自分自身の周波数をコントロールできるようになったとき、あなた自身がこの光を発することができるようになるでしょう。それができるようになると、この存在局面において、恐れの周波数にエネルギーを提供しなくなるでしょう。

地球において、恐怖の周波数が減少しはじめると、さまざまな宣伝が行われて恐怖心が増大されることになります。それは、恐怖の周波数によって滋養をとっている存在たちが食べ物を失うことになるからです。彼らの食べ物を新しい愛の周波数に切り替える前に、恐怖の周波数を強化しようとするでしょう。リジーたちは、地球上で感情的な混乱を宣伝し、拡大するためのさまざまな装置を地球に埋め込んであります。感情的な混乱は彼らのところに送られ、それによって彼らは滋養を与えられます。

宇宙存在が地球にやってくるためには、ポータルを通らなければなりません。あなたが、仮に木星に飛ぶことができたと仮定して、地球に戻ろうとするときに、地球の時間の枠組みにあなたを入れてくれるポータルが見つからないと、荒涼とした生物が何も存在していないような場所に行ってしまうかもしれません。ポータルによって、生命体が存在する地球の次元に入ることが可能となります。

地球には、さまざまな種や、宇宙の創造神が地球に入ってくることを可能にしているポータルが昔からいくつかありました。現在、その支配権をめぐって戦いが行われている巨大なポータルの一つが中東のポータルです。地球の歴史を振りかえってみればよく分かりますが、このポータルを通じて、数多くの宗教や文明が導入されてきました。これは実に巨大なポータルで、半径が一〇〇〇マイル（一六〇〇キロメートル）あまりあります。中東でさまざまな活動がつねに展開しているのはこのようなわけなのです。リジーは、このポータルを使っています。

ある程度までは、リジーたちがこのポータルを支配してきました。彼らはこのポータルを利用して、地下の基地、および洞窟を作り、そこを行動の基点にしています。チグリス川とユーフラテス川流域に栄えた古代メソポタミア文明は宇宙の植民地であり、そこに一つの文明が導入されました。クウェートは、このポータルの入り口に座っています。このポータルは、人類を操作し、他の存在のニーズに奉仕する役割を果たしています。

リジーのなかには、善良な者も、悪意をもった者もいます。私たちは、なぜこのようなことをあなた方に話しているのでしょうか。あなた方がこういうことを知る必要があるのは、リジーの現実が、いま、ふたたび地球に入りつつあり、あなた方の次元と一体になりつつあるからです。意識において飛躍的な進化をとげるということは、ただ、光と愛のなかに入っていき、毎日楽しくアイスクリームを食べるだけではありません。現実がいかに複雑なものであるか、現実にはどれくらい多くの形態があるのか、そして、その現実のすべての形態がすべてあなたであることを理解しなければなりません。あなたはそれらの現実を認め、融合し、あなたの魂の総体の内的な爆発を創造しなければなりません。こうすることによって初めて、あなたは根本創造主のもとへ帰ることができるのです。

あなた方は、さまざまな事柄に価値判断を下し、それらに悪いものというレッテルを貼る機会に直面することになるでしょう。しかし、あなた方が価値判断を下し、レッテルを貼るとき、新しい現実を体験し、感ずることはできないでしょう。この宇宙は自由意思の宇宙であり、神聖なる計画が進行していることを忘れないでください。この神聖な計画は最後の計画であり、トランプのゲームで最後に使われるカードになるでしょう。この最後のカードは、切り札であることを、あなた方は覚えておかねばなりません。

地球上で展開されているドラマの性質は、非常におもしろいものです。現存する体制の周波数を調整しようとするとき、その体制からある種の磁気が出ていきます。この磁気が、かつてその体制にかかわったすべてのエネルギーをその体制にもう一度引き戻して、そのエネルギーが、その進化、ないしは一つのプロセスを体験できる機会を与えます。あなた方はかつて体験したすべてのことに磁気を与え、そうすることによって、感じる必要のあることすべてを感じられるようにしているのです。

この神聖な計画に基づいて、古代の創造神たちが、いま、地球に戻ってきています。彼らは、この計画に参加し、周波数が変わるのだということを理解しなければなりません。彼らも多くの人間がそうしているのと同じように、これに抵抗しています。しかし、彼らの現実を創造するのは彼ら自身にほかなりません。この三〇万年にわたって創造神であった彼らは、誰が彼らを創造したのかを忘れてしまったのです。彼らの神を忘れてしまったのです。光の家族のメンバーであるあなた方は、忘れてはいません。あなた方がなすべきことは理解することです。包括的な理解を地球に引き戻し、それによってエネルギーが安定し、創造のためのエネルギーが生まれます。この惑星においては、光が過少に評価されています。そして、創造神たちはあなた方を過少評価しています。彼らは頭脳明晰な存在ではありますが、盲点もあります。彼らは権力を愛するあまり仲間喧嘩をします。

創造神たちは自らの一部を放棄し、自分自身のプロジェクトに安住し、それを溺愛しています。あなた方は、これらの存在と結びついています。というのは、あなた方は彼らの延長存在であり、彼らが操作できる存在なのです。あなた方は、外側から現実に影響をおよぼすだけではなく、内側からも働きかけようとしています。あなた方が、思い出そうとしているのは、このことにほかなりません。

創造神たちが、いま、ふたたび、あなた方を襲わんとしています。それは、彼らが飢え死にしたくないからです。あなた方によって、体制の破壊が行われつつあることに彼らは気付いています。ですから、彼らはふたたび地球にやってきて、大混乱を引き起こし、恐怖を巻き起こし、地球という領土を自分のものとするために戦いを始めようとしています。彼らの食料源は、彼らにとって重要なものです。彼らは、いま、地球のコントロールを失いつつあります。そこで、彼らは中東にある第一番のポータルに戻りつつあるのです。中東には、彼らの巣があり、そこで、恐怖と混乱が生み出されるのです。

地球を最初に創造した存在たちは、周波数に関して選択の自由をもう一度地球に与えたいと願っています。これまで地球を支配してきた創造神たちは、周波数を調整して、選択の自由を許していません。想像可能なありとあらゆるかたちで、あなた方に現実についての誤ったビジョンをもたせることによって、あなた方の霊的な力を奪っているのです。これらの神々が悪いといっているのではありません。どのようなことが起きているのか、そして、あなた方が自分ではそれとは知らずにそのことにかかわってしまっているということを、情報として与えているだけです。あなた方には分かっていませんが、このような状況は、ある一定の路線に沿って考えたり感じたりさせるための罠であり、ある一定の意識で振動させるために仕組まれた罠なのです。

私たちも同じようなことをしています。私たちがあなた方にやったことを振りかえってみれば分かりますが、あなた方の周波数を変えるという計画を意図的に設定したのは私たちでしたね。ある振動数で振動することを選択できるようにするために、あなた方を罠にかけ、唆《そそのか》して、自由意思の大切さを説得しました。創造神たちがやったことと同じことを私たちもやっているのです。

サンタクロースについての考えを改めなければなりません。イースターバニーやサンタクロース、歯の妖精についての話が作り事であることを発見したのと同じように、あなた方が神として崇拝してきたエネルギーには作り事の部分があり、理想化された部分があることを発見することになるでしょう。

この惑星を支配しているエネルギーは、好き放題に、あなた方の価値体系からエネルギーを吸いとっています。それはものすごいばかりのエネルギーを放出し、このエネルギーは生きているのです。あなた方は、考えることすべてが、世界を創造するという話を聞かされています。考えは現実そのものであり、考えたことは、どこかに行くのです。

この地球上には、五五億の人間がいて、それぞれがたったいま何かを考えています。それだけのエネルギーがこの地球上に息づいています。そのエネルギーのなかで、支配的な感情はどんなものでしょうか。このエネルギーに何を信じさせ、何を表現するように強要できるのでしょうか。

誰が正しくて、誰が間違っているか、序列構造のなかで、誰がどこにいるかなどということを教えるためにきているのではありません。あなた方の幻想を打ち砕き、あなた方がいままで信じ込まされてきた風船に穴を開けたいだけです。私たちは、あなた方が間違っているというつもりはありません。ただ、もっと大きく考えるようにと提案したいだけです。

あなた方のなかで、彼らの計画にしたがって振動しない人たちの数が増えていくにつれ、地球を支配しているエネルギー内に生じるであろう変化を感じてください。周波数の調節を克服し、論理的な頭脳の主張を克服したときに、あなた方に何ができるか、そして、また、周波数の保持者としてこれ以上望むべくもないようなかたちですっきりと存在するとき、あなた方に何ができるかを考えてください。一つの周波数としての存在は、あなた方の肉体的、精神的、情緒的、霊的な存在の総体であり、それは電磁波の波動として伝えられているのだということを思い出してください。誰かが放出したエネルギーをあなたが吸いとって、あなたの意思にしたがってそれを育てていく度ごとに、地球上の周波数は変わるのです。

体制の破壊者であるあなた方としては、これは得意なことの一つです。あなた方が、いままで使ってきた道具を否定したり、見くびったりするわけではなく、ただあなた方に古い道具を卒業してもらいたいだけです。あなた方にとってはもう役に立たない価値体系を尊重し、義理立てする必要はありません。それは、いま、私たちがあなた方をそれに向かって導いていこうとしている段階を、あなた方の一人ひとりが超える時代がくるのと同じことです。そのとき、別なエネルギーがやってきて、こういうでしょう。〝プレアデス人が教えていたときは、それで非常によかったのです。彼らはここまであなた方を導いてくれたのです。私たちがさらに遠くまであなた方を連れていきましょう〟。この進化を止めることは不可能です。なぜなら、地球に与えられたもので、真実における究極を代表するものは何もないからです。

あなた方が爬虫類であったときの過去の話を思い出すとき、家父長中心の時代にあって強い影響力をもった存在の多くは、爬虫類家族の一部であったことが分かるでしょう。すべての人間が悪くはないのと同じように、爬虫類家族のすべてが悪いというわけではありません。彼らもあなた方と同じように根本創造主の一部なのであり、彼らの外観や体つきが劣っているわけでもありません。遺伝学のマスターであった創造神たちはさまざまなかたちをとることができたのです。いままで孤立してきた種、つまりあなた方と話をするときに難しいのは、真実を一〇〇パーセントあからさまにしたとき、それはあまりにもショッキングであるということなのですが、これは無理もありません。

非常に多くの創造神がいて、その一部が人間のかたちをとったにすぎません。現在、あなた方は、爬虫類的な存在に対しては非常な不安を覚えたり、不快感を覚えますが、それは爬虫類があなた方にとってもっともなじみの薄いものだからです。

あなた方の神とはどんな存在なのかについての考えを拡大しようとしてきたわけですが、それは、これらの神々がいま地球に戻ってこようとしているからです。このために地球は、いま、大きな混乱を体験しています。創造のための宇宙光線からくる周波数を保持できるようになったとき、これらの神々と対峙することができるでしょう。前にも述べたように、彼らのなかには、すでに地球にきている者もいます。彼らはあなた方の町を歩き、教育機関や、政府、会社で仕事をしています。彼らは地球での活動を観察し、エネルギーに方向性を与えるために地球にきています。大きな援助を与えるためにきている者もあれば、自ら学び、進化するためにきている者もいます。あまりよい意図をもっていない者もいます。

　地球外のエネルギーを見分ける方法を理解しなければなりません。ここは自由意思が認められている宇宙ですから、あらゆる生命の形態が許されています。あるエネルギーがあなたを脅かしたり、操作しようとしたり、支配しようとするならば、そのようなエネルギーと一緒に仕事をすることはあなたのためにならないでしょう。誰と一緒に仕事をするかはあなたが選択できることです。誰かが素晴らしい、一見したところ魔法のような能力をもっていたとしても、その存在が魂のレベルで進化しているとはかぎりません。見分ける能力を身に着けてください。

　あなた方は、エネルギーが生きかえるというもっとも重要な時代に生きています。あなた方が感じているさまざまなことは、ふたたび生き返り、隠された可能性に目覚めつつあることの結果なのです。風が巻き起こり、変化の到来を告げています。神々が、いま、地球にきています。そして、あなた方がその神々です。

　あなた方が、自分自身の歴史に目覚めていくとき、あなたのなかにある古代の目が開きはじめるでしょう。これはホルスの目[*2]であり、これは人間の目ではなく、神の視点から見る目です。この目にはすべてのものが結ばれていることが見え、すべてのものの目的が見えます。というのは、古代の目は、さまざまな現実を見通すことができ、全体像、すなわち、歴史の全体を見ることができるからです。あなた自身のなかにある古代の目を開くとき、あなた自身の個人的な歴史の全体と接続するだけでなく、地球の歴史、銀河系の歴史、宇宙の歴史と接続することになります。そのとき、まさしく、あなた方の神々が、どのような存在なのかを発見することになるでしょう。

第4章 自由意思地帯の記憶

むかしむかし、何かを創造したいと思った存在たちがいました。これを実現するためには、創造された世界のなかにそっと入り込み、その一部を気がつかないほど微妙に変えていく必要がありました。これらの存在は、意識の一側面である光のために働き、光とかかわり、注意深く光を守っていました。過去何回にもわたり、光の守り手たちはともに仕事をし、異なった次元の世界で顔を合わせてもきました。彼らは青写真を制作しそれを共有していて、彼らの計画が実施される時期をいつにするかも決めていました。

この光のチームの一部のメンバーは根本創造主のもつ可能性をひそかに実現しようと計画しました。すなわち、根本創造主ならどうするか、根本創造主ならどこで行動に移すか、根本創造主をどうすれば刺激できるかと考えました。これらの存在は光のあつかい方を知っており、計画は注意深く作成されました。何十万年ものあいだ、この計画を遂行するために彼らは訓練を受けました。この計画の一部は、やがて根本創造主からやってくるだろうと予測される宇宙全体におよぶ揺るがしに対して備えることでした。

計画の準備がなされる段階で献身的な努力が払われ、訓練が開始されました。この計画を実施する前にたくさんのことを学ぶ必要がありました。というのも、これは実になみはずれた勇気を要する計画だったからです。光の守り手たちが意図したことは、光が歓迎されず、光が合わない世界に、光、すなわち情報をもっていき、光を現実化することでした。それは、まるで合わない靴に足を入れようとするようなものでした。

これらの存在たちは、その光が合うようになったときに備えて準備するという計画ももっていました。〝これらの存在とは、あなた方であり、そのときは、いま、です〟。このときは注意深く準備されてきました。あなた方一人ひとりは、ある目的をもって地球にやってきたということを心の奥深いところでは知っているはずです。あなた方はきわめて重要な運動を開始するためにやってきました。その運動とは、あなた方をいままでこの現実に縛りつけてきたすべてを解き放つことです。あなた方を鋼鉄のような細い線で縛りつけ、あなた方自身についての限定された考え、そして、宇宙とのかかわりについての現在の考えに閉じ込めてきたすべてのものを解き放つことです。

自分の計画を行動に移し、光の意識とともに仕事をするために地球にやってきた人々にとって、そのときは、〝いま〟です。あなた方の行動はこの瞬間から始まります。あなたはこのエネルギーが身体に入ってくることを許すだけでよいのです。あなた方は、このエネルギーと一緒に振動を開始し、自我の道を掃除し、肉体に閉じ込められている感情的なエネルギーを掃除しなければなりません。あなた方が、自我を検証しはじめるとき、数多くの自我があって、あなた方はそれぞれの自我になって意識の内なるハイウェイ、つまり、意識の内部の神経組織を旅することができるということを発見するでしょう。

あなた方の社会は、あなた方についてのもっとも親密にして、価値のある、心ときめく事実を秘密にしておくために、巧妙に仕組まれているということを知るでしょう。あなた方は、光を守る者として、現実のオプションを創造し、それを地球の大衆の意識にするのです。あなた方は、まず最初に自らこれを実施することによって始めます。すなわち、自分の本来のあり方を受け入れ、これまで自分がやってきたことのすべてを受け入れ、あなたに対してなされたすべてのことを心から受け入れることによって、心の安らぎと、心の内なる愛を創造することによって始めるのです。あなた方は、これらすべてのことを受け入れ、自分の存在のなかに統合していくでしょう。なぜなら、これらのことはあなた方を、光を固定するという最終的な段階に連れてくるために必要な状況だったということが分かるでしょうから。

この物語は古代からの物語です。そして、それはあなた方の身体のなかに埋め込まれています。私たちがあなた方に依頼し、かつ思い出させようとしていることは、この歴史の宝庫を開き、自らのなかにある歴史を紐解く考古学者になってほしいということです。積極的にこの人生の記憶の道をたどり、そして、またその他数多くの人生の記憶の道をたどってください。そうすることによって、意識の目的の構図が明確に見えるようになってくるでしょう。

あなた方自身の意識の目的が見え、あなた方がいかに巧妙に、これまでの旅路を歩んできたかを発見し、これまで使ってきたさまざまな変装がどんなものだったかが分かり、参加してきたさまざまな活動を知るとき、あなたという存在の全体像を受け入れる準備ができることでしょう。

必ずしも立派ではなかった行動を受け入れ、性的な特質をもった自分を受け入れ、これまでの数多くの人生のなかで、自分が生命を重んじてきた事実、あるいは重んじなかった事実を受け入れるとき、四番目と五番目のチャクラのあいだにある、胸腺のまわりに位置するチャクラが開かれるでしょう。このチャクラを通して、やがて神経組織が解放され、情報が流れ出し、肉体の再創造が開始され、無条件の愛の世界に入っていくことでしょう。

あなた方がいままで参加してきたことを受け入れ、探求するとき、現在、地球で進行していることに対する理解が深まるでしょう。そのとき、現在、人々がどのような音楽に合わせて踊り、それによって喜びをえているとしてもそれを許せるようになるでしょう。現在、地球ではかなりメチャクチャな音楽がいろいろと演奏されていますが、それにはすべて目的があります。その目的とは、自我を強化して、自我が現実についての情報をすべて知ることができるようにすることです。それによって、自我は明確に魂の道、あるいは、自分の道を、現実のなかから決定することができるようになります。

当初の計画では、地球をすべての銀河系世界の情報交換センターにすることになっていました。当初の計画立案者たちは、この計画をまだ諦めているわけではありません。彼らは、光の家族のメンバーであり、あなた方のなかには彼らときわめて親密な関係にある人たちもいます。ほんのちょっとのあいだ瞑想して、それを感じてみてください。

私たちはあなた方の記憶を呼び覚ましたいのです。地球上のあなた方に、いま、起きつつあることの壮大さを理解しはじめてほしいのです。それが理解できたとき、あなた方は、気持ちよく、知識をもって、何が起きているかを理解しながら行動することができるようになります。原初の計画立案者たちは、さまざまな道、現実を簡単に計画できる存在です。

先にも述べましたが、自由意思の宇宙においては、すべてが根本創造主によって許されています。したがって、あなた方の宇宙以外の場においては、時間はあなた方が知っているようなあり方では存在していないため、ことは成り行きに任されています。したがって、あなた方人間にとっては、地球全体におよぶような心ときめく出来事はずいぶんと長いあいだなかったように思われるかもしれません。しかし、進化のより大きな展望においてみたとき、それほど長い時間がすぎたわけではありません。しかし、あなた方は、地球の時間という枠のなかに閉じ込められているため、長い時間がすぎたように〝感じる〟だけなのです。

光は情報をもたらし、暗闇は情報を隠します。したがって、これから、あなた方が三次元の世界を飛び出して旅するとき、誰が誰で、何が何であるかを識別することは簡単にできるでしょう。あなた方は、それが光であるかどうか、すなわち、それによって情報を与えられているかどうかを見分けるだけでよいのです。あるいは、それが闇であり、それによって、情報を奪われ、間違った情報を与えられているか、情報が隠されているかを見分けるだけでよいのです。

暗闇と光は同一の創造者、つまり、根本創造主から生まれたものです。根本創造主は多数の創造神を造り、宇宙に出ていって、その命令を果たすようにとの使命を課しました、根本創造主は、すべての創造神に世界を創造する自由を与えました。すなわち、生命の作り方を発見し、生命の責任ある管理人となり、創造神たちが造った銀河系の惑星の親になる自由を与えたのです。よい親になろうとする努力がずっとつづけられてきました。

創造神たちは自分自身のなかから自分自身をとり出して自分自身を造り出し、自分が造った世界に提供しました。エジプトには、マスタベーションをして世界を造ったという創造神についての話があります。この創造神は、自分自身から自分自身を、そして、さまざまな小さい存在を造り出し、彼が自ら創造したものの外ではなく、そのなかに存在できるようにしました。あなた方は、皆、創造神の一部である記憶の部分にアクセスする必要があります。これらの神とは誰なのでしょうか？　これらの神々と戦った神々は誰なのでしょうか？　地球にやってきてあなた方を支配した神々とは誰なのでしょうか？　あなた方の仕事の一つは、自分自身の記憶にアクセスすることです。

これらの存在が地球に戻ってくるとき、多くの人たちは彼らを見て次のようにいうでしょう。「これは素晴らしい神々だ。まったくすごい存在だ。彼らは最高だ。彼らの能力は実に素晴らしい」。これらの創造神のなかには、あなた方の世界を癒し、救ってくれるように思われる存在もいるでしょう。

ここが誤解しやすいところで、より大きな全体像を見失ってしまいがちなところです。彼らは一見したところ、あなた方の世界を救うためにやってくるように見えますが、実際は、彼らは権威と支配の新しい形態を作り出すだけです。私たちがいわんとしていることは、人々はこれらの存在に一つの信念体系とパラダイムをくっつけるだろうということです。これらの存在をあなた方に売りつけるための大々的な販売計画が立てられるでしょう。この販売計画はすでに実施されています。

あなた方は地球上の一般大衆とは異なります。なぜなら、あなた方は光の家族のメンバーであり、他の人たちが知らないことを知っているからです。あなた方は、これらの存在が光の存在ではないことを骨身に染みるほど知っているかもしれません。この事実を知らない社会にあって、あなた方は嫌気がさしてしまうかもしれません。多くの人々がこれらの存在を神として崇めるようになるでしょう。というのは、さまざまな奇跡が起こり、世界の歴史においてもっとも壮大な出来事が起きつつあるように見えるからです。人類はまったく新しい機会を与えられ、新しい黄金時代が始まったかのように思われるかもしれません。それから、あっと驚くような一八〇度の転換が行われ、人々はかつてなかったほどの暴虐のなかに自らを見出すことになるでしょう。

その目的は、むろん、一人ひとりが尊厳のある存在として自らを確立し、そして、地球が一つに団結する機会を与えることです。すべての人がこのシフトを実現することはないでしょう。今回は、すべての人が、光の家族と調和した振動数にいるわけではありません。新しい権威、より高い権威、新しいパラダイム、動物神、といった存在を見出すとき、この上もないほどの幸せを感じる人々が地球にはいます。そういうわけで、光の家族は、地球に潜入し、独自の惑星局面、独自の地球を造ることになるでしょう。

あなた方は皆、権威なるものについて学んでいるところです。現在、地球に住む存在たちのボスは誰なのか？　彼らの神は誰なのか？　彼らに対して権威をもった存在とは誰なのか？　その権威ある存在が地球に戻ってこようとしています。このことには、地球にとっての一つの教訓がふくまれています。魂に関する情報を知らされていない、また霊的な精神傾向をもたないこれらの存在は、魂の力の存在を否定します。彼らは、魂の力を分散させてしまう科学的な原理、技術を開発したのです。

あなた方は魂の世界を理解し、信じているので、すべての人が進化する過程で、魂の世界を信じるようになるだろうと思っているかもしれません。しかし、現実は、そうではありません。魂との繋がりを何ら理解することなく、物質と現実を巧みに操作する存在になることは十分にありえることです。あなた方がこれを理解しておくことはとても重要です。

他の星から地球にやってくる存在のなかには、地球の大衆意識にとっては、信じられないような能力をもった者もいるでしょう。しかし、これらの存在は、何も感じることはない存在なのです。というのは、彼らは霊的な探求とは何ら繋がりがない存在だからです。霊的な自我を探求し、目覚めさせるというのは、この地球、および宇宙にあっては、むろん、個人の自由に任されていることです。すべての人がそれを実現するわけではありません。

地球上にも、感情の中枢部分と全然繋がりがなく、つまり、感情的、霊的な意識と何の繋がりもないにもかかわらず、きわめて力のある存在がいるように、宇宙にも、霊性とは何のかかわりもないきわめて強力な宇宙王や宇宙存在がいます。彼らは強大な力をもった存在です。あなた方が彼らと出会ったら、ゴリアテに会ったダビデのように感じるかもしれません。あなた方が皆、現実を変える方法を学ぶ必要があるのは、このようなわけなのです。現実を変えることによって、振動数の波動のあいだでダンスをし、自分が体験したい世界の周波数に飛び込むことが可能になります。

何か崇拝するものをほしがるというのは、地球上の周波数が支配されているからにほかなりません。いま、地球が目指しているのは新たに崇拝する対象となる人間、あるいは物です。それが、地球がもつことになる可能性の一つです。〝崇拝の対象となる新たなる神です〟。創造神たち、すなわち、爬虫類の存在たちは彼らの計画が半ばで、いうなれば挫折したことを知って、新しい計画、新しい陽動作戦、新たなる収奪の計画をたてようとしています。したがって、何にもまして、〝あなた方は自分自身の声に耳を傾けなければなりません〟。あなたに聞こえてくる内なるメッセージに耳を傾け、そのメッセージとともにダンスを踊り、そのメッセージと友達になりなさい。あなた方は、自分自身のなかから現実を発見し、それによって人生の方向づけを見出していくように造られています。これこそ、自由意思の宇宙に与えられている贈り物です。

自由意思地帯における二律性、ないしは平行感覚の一部を形成しているのが、すべてを許す、暴虐もふくめて、すべてを許すということです。この自由意思地帯にあっては、すべての存在は自分が好きな現実を創作する潜在的可能性を与えられています。誰か別な存在に自分の現実を造ってもらうというのも自由意思による一つの選択です。地球上のほとんどの人々は他人が彼らの現実を創造し、それを彼らに押しつけることを許しています。周波数を支配されている結果、あなた方は、答えを自分の外に探すように操られてきました。新しい神々が登場すれば、あなた方は先を争うようにして彼らを崇拝するでしょう。このようにして周波数を支配している存在たちも道を見失っているのであり、あなた方は彼らの鏡でもあるのです。

あなた方が自分自身の導きと勇気によって生きはじめるとき、すべてが完全に変わりはじめます。多くの場所で、これが起こりつつあります。思いが地球全体を駆け巡るのと同じように、思いが宇宙に向けて旅するためのハイウェイがあります。グリッドワーク（訳注／宇宙エネルギーのネットワーク）と創造のための宇宙光線は銀河系のシステムの一部であり、あなた方が信じていることを宇宙のさまざまな場所に伝えるためのシステムです。したがって、いま現在、あなた方は、他の宇宙へ波動を伝えている、インスピレーションを与える存在なのです。

他の宇宙体系からあなたの宇宙体系にエネルギーをとり入れているのと同じように、あなた方も他の宇宙体系にエネルギーを送り出し、彼らに影響を与えています。しかも、あなた方はそのことに気付いていません。あなた方のもっている影響力、他の体系に対してもつ影響力に気付いてほしいのです。あなた方は、自分がどれほど強力な存在であるかに気付いていません。したがって、あなた方は危険になりうる存在でもあります。あなた方は、信じられないほどの量の変革のエネルギーをもっています。それをどうするつもりなのですか。そのエネルギーに、どのような方向性を与えるつもりなのですか。あなた方は自分自身を愛していますか。

原初の計画立案者たちが対象にしているのは、地球だけのことではありません。彼らは、宇宙全体のDNAをシフトさせようとしています。宇宙全体が新しい意識のシンフォニーを演奏することを願っています。地球の周波数を本来のあるべき姿に引き戻すことを意図しているだけではありません。彼らの計画はもっと大きなものです。宇宙全体の周波数を変えようとしているのです。これを実現するために、鍵となる重要な地帯に侵入して、内部爆発を同時に引き起こそうとしています。宇宙の中心的な場所において、大きな覚醒が生じ、その結果、宇宙全体の振動数が来るべきときに変わることになるでしょう。

原初の計画者たちは、根本創造主に地球へ関心を向けてくれるように特別に依頼しました。根本創造主はあらゆることから学ぶことができる存在です。なぜなら根本創造主は、すべてのものであるのですから。ちょうどあなた方が、自分自身で現実化させている物事、つまり、教訓を大切にすることを学んでいるのと同じように、根本創造主もまた、あらゆる創造物を尊重します。根本創造主は、あらゆる創造物がありのままでいることを許し、自らが創造したものを観察することによって自らの潜在的可能性について学びます。それは、ちょうど賢明な親が自分の子供から学ぶのと同じことです。根本創造主にとっても、体験を深め、進化するためには、あなた方が世界に出ていき、最新の発明をもって帰ることが必要なのです。

根本創造主は、そのエネルギーを、この自由意思地帯に注いでいますが、それは、未来の広大な地点から、現在の地球での実験をそのままにしておいた場合どのような方向に行くかが見えるからです。エネルギーが、ほしいままに動き出し、他のエネルギーを所有するようになる可能性が見えるからです。何十万年にもわたってって、専制政治が、この地球を支配するだろうという可能性がきわめて強いのです。未来の遙か彼方の地点から、この実験の見直しがなされています。実験の本質的なエネルギーを変えつつあります。あなた方はその変革の一翼であり、体制の奥深くにさまざまな姿となって侵入し、目覚めることによってこの変革に寄与します。

あなた方の人間としての部分は、誰が正義の味方で、誰が悪者で、宇宙の序列階級からすると誰のほうが誰よりも偉いというような図式を描いてきました。この問題については、膨大な文献があって、あなた方はこれをすべて信じてきました。このような考えをすべて、ここで、いま、打ち壊してください。そうした考えの一つ一つを打ち壊してください。私たちプレアデス人が何者であるかについてのあなた方の考えもふくめて打ち壊してください。

これからの数年間にわたって、空からやってくる者たちは、光の家族に所属する存在ではないかもしれません。彼らは地球に住む人々の鏡であるでしょう。あなた方が学ばなければならない教訓は、権威の問題であるといいました。つまり、あなた自身が最高に権威ある存在になって、意思の決定を政府や両親、先生に任せることを止めるという教訓です。〝地球の人々は、いまこそ一人ひとりが主権者としての存在にならなければなりません〟。

人間は目覚める前に、騙されるという経験をしなければならないでしょう。あなた方の多くは非常な焦燥を覚えるかもしれません。あなた方には、他の人々が見えないことが見えるでしょう。地球上に大衆の狂ったような行動が見られることになるでしょう。光の家族であるあなた方には、それは耐えがたいものとなるでしょう。数多くの人々が、偽者の神に向かって歩いていくという愚行を犯すことになるでしょう。

これから何が起きようとしているのか、その勘が少しつかめてきたでしょうか。光を運ぶというのは大変な仕事です。一度、光を身体のなかに入れてしまうと、後戻りはできません。「私は光のチームから降りる。光の家族の一員として見られたくない」などということはできません。あなた方のなかには、ときにはこうしたいと思う人もいるでしょうが、いったん、光が入れば、それで決まりなのです。

分かってほしいことがあります。あなた方が〝悪者〟だと思っている地球の内外にいる宇宙の存在たち、彼らとあなた方の政府はとり引きをしているのですが、これらの存在もまた、あなた方と同じ問題に直面しているということです。彼らは、あなた方の信念を映し出している存在であり、それをドラマとしてあなた方に映し出してくれているのです。彼らは、極悪非道な行動をとったとして非難されています。人間を誘拐し、人間を変異させようとしたとして非難されています。こうした人間の悲鳴を数多くのＵＦＯ研究グループがとりあげているわけです。

しかし、これらの存在は、あなた方にあなた方の世界を見せるための鏡としての役割を果たしているだけです。あなた方が何を黙認しているか、あなた方がイニシアチブをとらないことの結果として、世界中の指導者にどんなことを黙認しているのかを見せてくれているのです。政府やマスコミに対する皆さんの黙認ぶりはどんなものでしょうか。そしてまた、あなた方が自由に操られている事実。その姿は、地球外存在によって、突然変異の実験対象とされている牛と変わるところがあるでしょうか。地球にやってくる地球外存在がやっていることは地球上の人々がやっていることと少しも変わるところはありません。指導者たちが民衆の名において、好きなことをやっているのは、大衆が立ちあがって、「それには反対だ」といわないからにほかなりません。地球上には、一種の消極的な満足感がみなぎっています。「私の代わりにあなたがやってください。私は責任をとりたくはありません。あなたが政府の役人になってください。あなたが先生になってください。上司になってください。〝私が何をすればよいのか、誰か教えてください〟」。

これらの宇宙存在はこのようなあなた方の姿を映し出してくれているのです。二、三年前にテレビで放映された〝V〟という映画を覚えていますか。この映画を見ると、地球にやってくる宇宙存在の狡猾ぶり、その陰謀がどのようなものか少し分かると思います。人々のなかには、彼らを神として崇拝する者も出てくるでしょう。彼らはとてつもなく強力な存在であると信じられることでしょう。こうしたシナリオが演じられることになるだろうといっているのです。人間の意識と地球外存在の混合が地球上で起ころうとしています。これがいま猛烈なスピードで市場に宣伝されています。

自分自身の認識力というものを研究し、使ってきたあなた方の多くは、人類が宇宙の存在たちに対して示す愚かなる観念的な崇拝にショックを受け、驚くことでしょう。これらの宇宙存在は、人間のような肉体をもっていないにもかかわらず、あなた方の創造者としてまかり通るでしょう。彼らには、さまざまなことをやる能力があり、さまざまな技術をもたらすことでしょう。彼らはおそらくある種の病気を直したりもするでしょうが、それはそもそも彼らが地球の科学者たちに細菌戦争を教えることによって作り出したものです。

あなた方は、このような社会に嫌気がさしてしまうことでしょう。なぜなら、これらの新しい神々はあなた方には合わないでしょうから。そして、あなた方は、退却するでしょう。この新しい神々がトカゲであることを知ってますか？　そんなことはないだろうと思いますか？　覚悟して、しっかり座席に座っていてください。あなた方には、とても想像がつかないようなことが起ころうとしています。これから何が起きるのか、全部話してしまったら、あなた方はとっくの昔に散り散りばらばらになって逃げ出していたことでしょう。

両方のチームでプレーする二重スパイも出てくるでしょう。これは非常に複雑な問題です。あなた方がその事実に目覚めるべきときがきました。私たちはあなた方のパラダイムに圧力をかけ、あなた方のあり方を拡大しようとしていますが、それはあることに対して準備を行っているのです。準備さえできていれば、あなた方はしっかりと自分の足で立つことができ、そこにいると思っていた幻想的な存在によって打ちのめされることはないでしょう。

親愛なる人間の皆さん、あなた方はいままさに冒険の旅に出ようとしています。この冒険を遂行できるのはあなた方だけです。非物質界は絶えずあなた方をサポートし、光の家族のメンバーが絶えずあなた方をとり囲んでくれるでしょう。しかし、私たちが伝授する法則を理解し、それを地球に植えつけるのはひとえにあなた方の肩にかかっているのです。

私たちが教えるすべてのことをあなた方が実際に生きはじめるとき、すなわち、あなた方が自分自身の存在を信じ、共時性を信頼し、偉大なる計画の一部として存在することを信頼したとき、大惨事の真っ直中にあっても、また、信じられないほど不利な状況にあっても、人間界の三次元的な法則を超えることができることを知るでしょう。

創造神たちには、彼ら自身の創造神がいて、彼らはそれに向かって進化をとげつつあるのです。創造神と彼らの神とのあいだにある意識の落差は、世界や宇宙の操作という文脈で生じたもので、必ずしも種の操作のなかで生じたのではありません。あなた方は、人間という一つの種として、数多くの現実のなかで操作されています。あなた方がどれくらいの数の現実のなかに存在しているかを発見するのは、あなた方の仕事です。あなた方を操作している存在にとっての仕事は、どれだけ多くの世界のなかで彼らが現実を操作しているかを知ることです。創造神とは現実をお手玉にとる存在ですが、しかし、彼らの現実をお手玉にとり、そもそも彼らをすべての世界において創造の体験をさせているのは誰なのでしょうか。

こうしたすべてのことは、感じなければならないものです。頭脳の細胞をシフトさせて、合理的かつ意識的な頭脳が物事を厳密に規定することをやめるあり方になってみてください。この経験とは、あなた自身のなかにある感情を増幅しつづけていったとき、ある日、ある瞬間に、自分は〝知っている〟という圧倒的な自覚を経験することをふくむでしょう。それは、一〇〇〇ページにおよぶ論文が、わずか五秒間の恍惚の瞬間に会得されるといった体験です。

第5章 光の線を運ぶのは誰か？

あなた方は肉体のなかに宇宙の歴史をもっています。現在の地球に起こりつつあることは、あなた方の肉体の文字通りの突然変異です。それは、あなた方が、この情報を体内に宿らせることができるコンピューターになるまで肉体を進化させることに同意しているからです。

これは生物発生工学の力によって行われますが、あなた方とは直接かかわりのないことです。もちろん、このプロセスに協力するという意図をもつことによって、プロセスをさらに促進することができます。あなた方を創造した存在によってあなた方の種全体が、生物発生学的に変えられつつあるのです。これらの存在は、あなた方の歴史に時々現れる重要な転換点に、あなた方のＤＮＡを変えることになっているのです。

現在という時期は、原初の計画立案者、ないしはプロジェクト・デザイナーが地球に戻ってきて、地球をその手にとり戻し、地球を本来の計画に立ち戻らせることになっている時期です。何百万という存在たちがこのプロジェクトへの参加を呼びかけられ、何百万という存在がその呼びかけに答えました。「はい、私たちこそ異端者です。私たちが行って、このプロジェクトをとり戻し、正しい方向に向かわせましょう。廃墟から再建しましょう」。

このようにして、計画が立てられ、青写真が作られ、誰に劣性遺伝子をもたせ、光の線をもたせるかを決めるために遺伝学の研究がされました。潜在的に進化する能力をもった、光がコード化されたフィラメントをもっとも入手しやすい遺伝子を与えてくれる両親をあなた方は選びました。

肉体に入る前に、あなた方の一人ひとりはコードに火をつけて思い出させてくれる出来事をデザインすることにコミットしました。あなた方の記憶を呼び起こしてくれる出来事です。それから、あなた方は肉体に入り、そして、忘れてしまったのです。あなた方は皆ある程度は青写真とコーディングを思い出しています。なぜなら、あなた方は一つの神聖な目的、あるいは神聖な計画があって、自分がその一部であることを自覚しているのですから。コードの覚醒、自分が誰であるかについての目覚めは、これから信じられないほどその強烈さを増大していくことになります。その理由はＤＮＡが進化していくからです。ＤＮＡの一二の螺旋が活性化されるとき、この螺旋が一二のチャクラと繋がりはじめます。

一二のチャクラは情報を満載した渦のセンターです。あなた方はこの情報を翻訳しなければなりません。あなた方は地球を出て、三次元以外の自己存在にかかわっているときですら、自分自身を進化させています。したがって、進化をとげるために、あなた方は、何が可能であるかについて設定された天井、境界線を超えて上昇しなければならないような困難な状況を選ぶのです。あなた方は、どのような現実を選択するにしても超現実的な存在とならなければなりません。というのは、あなた方は光の家族であり、異端者ですから、このような仕事は得意中の得意なのです。あなた方は自分自身に困難な仕事を課すために、目的をもってこの地球にやってきました。その目的とは挑戦することです。問題を作り出したり、不調和を作り出すような意味での挑戦ではなく、〝調和のとれた挑戦〟を作り出すようなあり方です。あなた方の調和のとれたあり方から、既存の古い振動周波数に挑戦するのです。

あなた方が他の人々とのあいだに軋轢を感じる理由の一つは、あなた方は進化の道をものすごいスピードで進んでいるからです。他の人々がこれを好まないのは、彼らはこの段階ではあなた方と同じく進化するようにはコード化されていないからです。このようなコードを全然もっていない人々もいます。なかにはこの変革のための計画があることを知って、オブザーバーになるためにこの時期に地球にやってきた人々もおります。内気な存在のなかには、この惑星の青写真があることを知っていて地球にやってくるという勇気を示せば、それが彼らの意識進化の履歴書にプラスの要素となって、さらに高い意識の世界へと導かれると思ってやってきた者もいます。この大きな変化への参加が、ただ、地球にいるというかたちであってもこうなのです。

この種の活動の近くにいるだけでも力づけになります。ですから、この周波数の大転換期に参加することを決意して、この時期に地球に存在している人々すべてに敬意を払ってください。このような参加者のすべてが必要とされているのです。なぜなら、地球上にある周波数の数が多ければ多いほど、古い周波数を変えるためのエネルギーをより多く生み出すことができるからです。自らの身体を光に向かって開いた人々は、文字通り、肉体を作り直してもらっているのです。ときには夜中に目を覚まして、身体が作り替えられているのを文字通り感ずることがあるかもしれません。この肉体の作り替えとは、つまり、ＤＮＡの構造を組み替えるということです。

あなた方のＤＮＡはフィラメントです。科学者は、それを接続フィラメントと呼ぶかもしれません。科学者たちはこれまでのところ、ＤＮＡの一部にはある種のコーデイングがあることを発見したにすぎません。

彼らは、また、ＤＮＡには余計なものがあることも発見しました。別な言い方をすると、彼らにはどう解釈したらよいのか分からない部分があって、ＤＮＡのこの部分はただ乗りしているだけのものであると考え、それに、〝ジャンクＤＮＡ〟という名前をつけたのです。

あなた方は、皆、創造神によって創造されたということはすでに話しました。あなた方は、将来、増築可能な家のように作られています。いま、あなた方をデザインした存在たちがあなた方という家に増築をしようとしている時期にさしかかっています。科学者が〝ジャンクＤＮＡ〟と呼んでいるものは長いあいだあなた方の身体のなかで眠ってきましたが、いま、それが活性化されつつあります。私たちの教えでは、つねに酸素増加の重要性を強調します。というのは、酸素はコードに滋養を与え、ジャンクＤＮＡ（実は全然ジャンクではないのですが）を呼び覚ます働きをするからです。

科学者たちがジャンクＤＮＡと呼んでいるものは、あなた方の身体の奥深いところにあって、特別な知覚を宿しています。この知覚こそ、あなた方が、すべてを知覚する存在、すなわち、四次元の存在になることを可能にしてくれるものです。このＤＮＡの目覚めによって、あなた方の視覚が変わり、聴覚が変わり、寿命が長くなるなど実にさまざまな変化が起きます。科学者たちにとって謎の存在であった、ＤＮＡの眠っていた部分が、いま、目覚めようとしているのです。

あなた方はあまりにも急速に変化をとげつつあるために、科学者のなかには、これを病気と考えているものもいます。非常に心配している科学者もいます。彼らは何十億というお金をＤＮＡの研究に使うように政府を説得しました。あなた方の身体に起こりつつあることは、病気ではありません。あなた方は自然に突然変異をとげ、身体を再創作しているところです。この変異は眠っているあいだに起きることが一番多いのです。したがって、朝、目を覚ましたときに、体が何かおかしいということに気付くことがあるかもしれません。さまざまな変化が徐々に起きはじめ、いままでできなかったようなことができるようにもなるでしょう。自動的に、いろいろなことが〝分かる〟ようになるでしょう。

初めに人間の肉体をデザインしたのは、慈悲深い存在でした。原初の創造神たちは、寛大にも、あなた方に、莫大なまでの魂の生命力と優れた能力を求める情熱を、あなた方の生命体に与えました。この情報の多くは、肉体のなかに光がコード化されたフィラメントとして貯蔵されています。それは、これまでばらばらになっていましたが、いままた、元のかたちに戻りつつあります。あなた方の骨、および骨格は、その情報に応じてかたちが変わっていきます。あなた方の骨格が本来のかたちに戻ったとき、聖なる場所からのエネルギーが解放され、宇宙光線が体内に入り込み、細胞内の光コードのフィラメントが自然に組み替えを開始して、あなた方は変化の真っ直中にある自分に気付くことでしょう。その変化は、どこを向いても鏡のように映し出されるでしょう。

いくつかの次元、ないしは周波数を上昇するという、創造神によってデザインされたこの進化体系は、一二のチャクラに呼応する一二のＤＮＡの束にその基礎を置いています。一二のチャクラのうち七つは体内にあり、五つが体外にあります。こうして、このシステムが接続するようになっています。人間の体内にあるＤＮＡの束の進化に関していえば、もっとも低い段階にいる人間でも到達できる、公約数となる振動数を達成しなければなりません。

一二の束を超えることができる人間もいます。しかし、全体的に見ると、人間の意識の状態からするとそのような急激な加速は不可能です。二つの束から一二の束に進化するだけでも十分すぎるほどの飛躍なのです。

かなり短期間のうちに、一二のＤＮＡの束で機能しはじめる人々もいるでしょうが、九〇年代の後半になるまでこの転換をしない人々もいるでしょう。この理由は、単に、それぞれの人はそれを体現できる準備ができたときにその振動数を与えられるようにコード化されているということです。多くの人々が、この早い段階で変化を体現しようとして苦労しています。地球に住む大部分の人々は、現実はただ一つしか存在せず、それ以外の現実はありえないと確信しています。これは人類にとっての破滅に繋がりかねない状況です。

DNAの螺旋が人間の体内でフルに活動を開始しはじめると、人の内的な知識の目覚めが開始されます。この知識は、人間がこれまで教え込まれてきたものを超越するものです。この内的な知識とは、自我についての知識であり、物質の世界以上の何かが存在すると主張する知識です。〝それを信じなさい。それを知りなさい。それを理解しなさい〟。

肉体の世界は、霊的な世界への手掛かりとなるものです。魂と自己進化の世界は、いままさに情報の爆発を起こそうとしています。安いエネルギー、ただのエネルギー、ありとあらゆるものがあなた方に与えられるでしょう。こうしたことのすべては、光コードのフィラメントに結びついています。このフィラメントは何百万、何十億という小さな光ファイバーでできています。

すでに話しましたが、地球にやってきて地球を支配した、乗っとり屋の創造神たちは、あなた方を支配するためには、あなた方の行動を操る必要がありました。あなた方の知性の電源を切ることが必要でしたから、DNAの螺旋を構成する光コードのフィラメントをばらばらに切断することによって電源が切られました。これらのフィラメントが、いま、ふたたび、繋がって束になりつつあります。螺旋は三つの単位で進化し、最終的には一二の束、ないしは螺旋となるでしょう。この一二の光コードのフィラメントの束が身体のなかで振動しはじめると、束のそれぞれがチャクラセンターと呼応しはじめるでしょう。

非常に多くのチャクラセンターがあって、螺旋もまた、数多く形成することが可能です。現在の時点で、人類の意識が自爆せずに対処できる螺旋とチャクラの最大公約数は一二です。したがって、私たちは、現在、一二の螺旋を進化させて、一二のチャクラに繋ごうとしているわけです。そして、前にも述べたように、七つのチャクラは体内にあり、五つのチャクラが体外にあります。体内にある七つのチャクラへの働きかけは、それほど難しくはありません。というのは、もしも、あなた方が自分にチャクラを感じることを許せば、触ったり、どこにあるかを確かめたりすることができるからです。最初の三つのチャクラは生存、セックス、知覚に関係するものです。四番目のチャクラは心で、同情、およびすべてのものとの繋がりの中心となるチャクラです。五番目はノドのチャクラで、話すことと関係があります。六番目は第三の目で、視覚です。七番目はクラウンチャクラで、これは、人間の存在が肉体を超えたものであるという知識に開かれているチャクラです。体外の五つのチャクラに関しては、あなた方は何か新しい方法を発見して、実際にあるのかどうかも定かには分からないものについて理解しなければなりません。

八番目のチャクラは、活動の領域にあります。あなた方の頭の上、約三〇センチ、あるいはそれ以上の高さのところにあります。たいていの人は八番目のチャクラは身体に近いところにもっています。九番目のチャクラも身体に近いところにあって、普通、身体から一メートル以内のところにあります。九番目の螺旋が形成されると、このチャクラは身体から離れて、地球の大気圏に行き、地球のチャクラとなって、グリッドと繋がります。これは連結器の役割を果たします。

一〇、一一、一二番目のチャクラは、さらに遠くにあります。一〇番目のチャクラは、一度、連結されれば、あなた方の太陽系に位置することになります。一一番目のチャクラは銀河系にまで達し、一二番目のチャクラは、この宇宙のどこかに位置することになるでしょう。

あなた方は、これらのそれぞれ個人がもっているセンターから情報を受けとることになるでしょう。というのは、それは、集合体のセンターでもあるからです。あなた方がチャクラの体験をどう解釈するか分かりはじめるとき、人生がまったく違ったものになっていることに気付くことでしょう。

地球に住むすべての人々が、いま、このような体験をしているわけではありません。というのは、あなた方のすべてが、いまという時期に反応するようにはコード化されていないからです。あなた方の一人ひとりが、それぞれが、ある命令を受けてきているのです。いつ、どこにいて、どうすればあなたがもっとも効果的に動けるかについての地図をもっているのです。あなた方の多くは、より高い自己の発見に繋がるであろう自我の道をどうすれば歩いていくことができるのかを学びつつあります。一度、これを学べば、人生はきわめて自由自在なものとなるでしょう。なぜなら、あなたは光を運ぶ者となって、コミットするという意図によってのみ動かされることになるからです。

人それぞれ、異なったタイミングで、これらの変化を体験することになります。一度にこのような変化を起こしたのでは、うまくいかないのです。そんなことをすれば混乱が生じてしまうでしょう。一定の秩序が必要です。個々人が変化を体験し、その体験を解釈し、それから、変化を体験したばかりの人を手伝ってやることができます。最初にこれを体験する人にとっては、難しい体験になるかもしれません。その人たちはパイオニアです。いったん、この変化を経験することができれば、道をつけ、他の人たちの道案内をすることができるでしょう。時間のグリッドに接続すれば、起こりえる出来事を見せてくれる道路地図を入手できるでしょう。あなた方が、生きている一瞬一瞬に自分の進化に対するコミットを強くもてばもつほど、最後にこの変化を体験することになっている人のスピードが早められるでしょう。

人類が一つの種として、より高い次元の振動数を保持し、さまざまな現実のあいだを行き来して、物質を操作することができた時代もありました。このような能力の多くは、現在、あなた方の現実を支配している存在たちによって、意図的に散逸させられました。一つ一つの現実には、それぞれのガーディアンがいて、異なった時間帯はそれぞれ異なったように管理され、異なったガーディアンがいるということを理解しなければなりません。

私たちは、ガーディアンという用語を中立的な意味で使っています。あなた方は、ガーディアンという言葉を、守ってくれる人という意味で使っています。私たちは、ガーディアンは現実の責任を負っている人で、その現実を他人から守っている存在であるというように使います。私たちがいうところのガーディアンは、必ずしも、親切で、魂を高めてくれるような存在とはかぎりません。あなた方の現実をガードしている存在が、あなた方を解放しようとする存在を締め出そうとする可能性は十分にあるのです。

あなた方は、作り替えられてしまったために、非常に多くのことを忘れてしまいました。あなた方のもっている内在的な能力の多くは、ばらばらにされ、電源を外されてしまったために、機能しません。あなた方の社会では、頭脳がコントロールされています。地球のまわりには、保護のベールがかけられていて、もしも、あなた方が、根源的な情報と電源を繋ごうとしても、このようなさまざまな現実を理解するだけの道具、背景的知識、能力がないのです。

現在、地球全体がさまざまな現実の拡大に没頭しています。他の現実に入っていくためには、まずあなた自身の現実の奥深くを探究しなければなりません。といっても、このために精神分析をして二〇年を費やす時間はないのです。あなた自身の感情的な進化において二、三〇年進化することを可能にしてくれるような技術、能力を、短期間のうちに開発する必要があります。あなた方は感情のハイウェイを旅しなければなりません。それは、人間の肉体は感情を通して自己表現をするからです。それこそ、人間の独自性であり、才能です。

まず第一に、この人生のなかであなた方が自分自身に隠してきた領域にいたる感情のハイウェイを開かなければなりません。このデータがあなた方の内部で明確になったとき、さまざまな記憶が洪水のようにどっと押し寄せてくるかもしれません。非常に辛かった出来事、あるいは、それが起こったときどうにも理解できなかったようなことの思い出が解ってくるかもしれません。なかには、それを体験していますす人たちもいるでしょう。あなた方は皆、子供のときにそれを体験しています。なかには、地球外存在との接触を思い出す人もいるでしょう。受動的な参加者としてであれ、能動的な参加者としてであれ、セックスの表現を思い出す人もいるでしょう。あなた方は皆、子供のときにそれを体験しています。なかには、セックスの表現に参加していたとき理解できなかった事柄です。そのような事柄は、人間の感情的な肉体によって隠されてきました。というのは、感情的な肉体は価値判断に対してきわめて敏感なのです。そして、人間の精神的な肉体は、途方もなく多くの価値判断を下します。霊的な肉体と繋がっている感情的な肉体は、これから隠れようとするのです。

あなた方は、皆、自分が誰であるか知っていると思っています。この人生を生きてきたなかで覚えていることに基づいて、自分が誰であるかという話を作っています。私たちがあなた方に伝えたいことは、あなた方にはいくつかの平行的な存在がいて、それらの存在はあなた方がもっているのとは異なった記憶をもっているということです。あなた方はこれらの記憶を停止し、それに関連する出来事に焦点を絞ることを避けてきました。それは、感情的な肉体が対処できなかったからです。

あなた方がアクセスすることの多くは、あなた方のセックスに関係するでしょう。というのは、セックスはあなた方が理解していない自分の一部だからです。その目的を理解するためには、そのなかに入っていかねばなりません。セックスとはそもそも何なのでしょうか。セックスの適切性、不適切性についての規則を決めたのは誰なのでしょうか。また、あなた方はまだ幼かったころ、教え導くためにいつも脇にいてくれた存在、エネルギーとの接触があったということに思いいたるでしょう。あなた方は、これらの出来事を記憶から打ち消してきましたが、それは、そのような出来事が実際にあるということを裏付けるものを与えられなかったからです。

あなた方が、この多次元の探究を開始すると、自分に対して隠してきたさまざまな記憶が蘇ってくるでしょう。いろいろな出来事や、人生の非常に大きな部分、とくに一二歳以前の自分のことを、よくもこんなに忘れてしまったことにびっくりすることでしょう。神経組織を探究するとき、神経組織は頭脳が対処できないデータの流れを完全に止めてしまうことができることを知って驚くことでしょう。とはいっても、そこにその記録があることに変わりはなく、あなた方はこれらの記憶をリプレイすることになるでしょう。いまや、あなた方には、これらの出来事に対処することができるのです。それは、中立的な態度をもって、あなた方が参加してきた事柄を価値判断しないようになるからです。

現在のあなた自身の肉体、アイデンティティ、人生を探究するときには、素早くやりなさい。何年もかけてそれをやっている時間はありません。ＤＮＡ内の情報が作り替えられ、電源に接続されれば、この人生の出来事がどのように、これまであなた方が生きてきたさまざまな場所や人生と一つの目的の糸で繋がっていて、いつか花開くであろうことを感じることができるようになるでしょう。

理想的な展開をいえば、あなた方は価値判断を卒業し、それによって地球で実際に体験したことの話を収集することができるでしょう。それは、細胞の記憶を通じて直接的に体験することになるでしょう。このより高い振動数に入り、地球上での人生の未来を決定するための唯一の道は、〝このプロセスにあなたが参加することを価値判断しないことです〟。これはきわめて複雑で重要なことです。私たちが、いま、いったことを〝感じてください〟。このプロセスは現在のパラダイムを打ち砕き、現実の異端者になることをふくみます。あなた方の本来の、真実の存在が、これまで隠されてきたことを理解しはじめるでしょう。〝あなたが誰であるかを思い出しはじめることが急務です〟。

あなた方は一人ではありません。これを一人でやることは不可能です。あなたがあなたの魂の標準的な所有者であることは確かですが、あなたには、また、別な側面があり、この別なあなたが、現在、何が進行しているのかを理解して、あなたの時間帯のなかに入ってきて、エネルギーの渦を作り出そうとしています。そして、このエネルギーの渦はすべての現実に影響を与えることになるでしょう。いまという時期がいかに大切であるか、そして、いまという時代がいかに興奮と喜びに満ちたものであるかは、どんなに強調しても強調しすぎることはありません。ただし、〝あなた方に変ろうという気持ちがあればの話ですが〟。

もしも、あなた方に自分から変わろうという気持ちがなければ、そして、いままで信じてきた物事を諦めるという気持ちがなければ、それほど喜びには満ちていない体験をすることになるでしょう。あなた方には、誰にでも、何か諦めたくはないものがあるはずです。これは難しいことかもしれません。というのは、誰にでもこれだけは手放したくない、頼っていたいというものがあるからです。しかし、あなた方、一人ひとりが、この地球にやってきたのは、あることを達成するためであり、それによって、あなたの魂の旅をつづけ、魂が希求するものを体験するためです。この地球にやってきた目的をまだ達成していないということです。あなた方の多くの人にはベールをしっかりと被せて、「いったい私はここで何をやっているんだろう。こんなところはもうたくさんだから、さよならだ」などといって逃げ出さないようにしてきたのです。

高い魂のレベルを理解している人たちは、この地球にあって何度も孤独な思いを味わってきたでしょう。いまの時代には、あなたのような存在が何百万といて、お互いをサポートするグループを作りつつあります。

あなた方は、いま、仲間と出会いつつあり、意識の布を織りはじめています。一枚の素敵な絹の布と他のさまざまな意識の布が織り合わされようとしています。非常に美しい創作が、さしたる苦労もなく完成するでしょう。それは、一つの計画の一部であり、それに基づいてあなた方は自分のやるべきことを自然に実行していくからです。

この地球では、あなた方が、初めて地球にやってきたときから、自分は現実をコントロールすることはできないと教えこまれ、そのように訓練を受けてきました。すべての事柄は、状況のなかで規定されていて、あなた方にはどうにもならないことに依存していると教えられてきました。これは間違いです。あなた方のＤＮＡを支配するのは、あなた方にほかなりません。

あなた方はすべての事物を支配しています。このことを発見し、信ずるまで、あなた方は、この自由意思地帯にあって、あなた方の意思を操ろうとする者の思い通りにならざるをえないでしょう。あなた方は、自分ではそれと知らずに、自らの知性、ＤＮＡ、その他、数多くのものを支配されるに任せてきたのです。

第6章

歴史の鍵を開ける

ＤＮＡはコードをもっています。ＤＮＡという遺伝子を伝える物体、およびその螺旋は、光コードのフィラメントでできています。この光コードのフィラメントは、光ファイバーと同じように情報を伝える細い細い糸でできています。あなた方が自分自身を活性化し、体内に情報を入れるために活用する光の柱も光コードのフィラメントでできています。これらの光コードのフィラメントは膨大な量のデータと情報を内蔵しており、あなた方の体にはこのフィラメントがたくさん入っています。これらのフィラメントが束ねられ、一定のかたちで並べられると、活動を開始して、情報を解放し、この情報によってフィラメント自身が内蔵する歴史が分かるようになります。

あなた方の体内にある光コードのフィラメントは、巨大な図書館に似ています。それは非常に巨大な図書館で、あなた方の宇宙の歴史すべての情報を蔵しています。地球の歴史を通して、さまざまな種が地球で生活しました。あなた方は、人間は地球の原住民であると思い込んでいますが、〝人間は地球に移住してきたのです〞。地球の人々があっと驚くようなことがこれから起きるでしょう。間もなく、人間とは非常に異なったかたちの骸骨が発見されるでしょう。その一部はすでに発見されています。とくに南アフリカで発見されています。これまでのところは、三流紙にとりあげられて悪い冗談として片付けられるか、恐ろしさのあまり、秘密にされています。人類全体の周波数が、これらの事実を受け入れるレベルまで上昇し、一般大衆の神経組織がパラダイムの転換に対処できるまでバランスのとれたものになれば、地球自体もさまざまな秘密を明らかにしはじめるでしょう。それは、気候の変化、地球全体の変化、霊能力によるさまざまな発見といった多様な手段によってなされるでしょう。まったく新しい地球の歴史が発掘されることになるでしょう。

あなた方の前にある仕事は、ＤＮＡの進化を意識的に命令し、意図し、自分の意思でそれを実行することです。これを命令し、意図し、求めることはやさしいことではありません。なぜなら、それを実現するためには、さまざまな自己存在を通り抜けなければならないからです。あなた方の多次元的な存在、本質、魂の歴史的な観点からみると、あなた方はありとあらゆる人格を体験してきました。そして、その体験のなかには、苦しみに満ちたものもありました。非常に難しいものでした。

いまこそ、この困難を乗り越えて、身体のなかにある歴史の鍵を開けるときです。それをするには、光コードのフィラメントを束にまとめ、新しい螺旋を作り、ＤＮＡ内の新しい情報があなたを接続してくれるものに対して受容的であればよいのです。あなたの論理的な頭脳にとっては、いつも納得できることではないでしょう。論理的な頭脳には、それに相応しい場所と、機能と、目的がありますが、それがあなた方の存在の本質ではないことが分かるようになるでしょう。論理的な頭脳を、多くの人たちは使いすぎています。論理的な頭脳は酷使され、乱用されています。論理的な頭脳を使いすぎ、乱用すると、身体にストレスが溜まってきます。あなた方が、体験していることをいつも論理的に理解する必要はありません。自分自身を観察し、いつもユーモアのセンスを忘れずに、自分は進化しつつあるのだという考えを維持してください。

あなた方はたくさんのことがらを体験することになるでしょう。それは、チャクラの体系からなる自己存在の梯子を昇っていくからです。チャクラはエネルギーの情報センターで、あなた方がさまざまな領域で自分自身を活性化したり、目覚めさせたりした人生と繋がっています。これから数年のうちに、自分がどのような存在であるかを発見することがきわめて重要です。

光コードのフィラメントは、光の道具であり、光の一部であり、光の一表現です。光コードのフィラメントは、あなた方の細胞内の何百万という細い、糸のようなファイバーとして存在しています。その一方で、それに対応する光コードのフィラメントが体外に存在します。光コードのフィラメントは、光幾何学の言語を内蔵していて、あなた方が誰であるかの物語を伝えてくれます。このような光コードのフィラメントは、以前は、地球にくることができませんでした。それは、暗い勢力によって作り出された汚染によってシャットアウトされていたからです。

光コードのフィラメントは、光線のようなもので、言語を幾何学的なかたちで保有しています。それは、宇宙のデータベースから発信され、情報を伝えるものです。あなた方の多くは、肉体の癒しが必要ではない段階にきています。あなた方は、自分で自分を教育していくか、あるいはまた、体内にある装置を埋め込んで、それによる教育を受ける必要があります。今後、数年のあいだ、このようなことが行われるでしょう。

地球に住む人々のなかには、とくに、クリスタルで仕事をしている人たちは、これらのフィラメントで人々の身体を満たし、活性化することを学ぶでしょう。この体験を求める人たちは、体内のフィラメントを活性化され、それによって情報を即座に与えられ、即座に知るようになるでしょう。これからの教育は、このような進化をとげていくことになります。このプロセスを手伝ってくれる存在がいるでしょう。あなた方は、これらの存在と出会えば、それと認識することができ、あなた方のまわりに存在する他の諸々の現実を認識することができるようになるでしょう。

光コードのフィラメント内の情報が散逸させられたとき、図書館が焼払われたわけではありませんでした。本がすべて書棚から落とされて、部屋の真ん中に雑然と放置されただけなのです。巨大な野球場の大きさの部屋に入っていき、その中央にすべての本が雑然と積みあげられている光景を想像してみてください。偶然に頼る以外に探している本を見つけることは不可能でしょう。人間は偶然の秩序性を信じていないので、彼らのなかにある秩序性をいままで追及してこなかったのです。

フィラメント内の情報はあなた方の体内に残されたのですが、それを論理的に理解する方法はありませんでした。そういうわけで、いまの時点で、どうすればその情報を発見できるのでしょうか。情報自体が自らを公開してくれます。それがプロセスです。あなた方は情報を探し求める必要はありません。なぜなら、この情報の公開はあなた方の遺産であり、あなた方の存在そのものなのです。ＤＮＡが新しい束を形成すると、これらの束は、いま発達しつつある体内の神経組織を通って体内を巡り、さまざまな記憶が洪水のようにあなた方の意識に押し寄せてくるでしょう。あなた方は努力して、この神経組織を発達させ、光を体内に入れ、身体を酸化し、エネルギーの加速化を体験し、さらに多くの考えや体験を体内にとり入れていかねばなりません。このプロセスが体内で成長を開始し、自己増殖を始めるようになったとき、それを観察しなさい。そうすることによって、体内の情報にアクセスすることができるようになるからです。あなた自身のドラマに囚われることは、自分が書いた本を何度も何度もくりかえして読むようなものです。そんなことをしていれば、他の本に書いてある情報は一向に入ってくることはないでしょう。もっともっと多くの現実があります。〝物語の全体像があります〟。

この物語の全体像は、あなた方の魂の全体像とかかわりがあります。光の家族のメンバーとして、あなた方は、自らの全存在の意識を体内に保持することに同意しています。あなた方がいままでしてきたことのすべてを受け入れ、これらのあらゆる存在のなかで果たしてきた役割を受け入れ、そして、さまざまな異なった現実に入っていき、光の家族の代表として同意したことに基づいてそれらの現実を変えていくことに同意しているのです。もちろん、この同意をしたという事実の範囲内において、自由意思を示すことはできるわけです。

三つの螺旋になると、あなた方は、感情の中心部へと入ることになります。感情の中心部とは、情緒であり、〝情緒、感情は、霊的な自己にいたる道、橋、あるいは切符です〟。キリストの魂に目覚めたソクラテスは「汝、自身を知れ」といいました。〝汝自身を知りなさい〟。これは皆同じことです。このメッセージは地球においてずっと昔に与えられたものです。しかし、そのメッセージは歪められてしまったために、人々は自分がいかに壮大な存在であるかを理解できず、自分自身を調整しさえすれば十分であることを理解できなくなってしまったのです。

仕事はつねに内的なものです。地球に変化を引き起こしたいけれども、どこから始めるべきかと問われれば、私たちはいつも、〝自分自身から始めなさい〟と答えます。あなた方自身を開発しなさい。自我の境界線を超えなさい。多次元的な存在となり、霊界に住み、肉体の世界を超えて旅することができるようになりなさい。身体はここで終わるのだという規定を外しなさい。あなた方の社会はそうすることを奨励しますが、それはそうしたほうがあなた方をコントロールしやすいからです。自由意思の地域にあっては、コントロールは一つのゲームです。というのは、他人をコントロールしたいと思う存在がいるからです。あなた方は、光の家族のメンバーです。どのような序列組織に、どのような神にあなた方は答えようとしているのですか。

ＤＮＡは真実と生命の生ける歴史です。この歴史と一体になるとき、ビデオも、テープも、あるいは本がなくても、さまざまな現実のなかに入っていくことができます。すなわち、〝体験する〟ことが可能になります。さまざまな土着の文化は、地球上に残された生ける図書館の残存者を発見するように訓練されてきました。なぜ、彼らが大地を畏敬し、動物を畏敬し、すべての物事のあいだに存在する協調関係を理解しているか、これで説明がつくはずです。このような土着の文化は目的をもって地球上に配置され、来るべきときには人々の訓練の場となり、記憶が活性化されるための場となるようになっていたのです。

ＤＮＡにはコードが入っています。存在の青写真、存在の計画、宇宙の歴史、この地球という特定の地域の生命の歴史がＤＮＡのなかに入っています。そして、それは人間の細胞のなかに貯蔵されています。最初に地球にやってきた存在、すなわち、人間たちのＤＮＡは、一二という数に基づいた遺伝の青写真をもっていました。遺伝質の一二の束は、数多くの他の存在の代表、あるいは情報源と結びついていて、それらの数もまた、一二でした。思い出してください。現実は現実を映し出すのです。一二の情報の束は、人間の体内、および体外にあるそれぞれの情報センターと人間を結びつけていたのです。

地球は、いま、本来の目的と連結しつつあり、こうすることによって、原初の計画立案者たちが地球に戻り、人間の一二の螺旋を活性化して、地球を本来の道に戻そうとしています。ずっとずっと昔に、生物の図書館という構想が練られたとき、地球を守る者がこの生きた図書館のデータを開けるための鍵をもつことにすると決定されました。

このことと、一二の情報センターはどのようにつながっているのでしょうか。人間のチャクラ体系が接続され、解放され、活性化されると、情報そのものが自ら自己表現を求め、情報は入手可能となります。この情報をコード化し、それをさらに始動させる何かがあり、それが情報を存在の表面に浮きあがらせ、情報の自己表現がなされるでしょう。あなた方が、これらの情報センターと繋がるとき、情報センターは体内に七つ、体外に五つあるわけですが、別な一二の情報センターからのエネルギーを受けとる準備もできることになるでしょう。あなた自身の一二のチャクラを活性化すると、その一二のチャクラと平行して存在する一二のセンターに貯蔵されているエネルギーとも繋がり、それによって、あなたのプロセスがさらに活性化されることになります。これによって、やがて、あなた方の頭脳は、本来の能力を完全に発揮するコンピューターのような機能を果たすようになるでしょう。

平行して存在する一二の現実は、いままで隠されてきた情報の鍵を開けるための方法をもっています。この情報の鍵を開けるには、いくつものステップがあります。これは、政府の極秘情報の管理システムにたとえることができるでしょう。そこでは、もっとも重要な情報の最後の段階の情報をえるためには、いくつもの指紋や暗号の壁を通らなければならないようになっています。非常に大事な秘密が隠されている場合には、その秘密を明かすためには、さまざまなものを接続させなければなりません。

ＤＮＡの一二の束が活性化されると同時に、一二の情報センターが、活性化され、回転を開始し、活動を開始し、そして、解放されます。この情報センターとは、一二のチャクラであり、また、一二のエーテルからなるディスクなのです。これが、一二の回転体の接続の始まりです。エネルギーのこの統合が起きるとき、あなた方の太陽系の一二の天体にエネルギーがもたらされます。そして、この一二の天体が地球にエネルギーを送りはじめます。これらの天体は保持するものを解放することによって自らを活性化し、それによって、地球は生物発生学的に生きた存在となります。一二という数からなるグループは、この他にも数多くあります。たとえば、回転する一二の宇宙がその一つの例といえましょう。一二のチャクラセンターが回転を始めると、新しい意識に混乱が生ずるでしょう。というのは、一二のエネルギーセンター、とくに、体外の五つのセンターが、地球と元のように接続すると、信じられないほどのエネルギーが生まれるからです。

一二の螺旋が形成されることによって、人間が種として全体的に、すべての情報を完全に与えられるということではありません。人間という種全体がより高い意識へと飛躍をとげるためには、最大限にして最小限の変化が生ずる必要があり、それによって新しい行動基準が創造されることになります。この変化によって、新しいレベルの周波数が導入され、人はそれぞれさまざまなかたちでこの周波数による影響を受けることになるでしょう。このプロセスは、地球上の大気圏に一つの新しい太陽が生まれるようなものです。これらの一二の螺旋が、光コードのフィラメントの内部にある情報のすべてを構成するわけではありません。しかし、一二の螺旋が構成されれば、種としての人間は本来、あなた方が考えているよりもずっと大きな存在であることが明確になるでしょう。

光の家族の一員として、あなた方は、自分が誰であるかを知っています。自分が誰であるかを知らないのは人間です。しかしながら、あなた方は人間を装っているために、ときとして、自分を騙して、自分が誰であるか分からないなどと考えてしまいます。あなたという存在の永遠のあり方から見るとき、あなた方は光の家族の一員であることを知っています。

私たちが、地球を生きている図書館と呼んだりするのは、あなた方は、皆、図書館がどんなものかのイメージをはっきりともっているからです。つまり、図書館は情報が貯蔵され、そして、その情報を入手することのできる場所です。私たちがこの比喩を使うのは、あなた方が、どこに行っても、図書館のなかにいるというイメージを呼び起こしたいという意図をもっているからです。あなた方は、まだ、この情報をどのように解釈すればよいのか、あるいはまた、情報が図書館内のどこにあるのか分かっていません。

すべての人たちに、このようなイメージをもちはじめてほしいのです。そうすることによって、地球へのより深い愛が創造され、この地球には誰もが深いかかわりをもつことのできるものがあるのだという理解が深まるでしょう。知性をもった存在が人間とコミュニケーションをはかりたがっているということを知れば、誰も孤独を感ずることはなくなるでしょう。一二の螺旋が形成され、それによって人間が一二の情報センターに繋がれば、図書館は活性化されるでしょう。

人間は、生きている図書館のなかにあるこの情報にアクセスするための鍵になるようにデザインされました。これについては、実にたくさんの話があります。何百万年も前のこと、すべての生命体は共存していました。とくに、恐竜の時代はそうでした。この時代には、恐竜が地球のガーディアンを務めていて、地球にデータを貯蔵するために、ある種のエネルギーが蓄積されつつありました。これが何百万年ものあいだつづきました。

現在は、一二という数が、物事を接続するシステムになっています。あなた方も、まわりを見回せば、あらゆるところにそれがあることに気付くはずです。それは、ある理由のために象徴的に挿入されていたのです。すなわち、いつの日か、あなた方が一二という数がどこかにある何かとあなた方を接続してくれることを発見するようにという目的が込められていました。一二はあなた方にとっては自然な数ではありませんが、多くのさまざまな現実において、一二のもつエネルギーを使うというのがグループの決定でした。それはコード化された公式です。論理的な頭脳には、全然、意味をなさないたくさんの事柄が、光コードのフィラメントにとっては、はっきりとした意味をもち、肉体にとっても、徐々に感受性をましていくにつれて意味をなしていきます。

これは非能率的なシステムで、自然な流れではないという人たちもいますが、一二のシステムはこの地球が適応して慣れている流れなのです。実際には、よく見てみれば、あなた方は一三のシステムであることに気付くでしょう。一年に何度月が満ちますか。一三回です。一三のシステムがやがてやってくるでしょう。あなた方もそれを受け入れるようになるでしょう。なぜなら、あなた方は時間を超えるからです。一三のエネルギーは論理を超え、強制されたシステムを超えて動くでしょう。

さて、すでに述べたように、光の家族は、原初の計画立案者たちのエネルギーを受けとるために地球にやってきました。このエネルギーは遺伝質の変化を引き起こし、光コードのフィラメントを再活性化し、ふたたび束ねることになるでしょう。これによって、人間はきわめて貴重な存在となります。なぜなら、そうなったとき、人間は地球に貯蔵された情報にアクセスするために利用できる存在となっているからです。

これほど重要なデータとは何なのでしょうか。それは、昆虫、花、豚、ロバの尻尾、兎の耳、ありとあらゆるものに変装しています。それを発見するのは、あなた方の仕事です。強調しておきたいのですが、データが一二の図書館に貯蔵されたとき、情報は何層にもわたって貯蔵されました。あなた方が、図書館に入ったとき、入館手続きとしてさまざまなコードがありました。別な言い方をすると、図書館に入るためのさまざまな方法がありました。ただ図書館に入っていって、「ここにある情報すべてを入手できる手続きを完了しています」ということはできませんでした。あなた方の政府の情報管理システムと同じように、この情報も管理されていたのです。

そもそも、図書館を作るについては理由がありました。当時、暴虐の波動が起こりつつあったのです。あるエネルギー存在たちは、時間を守る存在ですが、情報が誤った手のもとに入ってしまうことを懸念しました。それで、遊び心をふんだんに使って、さまざまなモードの図書館がデザインされました。他の図書館、つまり、他の世界は、あなた方の世界とは見かけは全然違います。時間を守る存在にとっての仕事は、意識が進化し、情報をえて情報にアクセスするために利用できるようなプロジェクトを作ることでした。

最初は、図書館への案内者としての人間の役割は、非常に名誉あるものでした。人間がいなければ誰も図書館にアクセスすることはできず、その人間の波長が合っていれば合っているほど、図書館へのアクセスがしやすかったのです。人間は、あらゆるデータを見つけられるように、十分遊離し、かつ、十分繋がっていることに誇りを抱いていました。

人間が図書館のカードであるとすれば、カードには優劣の差がありました。図書カードになるための訓練が行われ、地球についての情報をえたい存在がやってきたときには、その存在は、あるコードに反応するようにコード化されている人間と一体になりました。ある人間のコードが低ければ、あることについてかぎられた量しか見ることはできませんでした。地球に情報をえるためにやってきた存在たちは、それぞれ、特定の情報をえるためにやってきました。情報がある存在に対して与えられなかったとしても、それは情報が秘密にされているからではなく、その情報が、彼らの生物体としての構造に電磁波的に合っていなかったからでした。

データは個々人の信念体系を貫くことができなければなりません。さもなければ、愛によって十分和らげられていないエネルギーが入ってきて、それに圧倒されてしまった場合、その個人は爆発してしまうからです。エネルギーが愛によって十分に和らげられていれば、それを受け入れた存在が爆発してしまうことはなく、きわめて拡大された概念をも受容することができます。大きな概念は、地球にこのようにして変換されて送られてきています。愛の周波数を通して送られてきているのです。

光の周波数は、感情と繋がっていないために大きな概念を運ぶことはできません。愛の周波数は感情と繋がっています。個々人が自らについて拡大した概念を創造するとき、その個人に目的を与えてくれる愛がなければなりません。愛がなければ、目的があることを感ずることはできず、物事がいかに広大な存在であるかを理解するためには、つねに目的との一体感がなければなりません。

セックスが、このプロセスの一部であることを、あなた方は発見することになるでしょう。あなた自身のセクシュアリティを本当に自分のものとするとき、それを表現する機会を見出し、そのようなかたちで表現するかどうか決めることになるでしょう。あなた方がアクセス可能な存在となり、図書館を発見するために他の存在があなた方を利用するようになるにつれて、これからの年月のなかで、非常に興味深い出会いがあることでしょう。歴史を遡って、古代の聖典をみれば、神々が降りてきて、人間の娘たちと交わったことが分かるでしょう。

セクシュアリティは、図書カードを刺激するために使われてきました。しかし、これには非常な危険がともないます。というのは、セクシュアリティはいろいろと濫用されてきました。ですから、あなた方が、自分のセクシュアリティを〝所有し〟、誰とそれを分かち合うかに気をつけることが非常に大事です。あなた方が、セクシュアリティについて買われたり、誘惑されたりすることのないようにしてほしいと願っています。あなた方へのアドバイスですが、他の人たちがあなたにお世辞をいっているだけなのか、あるいは存在の深いところから正直にかかわろうとしているのかを見きわめることが大切です。あなた方は、力を守る人になりつつあるのです。

保守的な人たちは、私たちがあまりにも多くの情報を与えすぎていると感じているようです。しかし、私たちは、地球は大きな衝突に向かって突っ走っているのだから、制約をすべて外して、すべての情報を与えたほうがよいと考えています。他のさまざまな存在がしているのと同じように、私たちは地球にさまざまな機会を洪水のようにどっと与えています。このようなわけで、あなた方が、この知識を集め、このような能力を自分のものにしはじめると、それぞれの理由のために、あなた方にひかれる存在が出てくるでしょう。それは、あなた方を通じてアクセスできるものがあるからです。

あなたが誰かと性的な関係をもつとき、それは他の図書館への道を開くことに似ているのです。それは非常に、非常に多くのことと関係があります。私たちが、あなた方に望むことの一つは、あなた自身の身体を愛し、あなた自身を愛することです。そして、誰かと性的な関係をもつのであれば、〝その人が本当にあなたを愛している人であって〟ほしいのです。それは、その人と結婚するということを意味するのではありません。しかし、愛がなければなりません。それによって、あなたが誰ときずなをもっているのかが分かるのです。こうすれば、あなた方がセクシュアリティを通して発見するものが、二人のあいだを移動できます。私たちはあなた方に警告しているというよりは、情報を提供しているのです。というのは、自分の力に注意しない人たちにどんな結果が待ち受けているか、あなた方自身の目で確かめることができるのですから、警告は必要ないのです。

別な言葉でいうと、セクシュアリティというものは、軽々しくあつかうべきものではないということです。それは、多くの道を開く一つの方法です。もしも、不注意に近づいたりすれば、パートナーがいなくても、ある種のエネルギーを引き寄せることになります。もしも、情報を活性化するためにセクシュアリティを使えば、間違ったエネルギーを呼び込んでしまう可能性もあります。ですから、セクシュアリティのもつ周波数に注意してください。なぜなら、それは、感情をかきたてるものであり、感情こそは、生きた図書館に貯蔵されているデータにアクセスするための鍵なのですから。

第7章
多次元の融合

あなた方は、生命の活動に参加することによって恩恵を受けます。ただ、肉体をもって存在するだけで、他のどんな場所でも手に入れることのできない独特な体験を与えられます。いまという時代に存在すること、そして、過去二〇万年から三〇万年にわたって地球に肉体をもって存在したということは、きわめて強烈な体験です。それは、あなた方が、暗闇の支配する場所にいたということ、そして、いまいるということを意味するからです。あなた方は、それぞれが自分の力で、必死に、目を開き、喜びや心の高まりを見出してこなければならなかったのですから。現代の歴史を振りかえってみれば、人々が精神的な高まりを体験できるような人生を送るというのは、いかに希なことであったかが分かるはずです。したがって、あなた方は、自分だけの力で心の高まりを創作し、自分にはそれができるのだということを自分自身に納得させなければなりませんでした。

地球上における存在の本質は、長いあいだ、光と闇の戦いでした。それを、善と悪との戦いだという人もあれば、気高い心と悪との戦いだという人もいます。私たちは、それは、ある種の法則と規則が存在する場所での出来事であり、このような挑戦的な問題に立ち向かっているのは地球だけではないとだけいっておきたいと思います。

あなた方は、生物発生学的な構造から見て、夢にも想像できないほどの能力をもっているという点においてユニークな存在です。あなた方がさまざまな問題ととり組むさまを見ていると、実に興味深いものがあります。というのは、あなた方は、自分のもっている潜在的な能力のほんの一部分しか使えないものと自分自身に納得させているからです。実際は、あなた方は神のイメージ通りに創られた壮大な存在です。こうした信じがたいほどの潜在的能力を与えられているにもかかわらず、そのような能力の存在が否定されるほどにコントロールされているのです。

たいていの人々は能力の三パーセントか四パーセントしか使っていません。もっと進んだ人たちであれば、一二から一五パーセント使っているかもしれません。ということは、大部分の人たちはどういう状態にあるということでしょうか。後の八〇パーセント、九〇パーセントはどうなっているのでしょうか。その九〇パーセントの能力があれば、何が可能になるでしょうか。その九〇パーセントが、いま、目覚めつつあります。そして、古代の目が記憶を蘇らせ、自分がどのような存在になりえるかを理解しはじめています。古代の目が開かれ、自分の本来の潜在的な能力を認識すれば、あなた方自身との口論を止めることになるでしょう。自分は限定された存在だといって論争することを止め、あなた方自身を限定するために使っているものを超えて前進することができるでしょう。

古代エジプトでは、聖職の道に入った者が、他のさまざまな現実に対して完全に目を開くようになるまでには、数多くの人生を生きなければなりませんでした。彼らは一定の家系に生まれてくるように、そして、自分が何者であるかを記憶できるように訓練を受けていました。母親と父親は、誰が生まれてくるのか、前もって分かっていました。というのは、彼らはその夢を見るのでした。母親たちは、その子供を身ごもる前からすでに誰が身体のなかに入ってくるのか分かっていました。当時は、いまに比べると、目がきわめて大きく開かれていて、多くのさまざまな現実を見ることができました。さまざまな世界を見ることができたので、その目はホルスの目と呼ばれていました。異なった世界とは、目覚めている世界と眠っている世界であり、死の世界と夢の世界でした。

古代の目を開きたいと思っているあなた方、そして、古代の目を開きつつあるマスターであるあなた方は、これまでの数々の人生のなかで訓練を積んできました。この訓練を体現し、寺院での生活とは何の関係もない体制、すなわち、あなた方の能力に相応しい場を与えていてはくれない体制のなかに体現するときがやってきたのです。あなた方は異端者ですから、古代エジプトの場合とは異なり、社会はあなた方の贈り物を待ってはいないのです。公職とか、何らかの社会体制のなかで、あなた方の能力を生かすことはできません。まだ、その段階にはなっていません。ですから、あなた方の肉体と、魂と、心が適切であると感じるペースで、あなた方の能力を活用していきなさい。

あなたのエゴが適切だと思うペースであなた自身の進化が加速されないからといって、自分を責めないでください。あなたを見通すことができる魂の目、ホルスの目は、何が適切であるかについてまったく異なったビジョンをもっています。あなたが何を必要としているか、あなたの肉体、そして、青写真を自覚しながら、あなたが傷付かないようなペースで進んでください。精神病院は、古代の目を開いたけれども、それをどう理解したらよいのか分からないでいる人たちで一杯です。彼らはホームステーションを見失ってしまったのです。接続する場所がないとき、神経組織の微妙なバランスは崩れてしまいます。

あなた方は神経組織を急速に発達させつつあります。そのことを認識するには、いくつかの方法がありま す。時々、あなた方を、物理的な現実、すなわち、三次元的な存在の周波数から、引き離してくれるような鼓動を体験することがあります。このようなとき、通常、体験しない別な波動のなかに入っていき、何かただならぬこと、何か素晴らしいことが起きつつあるのだということを見、感じ、理解するのです。否定しようとする気持ちが出てくるのは、このようなときです。というのは、論理的な頭脳が何が起きつつあるのかを説明、ないしは解釈できなければ、あなた方はその体験を否定するか、その体験の記憶を閉じ込めてしまうからです。

直観に頼るのが一番です。仮にそれが論理的に意味をなさなくても、自分が感じることを信頼して行動することが最善です。短気を起こさないように気をつける必要があります。あなた方は、どこかに進んでいなければならないと感じているため短気を起こしがちだからです。亀の歩みの価値を忘れないでください。亀は、ゆっくりと歩み、時々立ち止まっては心のなかに入り、瞑想し、地面の近くにいるので、物がよく見えます。

もしも、あなたが古代の目を加速度的なスピードで開きたいのであれば、あなたのコミットを言葉で表現しなさい。〝思いは存在そのものです。思いは創造します〟。もしも、あなたが、加速度的に成長をとげ、最大の能力を身に着けたいと願えば、その通りになるでしょう。あなたが疑うとき、疑いも一つの思いですから、疑いそのものが実現することでしょう。疑いの思いが心をかすめるとき、拡大のプロセスが止まります。それは、疑うことによって、あなたに訪れようとしていることの微妙な力を否定するからです。

あなた方は、私たちが〝名前のない一〇年〟というレッテルをはった一九九〇年代の真っ直中に生きています。この一〇年のあいだに、さまざまな素晴らしい出来事が地球上に起きるでしょう。すでに、数多くの出来事が起きているのですが、官僚主義の細かい縄張りのなかに囲い込まれてしまっているのです。官僚主義は、現在の体制のなかでは機能できなくなっています。いまの枠組みでは小さすぎるのです。それは、官僚主義が進化をとげつつある現実をありのままに包括できないからです。

あなた方のなかで、古代から存在している人たち、すなわち、目覚めつつあるマスターである人たちは、目覚めたら、古代の目で物事を見てほしいと思います。そして、自分が知っている何かを目覚めさせ、〝思い出す〟何かを目覚めさせ、心の奥深くにある何かを目覚めさせてほしいのです。あなた方は自分自身を信頼し、自分自身に頼る必要があります。あなた方は見るようになる必要があります。そして〝自分が見ているものを理解し〟、その壮大なビジョンを他の人たちのために解釈してあげなければなりません。あなた方は理解し、あるいは意識の巨大な内部爆発を体験し、それによって自分がいままでどんな存在であったのかが分かるでしょう。

鍵を開け、前進することを許すのは、あなた方自身の力にほかなりません。信じること、思うことの大切さについては、これまでも話してきました。ふたたびくりかえして強調しますが、〝あなた方は思いの結果であり、思いは存在そのものであり〟、これこそ、あなた方の世界における理解と操作の本質です。このプロセスを頭からとり出して、身体のなかに植えつけるとき、そして、人生をこのようなあり方から生きることにコミットするとき、古代の目が本当に開きはじめるでしょう。

あなたの魂の歴史が見えはじめると、この身体のなかにある私という存在は、それほど重要なものではないように見えてくるかもしれません。ずっと昔、あなた方は、この地球において素晴らしい存在として表現され、存在していました。現在、あなた方が見ることができることよりもずっと多くのことが内部で進行しています。それは、あなた方の存在の本質は一メートルの厚さの本に書かれていて、新しい時代の到来のなかで、地球でその二、三ページを読みはじめたばかりといった感じです。この本すべてをこの人生で読み終えるのです。

このような情報のすべてをあなた方がとり入れていくにつれて、あなた方人間がどこに存在し、どこからやってきたかについての考えの境界線がとり払われ、物語が洪水のように押し寄せはじめるでしょう。あなたという存在を分解し、あなたであるところのさまざまな存在をいとおしみ、尊重し、愛するとき、その存在の中には大切ではないものがあるなどとは決して思わないでください。それぞれの存在を大切にしてください。畑で苺をつんでいるあなたであろうと、町の通りで煙草の吸い殻を拾っているあなたであろうと。原初の火を内蔵する自我の側面が、あなたを通じて表現することを許しなさい。「自分」であることが適切な場合には、「自分」でいることはできます。巨大なエネルギーが、現実を作り出す計画の一部としてあなたの肉体を使いたいと思うとき、あなた方の現在の「自分」は破滅させせられるのではなく、結合させせられるだけなのです。〝これが多次元になることです。これが移動することができるということです〟。

あなた方の一人ひとりは、いま、きわめて深遠な時間の流れのなかにいることを知っています。いろいろな本に書かれてきた時代、到来を、囁かれてきた時代、噂されていた時代が、いままさにきています。それは、人間の肉体が、目の前で、突然変異を起こし、これまでとはまったく違ったものになっていく時代です。人間は何になるのでしょうか。その答えはきわめて単純です。人間は多次元の存在になるのです。

これは大仰な言葉であり、とてつもなく大きな概念です。しかし、それはやがて、靴の紐を結ぶのと同じくらい当たり前になるようなことです。多次元の人間とは、同時にいくつもの異なった場所に意識的に存在する人間です。人間は突然変異を起こしつつあります。別な言い方をすると、人間は一つの次元から別な次元にチャンネルを切り替えることができ、自己存在の偉大さを理解できる存在に進化をとげつつあります。

つまり、肉体だけが自分の存在のすべてではないということを理解するようになります。人間は、オーラ、あるいは霊体だけで終わる存在ではありません。人間は多くの異なった次元で存在します。

いまは、多次元の自己の時代です。すなわち、多くの異なった現実のなかで意識をもって移動する自己、やがて二つの場所に同時に存在し、消えることもできる自己、四次元の意識のなかに入っていくことができる自己、考える存在ではなく、知覚する存在としての人間の時代です。自己の考える部分は非常に重要ではありますが、それは人間の肉体を統括する社長ではなく、アドバイザーであることを理解するような自己の時代です。

意識同士の結婚を実現するために、直観を耕すようにとの導きを受けることになるでしょう。その結婚は、論理的である男性的な側面と、感情的である女性的な側面の結婚です。この結婚によって、両者が一体になります。

いまこそ行動のときです。あなた方は、まことに重要な地点にさしかかっています。大きな変化と跳躍のときであり、諦めるときであり、解放するときであり、いままでしがみついてきたものを手放すときです。いまこそ、光と魂があなたを動かして存在のすべてを体験することを許し、自己の多次元的側面と一体になり、かつ、あなた方には想像もつかないような自己の部分と一体になることを許すときです。このような自己の側面は、実際に存在します。それはあなた方と繋がっていて、魂の主要な担い手であるあなた方を、いま、現在、この宇宙における光の運び手として使っています。

根本創造主の可能性を予測した私たちの仲間は、時間のなかでの移動と、何が起こるかの予測に関して正確でした。実際、いま、現在、根本創造主は変化の波動を意識の自由地帯であるこの地域に送っています。行動が、地球で、いま、起きつつあります。地球が、この行動の出発点です。あなた方の銀河系の片隅、地球で起きつつあります。

これは壮大な実験であり、あなた方一人ひとりは、大きな心のときめきとあこがれをもってこの実験に参加しました。勇気をもちなさい。これはいくら強調しても強調し切れないことです。〝勇気をもちなさい〟。内なる導きにしたがい、自分を信頼しなさい。エネルギーを体内に呼び入れ、それを活用しなさい。人間が支配されているさまざまな法則に挑戦しなさい。それこそ、あなた方が地球にやってきた理由にほかなりません。あなた方は異端者であり、私たちも異端者です。

この意識の道を旅することができない存在もいますが、それはそれでよいのです。私たちがあなた方の意識を動かして旅させる道は容易な道ではありません。この道を行けば、あなた方の魂が求めている報酬がえられるでしょう。その報酬は戦って手に入れなければならないかもしれませんが。あなた方は意識のジャングルを切り開いているのです。やがて、眺望が開けた場所にたどり着き、この地球にとどまるか、それとも地球を離れてどこに旅するかについてのまったく新しい選択が可能になるでしょう。あなた方と一緒に仕事をしている人たちも新しい選択を与えられたことを発見するでしょう。歴史のこの時点で地球に引きつけられた意識存在のすべてが進化の火花をちらし始め、それが、宇宙の構造を変えることになるでしょう。〝大きく考えてください〟。大きく考え、そして、その実現に向かってください。

これらの多次元的な自己とは誰なのでしょうか。これまで何度も、あなた方は、あなた方自身よりもずっと進んだ自分がいて、この自分はずっとより多くのことを自覚しているということを信じさせられてきました。ある程度まで、これは真実でしたし、ある程度までは、いまでもこれは真実です。しかしながら、あなた方は、魂の主たる担い手として、肉体のなかに貯蔵されているあなたの歴史のすべてのデータを活性化させはじめることになるでしょう。自己の他の側面が現れはじめるとき、それがどのように分かるのでしょうか。それは、非常に微妙な現れ方をするかもしれませんし、頭を角材で殴られるような劇的な現れ方をするかもしれません。それはまったくその個人によります。ある日ただ座っていて、突然目をしばたたかせた瞬間に見知らぬ部屋に座っている自分に気がつくかもしれません。それは角材で頭を殴られるような現れ方の例でしょう。もっと微妙な場合は、町を歩いていて、店のショーウィンドウを見ると、そこに飾ってあるマネキン、写真、あるいは言葉が、あなたの内部にある何かの引き金をひいて始動させるのです。ほんの一瞬のあいだ、あなたの意識は漂い、あなたの同時的な存在、すなわち、あなたと同時に存在しているあなたのイメージがはっきりと見えるのです。

肉体としては存在していないあなたの側面を発見しはじめるでしょう。それは、真の意味での宇宙存在として宇宙で仕事をしている自己の部分です。魂が目を覚まします。魂はそのすべての側面に目覚め、魂の自己のそれぞれの側面がその全体性をも同時に知るようになるでしょう。

振動数を乗りこなすようになるにつれて、すべての現実を同時に意識するようになり、四次元的な存在になるでしょう。あなた方は、まず最初は三つか四つの現実のバランスをとることによってこの能力を発達させ、それから、五つ、六つとその現実を増やしていくことでしょう。あなた方は、根本創造主の能力を目覚めさせ、あなた方自身の根本創造主となるでしょう。根本創造主がこの宇宙、およびすべての他の宇宙を創造した目的は、自らを発達させ、データの多次元チャネルを開放することによって、意識がすべてのもののなかに存在する根本創造主が、すべてのもののなかにいる自分自身を意識し、すべてのものがかかわっているあらゆる出来事を意識し、これをすべて自らのうちに内包して、なおかつ狂気に走らないというものでした。

あなた方は、あなた方自身のなかにこの能力を進化させつつあります。基本的には、あなた方が、現在、体験しつつあることは一番難しいものといえるでしょう。というのは、本当にそうなのかどうかと、あなた方は疑い、迷っているからです。肉体が語ることと、頭の語ることが違います。肉体がこうだといえば、社会はいやそうじゃないといいます。この知識は大きくなりつつあります。それは、あなたのなかに目覚めつつあることについての知識です。

あなた方はつねにコミットしていなければなりません。このような贈り物、才能が自分自身の直接的な体験となりはじめたならば、どんなことがあっても、その才能を生かさなければなりません。あなた方は神聖な導きを与えられているのだということを自覚しはじめてください。あなたの人生にとんでもない混乱をもたらしているように思われる出来事であっても、すべての出来事は、あなたを高めるためにあなたのところにきているのだということを、自覚しはじめてください。究極的には、これらの出来事によって、あなたはより豊かになるでしょう。現在の状況をたとえてみると、誰かが黄金のいっぱいはいった樽をあなたの家の裏庭にぶちまけて、あなたが、「何てことだ、黄金でグリーンが台無しじゃないか」といっているようなものなのです。あなた方は、黄金が芝生にぶちまけられたために、芝生が以前ほど美しくなくなってしまったと嘆いているのです。

このような体験ができるときには、つねに積極的に参加するようにしなさい。あなたの肉体で一〇〇パーセント参加しなさい。その体験を楽しむと同時に、その体験を観察し、その体験の影響力を観察し、その体験がまわりの人たち、およびあなた自身に対してどのような影響をおよぼすかを観察し、そのような諸々の体験の結果が何であるかを観察しなさい。そうすれば、何か普通ではないような体験がやってきたとき、自分に対して、「しめしめ、またこの体験が始まるぞ。この体験から何を学ぶことができるかな」と言い聞かせることができるでしょう。

このような体験をしていないときは、想像力を使って、自分の人生の舵をとっている振りをしてごらんなさい。そして、このような体験がふたたびやってきたとき、それを自分が自由自在に操っているような振りをしてみてください。夢のなかで誰かに追いかけられているとき、夢のなかで目を覚ましてその悪霊を振り払うのと同じ要領でできます。あるいは、夢のなかで落第点をもらいそうになったら、ベルを鳴らして、その体験を変えてしまうのと同じコツです。あなた方は、一人の人間として、また人間全体として、人生におけるすべての体験についてこのような考え方、ないしは意図をもつようになるべきです。

あなた方のさまざまな自己の合一が地球上で起きようとしています。あなた方が出会おうとしている自己は宇宙のあらゆるところからやってきます。考えただけでもぞっとして立ちすくんでしまうような自己もいれば、目の当たりにしたときには心臓麻痺を起こして死んでしまうかもしれないような自己もいるでしょう。

〝彼らはあなたの自己なのです〟。

地球は、いま、一つの通過儀礼を体験しつつあります。あなた方も地球の一部ですから、通過儀礼を体験しつつあります。あなた方は地球のあり方から離れることはできません。地球は自らを変革し、太陽系にドミノ現象を引き起こす存在になろうと意図しています。地球は、さまざまな世界を一つに融合させ、これらのすべての世界が存在できるための安定した基盤となり、その体験を説明しようとしています。これがいま地球がやろうとしていることです。ですから、もちろん、あなた方も同じことにとり組まなければなりません。

三次元の世界は、次元の衝突に向かって進んでいます。世界の衝突ではなく、次元の衝突です。さまざまな次元がぶつかり合うことになるでしょう。これらの次元のなかには、恐ろしいように見えるものもあることでしょう。あなた方にとっての試練、あるいは、通過儀礼は（通過儀礼というのはつねに、もう一つ別な現実を体験し、それを克服し、そして、転換させることを意味します)、一見、信じられないほど暗いエネルギー、ないしは存在と対峙し、〝彼らがあなたの一部である〟がゆえにあなた方と一体となるためにやってきたことを理解することです。彼らはあなた方の多次元的自己の一部です。あなたは魂の主たる担い手であり、〝あなたは光の存在です〟。暗闇が光のところにやってくるのです。このような存在に対処するとき、このことをはっきりと自覚してください。もしも、何かためらいを覚えるならば、それをしないでください。明確な理解をもっていてください。

私たちは、光とは情報を促進し、伝え、分かち合うものであると定義します。暗闇とは、情報を支配し、情報を抑える力です。これについて考え、そして、それを感じてください。あなた方は、光を運ぶコード化された青写真をもって、大きな地球の変革を起こすために地球にやってきました。あなた方は、魂の主たる担い手となりました。すなわち、先頭に立ってあなた自身の魂を導く存在となりました。あなたの魂のその部分が、こういっているのです。「私が生き方を決める。私の生き方は光であり、情報だ。暗闇にいることはもうごめんだ」。

あなた自身のある部分が暗闇にいて、その部分が暗闇を抜け出して光を発見するには、あなたを通じてやるしか方法がないということを考えたことがありますか。彼らもまた光がほしいのです。彼らは答えを模索し、解決策を求めています。あなたが感じるかもしれないことは、必ずしも暗い力の意図ではなく、暗い力の感情の性質であるかもしれません。つまり、情報が欠如しているために生ずる恐怖の振動かもしれません。

光と闇の戦いは、あなたのためになるものではありません。それは、分離の物語であり、あなた方を混乱した状態に止めておくものです。実際には、個々人の魂のさまざまな側面が、さまざまにかたちを変えて、自分自身と争っているだけです。自分自身と戦っているのです。光と闇の戦い、善と悪の戦いは、あなた方自身のさまざまな部分同士の戦いにすぎません。これらの部分とは、あなた方が一人の個人としてその一部となっているエネルギーの集合体の多次元的な存在、ないしは多次元的な生まれ変わりの存在です。何かが理解できないとき、あなた方はそれを恐れます。意識の分離したものとしてのあなた方は、それは根本創造主の計画の一部でもあるのですが、二面性の宇宙に住んでいます。根本創造主は、この宇宙を自由意思の構成要素で造りましたが、それは、自由意思が混乱に繋がり、それからエネルギーがふたたび協合して、根本創造主がすべてのものに存在するようになることを実現するためでした。

自由意思ということは、すべてのことが許されるということであり、反対のことが生じることをも意味します。反対の自己が自己から分裂していき、同時に、根本創造主はすべてのものにあって、すべてのものを許しているのです。あなたが出会う、あなたにとって恐ろしい存在とは、あなたにほかなりません。したがって、善と悪の物語に焦点をしぼって、それを理解したいのであれば、あなたの観点からゲームをすることを許してくれる、あなた自身の別な側面とゲームをしているのだということを理解するだけでよいのです。いわゆる悪は大きな目的を果たしています。あなた方は、それが悪く見えるのですぐに悪いという判断をくだします。光の家族の一員として、他の場所に存在するとき、あなたはあなた自身のさまざまな側面のなかに入っていき、さまざまな役割を完璧に演じます。地球にやってきたとき、地球の密度のなかで、ＤＮＡの螺旋がわずか二つだけかろうじて機能している状態で生きていかなければならなかったため、あなた方は多くのことを忘れました。いま、目を覚まし、どんな存在になることができるのかに目覚めつつあるとき、あなた方は、〝あなたが〟あなた自身の敵であるという自覚に向かいつつあるのです。

光の家族の一員であるあなた方は、他の人々はもつことのできない膨大な量の情報にアクセスできます。あなた方はその情報をもって地球にやってきたのであり、それをいま刺激を受けて思い出しつつあるのであり、それを学びつつあるのであり、それを受け入れつつあるのです。あなたの仕事の一部は、一見あなたの敵であり、あなたから遊離しているように見えるあなたの自己と、あなた自身が融合することを許してあげることです。これらの自己は、ありとあらゆる存在のなかにいます。また、あなたにとっての仕事は、愛の周波数をあなたの魂のすべてにおいて体現することです。愛の周波数とは創造の周波数であり、光の周波数であり、ひいては、情報の周波数です。あなたは、体験を収集し、根本創造主を豊かにするために一つの魂として地球にやってきました。あなたが分離するとき、自由意思をもって行動し、何を選択しても価値判断をせず、そうすることによって、適切な情報を収集し、それによって自分自身を完全な存在にするのです。

この善悪の問題は、それを超越しないと罠にはまりかねない問題です。あなた方は信じられないほど豊かな個性の集合体で、さまざまな現実体系のなかに生まれています。光の家族の一員として、情報をもたらすためにこの地球という現実にやってきましたが、他の多くの現実でも同時にそれをやっています。これと同じことをトカゲの社会で、昆虫の社会で、鳥の社会でやっているあなたがいます。〝あなたはさまざまな個性の集合体です〟。光の家族としての生まれ変わりの体験のなかには人間以外の存在形態もふくまれます。光の家族として共通してもっている特徴の一つは、感覚的な存在、さまざまなものから構成されるさまざまな現実に参加してきたということです。あなた方が肉体となった形態の多くは、いまのあなた方にとってはきわめて異様で、大変恐ろしいものであるかもしれません。しかし、こうすることによってあなた方の魂は進化してきたのです。あなた方は一つの種にだけ生まれ変わるということはしません。あなた方は旅人です。あなた方が人間としての肉体をもって生きているとき、同時にトカゲ、あるいは別な形態をとって生きているかもしれません。あなた方がこうするのは、一見すると何の共通性もないようなさまざまな種類の体験を通して自分自身を統合し、創造主の本質を理解したいからです。

光の家族であるあなた方は特ダネ記事を知っているのです。あなた方は、さまざまな現実を融合するためにやってきた大使であり、自らを内部啓発して、関係するすべての人々が恐怖心を手放し、自由になれるようにする目的で地球にきています。あなた方の仕事の一部はこうした他の自己と出会い、融合し、それを感得することです。理想的には、あなた方は多次元の旅行者となり、肉体のもつ力を使えるようになるでしょう。畑で仕事をしているとします。庭仕事をしているか、誰かとおしゃべりしているか、苺をつんでいるか、とにかく何かをしているときに、突然、何かがあなたに合図を送ります。それは何か一つの音かもしれません。あなたは話をしていた人に向かってこういうかもしれません。「すみません。呼ばれましたので。後でまた戻ってきます」。あなたはその場を去って、座り、あなたの現在の地球人としての個性が他の次元に移動することを許します。すなわち、意識した状態で、その個性を必要とされている場所にもってゆき、その現実における光の家族の力に寄与するのです。〝あなた方は、それが分かるようになるでしょう〟。

あなた方は多次元の存在になるでしょう。一緒にいる仲間の一人が呼び声を聞いて、「ちょっと失礼」といってその場を去り、他の次元に行っても何とも思わなくなるでしょう。あなた方は意識のある状態で旅をするでしょう。そして、娯楽は自分自身が提供するでしょう。本を読んだり、テープを聞いたり、映画を観にいったりする必要はなくなるでしょう。なぜなら、あなた方はそれらの世界を体験しているのですから。あなた方が光の家族の能力をこの地球にもたらすにつれて、他の人々はあなた方にこの地球にいてほしくないと思うようになるでしょう。というのは、あなた方は彼らの信じている神々と合致しないからです。

すべての人々が自由を望んでいるわけではありません。光の家族であるあなた方は、自由な新しい地球を創造することになるでしょう。自由を望まない人々も彼ら自身の地球をもつことになるでしょう。分裂があり、別れのときが訪れるでしょう。光の家族には、どんなことであれ強制する必要はないことが理解されています。あなた方はただ調和のなかで協力しあい、お互いを助け合い、お互いを探し求め、慰め合っていくだけなのです。というのは、あなた方がすることのなかにはとてつもないようなこともあるからです。

あなた方の一人ひとりは、ある周波数を運ぶために、いまの時代に地球にやってくることを志願した人たちです。この時点では、その周波数とは光ですが、やがて、あなた方は愛の周波数を運ぶことができるようになるでしょう。あなた方のほとんどは、愛の周波数がどんなものでありえるのか見当もつかないはずです。あなた方は愛について語り、光について語りますが、それが何を生み出し、何を意味するかについては理解していません。光は情報です。愛は創造です。創造することができるためには、情報を知らなければなりません。これが理解できるでしょうか。

あなた方が成長し、より高い認識をえるにつれて、コンクリートの壁とも思えるような壁を打ち破ることになるでしょう。その壁とは、あなた方を押さえつけてきたあなた方自身の何層もの壁です。人間の実験が唯一つのラジオ放送局の周波数に制限されてきたと考えてみてください。人間についての実験は三〇万年のあいだ、一つのラジオ局だけで行われてきたのです。そのあいだ同じ曲しか流されてこなかったのです！これまでの人間の実験では、ダイヤルを切り替えて別な放送を聞くことができなかったのです。これによって一種の隔離状態ができあがりました。地球は宇宙の他の部分から隔離されてしまったのです。

根本創造主と原初の計画立案者から送られてくる創造の宇宙光線は、この周波数防御壁を貫いて地球に届いています。この光線は地球を爆撃しているのです。しかし、この光線を誰かが受け止めなければなりません。受けとり手がいなければ、創造の宇宙光線は混沌と混乱を引き起こすことになるでしょう。あなた方は、光の家族のメンバーとして、これらの知識の光を受け止めるために地球にきているのです。そして、その知識を、新しいライフスタイルを、新しい周波数を、他の人々に伝え、地球全体を変えるのです。

光の家族のメンバーとして、あなた方はあなた方自身の体内に周波数を固定し、突然変異のプロセスを体内で起こし、それが地球の他の人々にも入手できるようにするのです。あなた方はこの突然変異のプロセスそのものを生き、それを地球全体に知らせるのです。それは何を意味するのでしょうか。やがて、あなた方の現実が変化し、現実とあなた方がどうかかわるか、そのかかわり方が変わることを意味します。あなたは、あなたが知っているあなたではなくなり、すべての他のあなたと繋がることになるでしょう。他のあなたもあなたと同じように意識における飛躍を望んでいます。

このプロセスで、多次元の自己と出会い、多次元の自己と融合し、多次元の自己を活用することになるでしょう。あなたがより高い知識に到達するにつれて、あなたは一人ではなく、多くの自分がいることに気付くでしょう。これを理解するのはあなたにとって難しい挑戦であるかもしれません。より高い知識に到達するには多次元の自己を体験しなければなりません。これは、空間と時間を超えて、つねに拡大しつつある現在のなかに存在する知性の集合体を完璧に理解し、体験し、遭遇し、そして、その集合体と融合することを意味します。

私たちのいうことを信じてほしいのですが、あなた方は、光の家族のメンバーとして、この地球で行われてきた歴史的な操作について徹底的な研究をしたのです。それは、いかなる軍事作戦であっても、兵士が戦場に送られる前に一定期間の訓練を受けるのと同じことです。あなた方の一人ひとりは訓練を受けており、その知識はあなた方のなかにあります。私たちの役割はあるコードを演奏し、あなた方の意識を活性化することで、それによってあなた方が準備してきた調べや歌、ダンスを始めるのです。その知識はあなた方の内部にあります。あなた方がそれを発見することに同意すれば、その知識はますます深いレベルで目覚めてくることでしょう。これに同意するあなた方は非常に自立した存在となるでしょう。恐怖のあまり途中で止まらない人は、信じられないほどの知識をもつことにもなるでしょう。

ここであえていっておきますが、あなた方の進化のプロセスにおいては、つねに恐怖心が首をもたげてきます。ですから、いまから慣れておくことです。恐怖心は悪いものだとは感じないようにしてください。恐怖心に屈し、恐怖にとり込まれたときは、その気持ちを徹底的に体験し、恐怖の気持ちの周期をすべて体験することによって、その恐怖心を克服することが可能になります。そのときには自分にこう言い聞かせてください。「私はこの恐怖心を転換するぞ。これは全体の計画の一部なんだ。この恐怖心が、やがて私のためになるってことが分かるときがくるはずだ」。思い出してください。あなたの意思によって現実を創造するというあなたの力と能力は、恐怖心が生じたとき消滅します。いっておきますが、人生とは恐怖心との出会いです。あなたの人生の出来事を見つめ、あなたがそれをどのように創造しているかを見はじめてください。あなた方は自分の役に立てるためにこれらの出来事を作り出しているのだということを理解してください。あなたはこのための訓練を受けてきました。このコードをもっているのです。

第8章 究極の暴虐のおよばないところ

社会における究極の暴虐は戒厳令による支配ではありません。意識を心理的に操作することによって支配することこそ究極の暴虐です。意識を心理的に操作して、現実を規定し、その現実のなかにいる存在は自分が檻のなかに閉じ込められていることすら気がつかないのです。このような状況のなかにある人々は、彼らが存在する場所の外に何かが存在するということすら知りません。私たちは、あなた方が教え込まれてきた存在の枠組みの外側にあるものを代表しています。その場所は、あなた方が、時々、勇気をもって足を踏み出す場所であり、あなた方に住んでもらいたいと私たちが願っている場所です。その場所は社会があなた方の適切な居住の場所として教えてきた枠の外側に位置しています。

あなた方は、まるで檻に入れられた羊のように、あなた方を所有していると思っている存在によってコントロールされてきました。それは、政府であり、世界管理組織であり、宇宙の存在などでした。あなた方は、周波数をコントロールされ、知識を奪われてきました。個々の周波数とは、それによって放送を発信し、受信するものだと考えてください。周波数によって、あなた方は好きなチャンネルを選択できます。周波数とは、情報の搬送波による放送です。周波数の範囲は無限であり、伝えられる情報の範囲もまた無限です。

周波数のコントロールによって、あなた方が聞くことができるラジオ局の数が制限されます。光の家族のメンバーとして、電波障害を起こして新しい周波数を固定させ、それを物質の世界に現実化しなければなりません。この地球上においては、さまざまな周波数へのアクセスの範囲は長いあいだにわたって非常に限定されてきましたが、それは、あなた方が早急に気がつかなければならないことがたくさんあるからです。あなた方が自分自身の歴史を学び、打ち破って変えていかなければならない効果的でない行動パターンを発見するとき、地球はそれぞれ独自の行動パターンで鼓動します。あなた方はもっとも劇的なかたちで惑星としての歴史をくりかえそうとしています。

あなた方は限界の周波数を変えて除去し、情報の周波数をもたらすために地球にやってきました。情報を知らされていれば、恐れる必要はありません。情報を知らされていないと感じ、自分は運命の舵を握っていないと感ずるならば、それは、より大きな全体像が見えていないからです。あなた方の一人ひとりは、自分自身のなかにある、あなたという存在のコーディングのなかにある何かを目覚めさせるためにやってきました。その何かとは、DNAです。そして、あなた方は、この使命の呼びかけに応えています。だからこそ、あなた方は、人生のあらゆる方向で探求の道を歩んでいるのです。

あなたをはじめとして、地球上の数多くの人たちが突然変異のプロセスを開始しました。あなたが、電磁波的に突然変異をとげるとき、あなたが放送する周波数が変わります。あなたを抑圧し、絶え間なく混沌と混乱をもたらす周波数はやがて克服できるでしょう。やがて、あなた方が、自分自身の周波数を変え、新しい周波数を体現し、維持するとき、あなた方の波動は変わり、まわりのすべての人に影響をおよぼすことでしょう。彼らは、新しい周波数を感知し、それはやがて地球全体に波及するでしょう。あなた方が努力して手に入れたこの新しい周波数を地球が受け入れるとき、ドミノ現象の最後尾の人々がこの周波数を入手することになるでしょう。この新しい周波数は、知識、光、情報と呼ばれます。それは束縛からの解放です。情報のない状態から脱却し、間違った情報から解放され、正しい情報を知らされ、光の世界に入るのです。

あなた方一人ひとりの役目は、情報をえて、この地球に新しい周波数を作り出すことですから、その周波数の守り手になることを学ばなければなりません。ある一定の高さの知識に到達し、そこにとどまらなければなりません。肉体を意のままに制御し、意のままに動かし、停止させたりできるようにならなければなりません。自分自身のなかに入り、感情的にであれ、肉体的にであれ、癒す必要のあるものを自分の力で癒すことを学ばなければなりません。自己のジャングルに分け入り、開拓地を切り開き、他の人たちの道案内をしてあげなければなりません。話をするのではなく、ただあなたの周波数を維持し、その周波数を生き、その周波数の改善にとり組み、そうする勇気を示すだけで、他の人たちの道案内になることもあります。

体制破壊者として、そして、周波数の潜在的な守り手として、あなた方はあなた方の特殊な才能がもっとも必要とされている地域に行くことになります。光の家族のメンバーとして生まれ変わってきた存在の多くがアメリカ合衆国に生まれましたが、これは、あなた方がもっとも進歩をとげることのできる国だからです。アメリカ合衆国は、また、現実の否定がもっとも広く浸透した国でもあります。あなた方は自由な人々の国、勇気ある人々の国に住んでいると思っていますが、実は、地球上でもっともコントロールされた実験が行われている社会に住んでいます。地球で行われている暴虐というのはなかなかにおもしろいものです。というのは、それが壁のない暴虐だからです。一つの国として、また、国民全体の意識として、アメリカ合衆国は何かがおかしいという意識に達していません。アメリカ合衆国の環境は、コントロールが歴然としていたかつてのソビエト連邦のそれよりもずっとコントロールされています。

アメリカ合衆国の人々は、皆、現体制を手放すことを非常に恐れているので、彼らは強制的に現在の体制を放棄せざるをえなくされるでしょう。アメリカ合衆国の現在の体制は腐敗しており、機能しておらず、生命を尊重しておらず、地球を尊重していません。それが端的な事実です。生命を尊重せず、地球を尊重しないものがあるとすれば、それは必ず崩壊します。それも、大きく崩壊します。

意識が変わらなければなりません。これが神の計画の一部です。この機会、この状況を見逃してはいけません。物質的な世界にのめり込みすぎて、あなた方のまわりに存在する非物質的な世界についての理解がまったくありませんでした。したがって、人生において、何が大事なことなのかについての優先順位を変えることから始めなければなりません。人々はすべてのものを失ったとき、立ちあがるでしょう。彼らはすべてのものを所有しているとき、立ちあがって抗議するなどということは夢にも考えたことのない人たちです。人々は自分自身がもっている信じられないほどの潜在的な能力に目覚めるでしょう。

これからの二、三年のうちに、人々のきずなが深まり、地域社会での協力がアメリカ全土にわたって展開され、政治的な信条に基づいて人々を分断することをしなくなるでしょう。そのような分断は計画されたものでした。ある民族がばらばらに分断され、共通していないものに焦点を合わせて、自らを他と異なるものというレッテルをはると、それは、人々に共通点を見させないための完璧な陽動作戦になります。この分断によって人々は団結することができず、強くなることもできません。

アメリカ合衆国の場合、とくにそうなのですが、政治活動の多くはあなた方を分断するために意図的にデザインされています。たとえば、ニューエイジを考えてみてください。ニューエイジがどのように分断されているかが見えますか。あなた方が共通してもっているものから目をそむけさせるために、ありとあらゆることがいわれています。人々がこれに気付いたとき、彼らは怒りはじめるでしょう。現在、使われているコントロールと分断のさまざまな手段が暴露されてくるにつれて、アメリカ合衆国に怒りが充満してくるでしょう。アメリカがばらばらに崩壊するのではないかと思わせるような出来事が起きるでしょうが、これらの出来事は人々の心を団結させるという目的を果たすことになるでしょう。新たな誇りと新しい存在の基盤が芽生えるでしょう。この時代はそのようにデザインされています。

物質的な世界は誰でもピンとくる世界です。アメリカ合衆国における人生というのは、あなたがポケットにどれだけお金をもっているか、そして、政府があなたのポケットからどれだけのお金を要求するかということにほかなりません。税金はアメリカ合衆国で最大の混乱をもたらしえる問題であると同時に、最大の統一をもたらすことのできる問題でもあります。なぜなら、税金はすべての人が抱えている共通の問題だからです。あなた方は同じ神を信じないかもしれませんが、誰でも税金は払っています。

それは巧妙なやり方でしたが、中東の危機のお陰で、政府は国民の許可を求めることをせずにガソリン税の値上げを実現しました。いかに巧妙にこのようなことが行われているか、これでその一端がお分かりでしょうか。さらにいくつかの税金が課されることとなったとき、人々は自分の生活の質がどのようなものかを点検しはじめるでしょう。アメリカには膨大な怒りが充満するでしょう。なぜなら、人々はどうしようもない無力感を感じることになるでしょうから。人々が、長いあいだ行われてきた人心操作をついに見破り、彼らの感情と接触を開始するときに、最初に体験する感情の一つが怒りです。

現代の工業技術こそ周波数コントロールのための最大の武器の一つです。娯楽や便宜をはかるためのさまざまな機械が売られていますが、これはすべて、周波数コントロールに関係しています。あなた方にテレビを捨てることを強く勧めます。テレビは、毎日、毎日、あなた方の意識を操作するために使われている第一番の道具です。この実験はきわめて精妙に仕組まれているため、あなた方はテレビを見ることを通して、潜在意識のレベルで病気にかかってしまいます。ですから、いま一つの世代全体がテレビを見ることによって自殺しつつあります。そして、その過程で医療産業をサポートしています。

ときには精神を解放してくれるような情報も放送されます。たとえば、ニューエイジについてすら放送されることがあるかもしれません。しかしながら、あなた方がどんなに精神を高めることが可能な存在であり、かぎりない可能性を秘めた存在であるかというテレビ番組を見ながら、潜在意識のレベルでは、あなた方が独自の思考をすることを妨げる周波数による攻撃を受けているのです。この潜在意識に働きかける周波数によってあなた方は、身動きのとれない状態にされ、〝生き残るためには時間を厳守して、何もいわずに仕事に行け〟という社会のなかで押さえつけられることになります。テレビは、また、あまり身体を使わず、座りっきりで、体重が増えてしまうような生活を助長します。あなたのまわりを見てください。人間の皆さん、目を覚ます時間ですよ！

テレビでの潜在意識コントロールの大部分は、地球外存在との協力のもとに開発された技術を使ってなされています。人間の意識を混乱させるために潜在意識コントロールを用いることは、世界的なプログラムになっています。一軒の家にテレビが二台も三台も、場合によっては四台もあることを考えれば、このプログラムが非常な成功を治めているといわざるをえないでしょう。テレビでの潜在意識コントロールについて知っている人のなかには、自分はそれに対して免疫性をもっていると感じている人もいます。しかし、テレビの影響力はきわめて浸透性が強く、あなたがどんなに明確な理解を維持しようとしても、あなた方の振動周波数に対するこの技術のコントロールを覆すことはできません。

あなた方の感情的な肉体を主食としている存在がいるということは前にもいいました。彼らにとってテレビがいかに巧妙な道具となっているか分かるでしょうか。世界中で、何十億という人間が、テレビで何かを見ては感情のジュースを大気圏に吐き出しています。あなた方を怒らせるために、戦争を作り出す必要はもうありません。映画を作ればよいのですから話は簡単です。

テレビを見る必要のある人たちは、彼ら自身の頭脳のなかにある豊かな情報源、そして、また、彼らのまわりにあっていつでも入手できる情報源を活用していません。まったくの話、もしあなた方が進化したいと願うならば、新聞を読まないでください、ラジオを聞かないでください、テレビを見ないでください。ある一定の期間、マスコミを完全にシャットアウトして、混乱、焦慮、ストレス、多忙、無用なさまざまな誘惑の周波数から自分を解放すれば、明確になりはじめるでしょう。そうすれば、あなた方自身の内部で進行していることに耳を傾けることができ、この世界のなかで迷子になることなく、この世界をフルに生きることができるようになるでしょう。あなた方は明確になるでしょう。これはいくら強調しても強調しすぎることはありません。

電子技術は、また、あなた方の周波数を混乱させます。電子技術があなた方の周波数を混乱させるようにとくにデザインされていない場合でも、電子技術が出す周波数とあなた方の波長が合わないときがあります。それに、前にもいいましたように、その多くは電波障害を起こしてあなた方をある一定の周波数の段階に止め、あなた方を安全無害で、あまり動かない、生産性の高い家畜にするようにデザインされています。

コンピューターは、どうでしょうか。テレビに次いで二番目の普及率を誇っているのがコンピューターです。コンピューター関係の仕事をしていて、頭痛に悩まされている人は多いのではないでしょうか。とくに大企業に務めていて本社の電算機本体と繋がった端末機で仕事をしている場合はそうではないでしょうか。大企業はマインドコントロールをやろうとしています。彼らの目的に適ったことを達成するために、あなた方の頭脳を使ってエネルギーを生み出そうとしています。パソコンの場合はそれほど強烈ではありません。

九〇年代には、さまざまな新しい発明がなされることでしょう。それはすべて地下潜行の発明でしょう。というのは、これらの発明は市場で売り出すための特許権を与えられないでしょうから。バーター制度に基づいたアングラの経済制度が生まれることになるでしょう。そこで、ある種の発明が人々のあいだで交換されていくことになるでしょう。周波数のコントロールの大部分に対抗できる技術も開発されることでしょう。これらの新しい工業技術によって、空気や水の質が変わり、周波数のコントロールが排除され、あなた方の住む家は封印され、エネルギーの不可欠の部分となり、いかなるものも攻撃することはできなくなるでしょう。まことに素晴らしいことができる技術があるのです。技術があなた方の利益に反して使われてきたということが皆さんに分かるでしょうか。技術はあなた方のためには使われてきませんでした。テレビそれ自体は悪いものではありませんが、これまでのところは悪い目的のために利用されてきました。工業技術もそれ自体悪いものでは決してありません。〝どのように工業技術が使われてきたか〟、それが問題です。違いはそこから生まれます。

教育体制は、あなた方がコントロールされているもう一つの領域です。あなた方が教えられていることのほとんどは、たわごとにすぎません。あなた方は一生懸命働いて、ローンを借り、教室に足を踏み入れる前からすでに古くなってしまった事柄を学ぶためにお金を払います。とくに、科学、数学、心理学、医学の分野の遅れは顕著なものがあります。

学位をとればそれに報いてくれる社会に住んでいるあなた方としては、どうすればよいのでしょうか。まず、初めにこういってみてください。「私は私自身が世界を形成するのだと信じます。私の存在を規定するためにこのような卒業証書はいりません。私は私だけのユニークな存在であり、独立した存在です」。学位なしでこの世界を探求する方法を考えてみてください。教育とは知識の探求であり、知識は砂漠を歩くことによってでもえることができるものです。知識は本のページを捲《めく》ることによってだけえられるものではありません。学校教育を少し探求してみることは害にはなりませんが、学校で教えていることを正しいことだとは思わないでください。

あなた方の感情の根幹を揺るがすようなさまざまな問題によって、あなた方は支配され、分断されています。人工中絶、生命尊重の問題は地球的な問題ではなく、アメリカの問題です。ときとして、罪もない人たちが、彼らとは一見何の関係もない出来事によって踏みにじられているように思われることがあります。もちろん、あなた方はそのように教え込まれてきました。つまり、あなた方には何の力もなく、神々の気分しだいで翻弄されるだけであると。しかし、それは事実ではありません。事故によって、あるいは何らかの暴力によって命を奪われる人たちは自らそれを〝選択している〟のです。

生命尊重・人工中絶の問題は不協和を作り出すために、政府内のさまざまなグループによって意図的に統制されているものです。分断して征服せよ、そうすれば国民は意のままになります。人々に選択権を与え、自由を与え、絶えず自分の人生を改善していく能力を与えたのでは、人々を意のままに動かすことはできません。人々がお互いに反目し合うとき、全体を支配している人々が利益を受けることになります。人工中絶の問題においてすら同じことがいえます。

彼らはどのようにして利益を受けるのでしょうか。争いを起こすことによって、アメリカ合衆国の女性が女性同士で、男性が男性同士で団結することを妨げています。人々を恐怖の状態に置いておきます。このような問題を絶えず提起することによって、女性自身が自分自身の肉体に関してすら何のコントロールも有していないことを確信させようとしているのです。人工中絶は必要ではありません。そもそも自分が望まないのであれば、妊娠する必要はないのです。どうすればそれができるかですか？〝意思によってです〟。女性は自分自身に対してこういうだけでよいのです。「私は、いま、子供を産む準備ができていない」。あるいは、「私には子供を産む準備ができている」。あなたがあなた自身を所有するとき、あなた自身の肉体についてどうするかについて政府の許可を求める必要はありません。

大都会における暴力もまた、コントロールするための目立たない手段の一つです。アメリカ合衆国の大都市、ロスアンジェルス、ニューヨーク、ワシントンDCなどはこれらのエネルギーのバケツ、ないしはエネルギーの入り口で、ここから北アメリカ全体へのエネルギーが入ってきているのです。これらの大都市の暴力は増加の一途をたどっていますが、それは、不安がかき立てられ、それが全国的に報道されれば、国全体を操作するのに役立つであろうことが分かっているからです。このようなことが三次元の世界で意図的に引き起こされていますが、それはエーテル界による援助も受けて行われています。なぜなら、恐怖がよりかき立てられればかき立てられるほど、地球をコントロールしている存在にはごちそうが提供されるからです。

一人の女性が家族とともに外出し、何者かに襲われ、彼女のまだ年若い息子が母親を守ろうとして戦い、ナイフで刺されて死んだとします。彼は一見無実の犠牲者であり、休暇を楽しんでいるあいだに不慮の死をとげてしまったのです。この出来事を聞いてたくさんの人々が恐怖を体験し、その恐怖が数多くの存在に食料を供給します。中東における戦争が生み出した恐怖は大変なものでした。

あなた方は生命力を強姦されています。あなた方が人類のメンバーとして、一つ共通点があるとすれば、それはあなた方が感情を強姦されてきたということです。あなた方以外の存在があなた方の感情をまるで楽器でも演奏するかのように意のままにしてきました。そして、彼らはあなた方が自分の感情に関してもっている力があるということを知られないようにしてきました。

この話はつねに感情の問題に戻ってきます。感情こそ、あなた方をいろいろな場所に連れていき、接続してくれる切符です。あなた方は信じられないほど豊かな存在です。あなた方は非常に豊かな感情に恵まれた存在です。振動数の低い存在たち、あえてこのような言い方を許してもらいますが、彼らは、非常に狭い範囲の周波数の感情を食べて生きています。その感情とは、恐怖と、混乱と、暴力に根差した感情です。

人間の頭脳を超越した意思を使う能力こそあなた方の究極のよりどころです。意思によって肉体を支配する能力こそ、あなた方を操っている存在があなた方に知ってほしくないと思っているものです。あなた方の多くが自己の尊厳を確立した存在となり、自分の周波数を自分でコントロールするようになるにつれて、この新しい周波数が地球にあっては困る存在たちは正反対の周波数をもってきて、混沌、混乱、分裂を引き起こそうとするでしょう。一つの社会が大きな飛躍をとげようとするとき、大きな変革をなしとげようとするとき、それと正反対の活動が始まります。

どんな問題であれ、つねに、より大きな全体の構図という観点から見て、中立の態度を保つようにしてください。というのは、構図が日増しに大きくなっていくからです。地球はある種の存在たちと大きな衝突をする道を進んでいます。私たちはただこの事実を指摘しておくだけであって、恐怖心をかき立てるのが目的ではありません。恐怖心を感じてほしいと思っているのは別のチームです。私たちがあなた方に理解してほしいのは、〝あなた方は、変革したいと思うものは、何でも変革できる〟ということです。これは将来は数のゲームになるでしょう。というのは、あなた方は一緒に協力し合ってお互いが力づけられる場所に到達することになるからです。

私たちが人間の皆さんに依頼したいのは、光の柱を想像し、その光にエネルギーを与え、そして、そのエネルギーが強化された光を体内にとり入れることによって、光の家族としての機能を一〇〇パーセント発揮してほしいということです。それを命令してください。一条の光とともに仕事をすることを毎日の意図としてもってください。なぜなら、光の周波数は、あなたを守り、情報と接続し、情報であなたを満たしてくれるからです。その光が脊髄の真ん中に入っていき、身体を通り抜けて、地球に入っていくのを想像してみてください。そして、また、あなたの胸の中心部からその光が泉のように湧き出て、あなたのまわりに黄金の光の盾を作るのを感じてください。何が起きつつあるのかを知るために、胸の中心部を使うようになるにつれて、〝感情を通じて知覚すること〟がどのようなことであるかが分かるようになるでしょう。

地球の所有者たちは、感情や気持ちというものは、小麦のように収穫することができる作物であるということを人間に知られたくなかったのです。もしも、あなた方が、あなた自身の作物に関して責任をとるならば、他人があなたに付け入ったり、利用したりすることはできません。あなたがそう命令すれば話は別ですが。あなたがある一定の周波数と独立心をもって行動するとき、あなたを支配したいと思っている存在たちは、あなたに興味を示すことはなくなります。彼らがほしいのは恐怖に怯えた、混乱した周波数で、そのような周波数は彼らに滋養を与えるのです。恐怖と混乱が地球を支配してきました。それは、これらの存在が恐怖と混乱をかき立ててきたからです。彼らはいたるところで、分断し、そして、征服する作戦をとり、この周波数を作ってきました。あなた方が、平和と愛と情報の周波数で行動するとき、地球の構造の根底が変わります。それによって、周波数を選択する権利をこの地球にもたらすことになるでしょう。

第9章 深淵な新しい境界線

あなた方の社会は周波数がコントロールされているために、人類の科学技術による創作の能力は限定されてきました。コントロールが地球ほど厳しくなく、宇宙間をより遠くまで旅することができ、さまざまなシステムのあいだの交流がより自由にできる社会にあっては、科学技術の進歩はまことに驚くべきものがあり、心強いものがあります。地球外からのさまざまな贈り物、そして、影響はもみ消されてきました。もちろん、ある程度の情報は地球に対してさまざまなかたちでもたらされ、地球人のライフスタイルを変えることに大きな貢献をしてきました。

20世紀に起きたライフスタイルの変化の一つは、映画の導入でした。思考に影響をおよぼすまったく新しい方法が、映画産業によって地球にもたらされたのです。地球に映画産業があるのと同じように、宇宙にはホログラフィー産業があります。彼らはホログラフィーの挿絵を作り、それは真に迫ったドラマそのものですが、それをポータルを通してあなた方の現実のなかに挿入するのです。これをやっている宇宙存在は何十万年も生きている存在であり、人類の周波数はコントロールされているために、人間を騙すことは彼らにとってはまったく簡単なことです。

ホログラフィーの挿絵は、意識を操作し、コントロールし、情報の物語を無情報の物語に変えるために、すなわち、知識を限定するために地球上で使われてきました。私たちが見るところでは、ホログラフィーの挿絵を使っている存在たちは、必ずしも、光、情報、魂の高揚を人々にもたらそうとしているのではありません。彼らには隠された動機があります。彼ら自身は光の存在であると称するかもしれませんが。

ホログラフィーの挿絵は、とくに空に見せる場合は、たくさんの人々に一度に影響を与えるように仕組まれます。全部というのではありませんが、多くのＵＦＯはホログラフィーの挿絵です。ある一人の人物のホログラフィーの挿絵が、さまざまなかたちで、さまざまな文化において同時に見せられてきました。地球における宗教物語の一部が、いたるところで共通しているのは、これが原因です。物理的な接触はなかったのです。

ホログラフィーの挿絵は、三次元の世界とまったく同じように見えます。それは作られた出来事であり、それをあなた方の現実に、現実のつづきであるかのように挿入します。それは見ている者の頭脳に影響をおよぼす目的で使われ、見分けるのはとても困難です。これからの数年間、あなた方はこれを見分けるための練習をする機会を十分与えられることになるでしょう。今後、数年間、中東を始めとして、世界のさまざまな地域で、非常に多くの地球外生物による活動が全開し、それについての多くの本が出版されるでしょう。壮大な出来事の一部は本物ですが、一部はホログラフィーの挿絵で、人類の意識をコントロールしやすいように、一つの世界秩序に向けようとする意図でデザインされるでしょう。

ホログラフィーの挿絵にはエネルギーの磁場があり、探りを入れることが可能です。測量棒をこの磁場に入れると、棒はさまざまな動きを示します。それは、この磁場のエネルギーは場所によって異なり、信じられないほどの速さで振動しているからです。この挿絵のなかに入っていき、そこでの出来事に参加することも可能です。人々が挿絵の一部であるかもしれず、彼らはこれは絶対にリアルだというでしょう。しかし、それは人間の頭脳に影響を与えるためにデザインされた、作られた出来事です。ホログラフィーの挿絵は情報提供のためではなく、コントロールを目的としています。それは、現存する科学技術の一側面であるにすぎません。

〝現実〟を組み立て、映画のように挿入することは可能です。映画やテレビなどは、あなた方流の現実の創造です。きわめて進化した存在がいて、彼らは現実をきわめて〝現実的なもの〟に巧みに創造できるために、あなた方にはその違いを見きわめることはできません。それは光のようなものです。スポットライトを夜空に向けるのとまったく同じように、ホログラフィーの挿絵はポータルを通して地球に投影されます。これをするためにはものすごい量のエネルギーが必要です。それはこのプロセスには次元の融合が関係するからです。この科学技術は三次元世界に存在するのではなく、他の次元に存在しているので、次元の融合が必要になるわけです。

次元間の違いとは何でしょうか。ある次元が、なぜ、他の次元にとって重要なのでしょうか。それは、それぞれの次元には異なった振動数があり、異なった分子の動きがあるからです。これらのホログラフィーの挿絵には、多次元がすでに融合している場所が必要です。それは、地球に入ってくるためには他の次元を通らなければならないからです。人類は、情報が接続できない未進化のＤＮＡ螺旋のために、何も分らず、何度も、何度も騙されてきました。光の家族はそれをすべて変えるためにやってきたのです。あなた方は、この地球で新しい周波数を体現し、それを自分の身体に固定し、地球上の他の人々がそれと同じ周波数で振動を始めるようにするために地球にきています。その周波数は二つの束からなるＤＮＡに基づいている地球上のさまざまな仕組みを崩壊させるでしょう。それは仕方のないことです。進化するときがやってきたのです。その進化のためにどんなことが必要であれ、それを体験する準備が地球にはできています。

人間はエネルギーの読取り方を学ばなければなりません。人間は、現実を知覚するのに、ただ、目と、耳と、鼻と、口といった感覚以外のものを使うことを学ばなければなりません。前にもいいましたが、目、耳、鼻、口、感触は〝現実を欺くもの〟です。あなた方はこれらの感覚によって現実を知覚していると考えますが、実際には、これらの感覚は現実に対するあなた方の知覚を制限しています。あなた方は、子供のときから、目、耳、鼻、口、感触にたよることによって体験を解釈するようにとの訓練を受けてきました。いま、体験がいかなるものかを決定するのに、別なかたちの感覚に頼る必要が出てきたのです。あなた方がこれまで過少評価してきたのは感情という知覚です。感情、それは、知っている自己であり、直観的な自己であり、霊的な自己ですが、地球にあっては周波数コントロールのために撹乱され、あなた方はそれを見失っています。もしも、あなた方が自分自身の知識を発見し、自分自身の直観的な考え方を発見すれば、誰にもコントロールされることはありません。

何がコントロールされていて、何がコントロールされていないかはどうすれば分るのでしょうか。地球上でマスターすべきあなた方の体験の一部は、それを学ぶことです。すなわち、ちょっと熱いお湯のなかにあえて入って、いつそこを飛び出すべきかを学ぶことです。あなたという存在のもっとも深い中心部に、何ものも揺るがすことのできない本質があって、あなたはそれを発見し、その本質に基づいて行動を開始できます。生命を尊重することこそ、その本質であり、ひいては、あなた方自身を自分が責任をもっている生命として、まず、第一に尊重することがその本質にほかなりません。〝あなたはあなたに対して責任があります〟。

あなたの光を、あなたの肉体を、あなたの体験をあなたの能力の許すかぎり尊重すること、それはあなたに与えられた贈り物です。

あなた方が、自分自身の本質を労《いたわ》り、育み、その奇跡性と潜在的な可能性を発見しはじめるにつれて、これまで何となくお荷物のようにしてきた肉体が、実はたとえようもなく貴重なものであることを発見するでしょう。あなたの肉体は、まだ、知られていない富みをあなたにもたらすことでしょう。この肉体でもってあなた方は大金持ちになれるのです。感情の中枢部を活用することを学び、あなたの内部にある情報を活性化し、その情報に基づいて行動することを学ばなければなりません。その情報を信頼することを学ばなければなりません。

光の家族の一員として、あなた方は次元を融合させる意図をもっています。あなた方の仕事とは、多次元をこの現実に引き入れ、あなた方の神経組織で異なった分子の波動を受け止め、それがうまくいくようにすることです。あなた方は、感情の中枢部を通して知覚することを学びつつあり、あなた方にできることのすべてを他の人たちに教えることになるでしょう。あなた方は道案内人です。

ホログラフィーの挿絵が示されたとき、あなた方には感情を使うことによってそれを見破ることができるでしょう。何かが怪しい、おかしいと感ずるでしょう。ホログラフィーの挿絵があなた方の現実に挿入された場合、何かがおかしいと感じられるのです。光の家族のメンバーとしてのあなたのコーディング・フィラメントは、ホログラフィーの挿絵に出会うとよい感じがしません。なぜなら、それはあなた方の魂を高めるためではなく、あなた方をコントロールするために使われるからです。ホログラフィーの挿絵は、あなた方の感情に乗ってある場所に行き、他の存在があなた方の感情を食料にし、さらにあなた方を新しいレベルで利用できる状態にするために使われます。

この種の技術は、これからの一〇年間、もっと使われるようになるでしょう。何が本当の意味での現実なのかということに関して、人類は強烈な目覚めを体験することになるというのは、このような意味です。現実の境界線というものは、きわめて深遠なものがあります。

中東におけるポータルが、ある種のエネルギーが、文明を発見するべく、地球にやってくるための次元の入り口になっているという話はすでにした通りです。惑星を離れ、いったん、ある意識体を超えると、あなたが求める時間帯のなかでその惑星に戻ってくるためには、適切なポータルを見つけなければなりません。システムはこのようなかたちで鍵をかけられ、攻撃されたり、乗っとられないようにしてあるのです。南アメリカ大陸、北アメリカ大陸、アジア、中国、そして、世界中にポータルがあります。私たちが、いま、話している巨大なポータルは、中東のポータルで、これは非常に巨大なものです。

人々の頭脳や信念体系を動揺させるために、数多くのホログラフィーの挿絵がこのポータルを通じて挿入されてきました。このポータルは危機の真っただ中にあるがために、ホログラフィーの挿絵を挿入するのにきわめて都合のよい状況にあり、また、ある一つの価値体系でこの混沌とした地球を変え、別な方向に人々を導くチャンスでもあります。このような出来事が展開されていくとき、あなた方の感情の中枢部に注意を払ってください。

中東は、多くの次元が出会い、多次元の存在が地球に入ってくるためのポータルがある場所です。そこは紛争地帯といえるでしょう。最近、この四万年から五万年のあいだ、数多くの文明が中東で姿を現し、多くの宗教的なドラマがこの地で開始されました。エネルギーの渦があるため、ホログラフィーの挿絵を挿入しやすいのです。それは、カリフォルニアで映画を作りやすいのと同じことです。

このポータルを通して挿入される可能性があるのは、宇宙からの地球外生物の到来でしょう。あるいは、キリストの再来かもしれません。あるいは、神の再来、救世主の再来、とにかく、人々に一つの路線に沿ってものを考えさせるように仕向けるための理由となる何かが挿入されることになるでしょう。いまの時点で、私たちに見えるかぎりでは、そこに挿入されるのは、光の性質をもったものではありません。過去において、地球の歴史を変えるために、地球に挿入されたホログラフィーの挿絵の一例はキリストのはりつけです。そこで演じられ、歴史的にあなた方に伝えられてきたドラマは、キリストが演じた現実ではありませんでした。キリストの人生の一つのパターンがホログラフィーの映画で制作され、まるでそれが事実であるかのように流されたのです。

キリストは複数の存在として、ある一定の期間にわたって地球にやってきました。あなた方が聞かされてきた話はドラマ化された、市場向けに作られたもので、この存在がどのような存在であり、どのような存在であったかについて非常に操作された物語です。あなた方が教えられてきたキリストのドラマの一部は、ホログラフィーの挿絵でした。そして、今後、あなた方がキリストについて発見するであろうことの一部はホログラフィーの挿絵であるという可能性があります。ですから、気をつけてください。あなた方がそのようなことをいえば、ほとんどの人々はあなた方を神を冒瀆する悪魔だというでしょう。聖書に語られていることを、なぜ、疑問視することが可能なのでしょうか。このようなことすべてに対して、疑問を発することが、なぜ、妥当なのでしょうか。それは、自分自身を宣伝しようとする男性中心の宗教組織によって主張されたことであり、彼らがやったことだからです。それだけのことです。これらの出来事は、地球のエネルギーをふたたびとり戻すために利用されたのです。

実際には、キリストの魂をもった存在は、光の家族の一員として、体制破壊者として、光をもたらすために中東のポータルを通して送り込まれました。これによって、数多くの存在が地球に入り、これから二〇年で完結することになっている周期に対して、人類の意識を準備することになるであろう現実の種がまかれたのです。もっとも、この周期が後二〇年で終わるかどうかは、これからの出来事がどのように展開するかにかかっています。キリストの魂をもった存在は、一人でやってきたのではなく、複数の存在としてやってきて、人類の暗黒の時代に、つまり、人類が自己の神秘性を理解しかけていたときにやってきて人々に影響をおよぼしたのです。あなた方によく知られてこなかったことの一つは、キリストの魂をもった存在は地球人によって歓迎されたということです。キリストの魂をもってきた存在たちが、地球にもってきたエネルギーは非常に歓迎されたのです。

キリストについては、いくつものドラマが進行しているのです。まず、当初の計画があります。それは複数の、キリストの魂をもった存在がやってきて、光、すなわち情報を広め、人間に人間の身体にどのような能力があるのかを教えるという計画です。また、次のようなことを考えた存在もいました。「これをどうしてやろうか。このキリストの存在とかいうのがわれわれのポータルを通って地球にやってくる。われわれはこのポータルの支配権がほしい。このエネルギーをうまく使う方法はないだろうか。自由意思地帯なんだから、好きなことをやってよいはずだ」。こうして、彼らはキリストがはりつけにされるドラマをホログラフィーの挿絵にして挿入し、恐怖の感情を作り出し、当初意図されていたのとは全然違う方向に人々の意識を動かしたのです。

これは何を意味するかというと、自由意思の宇宙においては、とくに、ポータルのある地域においては、ある神のグループが他の神の物語を襲って、彼ら自身の物語を挿入することが可能だということです。それが行われた時点では、あまり多くの人に影響をおよぼすことはありませんが、やがてこのようなホログラフィーの挿絵は、人に知られて影響を与えるようになります。

あなた方の多くが、こんな話を聞いていらいらしていることは分ります。しかし、なぜ私たちがこの情報をあなた方と分かち合っているかというと、あまり考えたりせずに、とにかく、先に進み、感じ、思い出してほしいからです。これは、論理的に考えるプロセスではなく、感じるプロセスです。あなた方の身体に何が起きつつありますか。自分自身に次のような質問をしてみてください。「私はいったい何者なのか？　なぜこうなのか？　そのなかにいる私は誰なのか？」。このような質問を自分にしはじめるとき、あなたが何者なのかという情報を、あなたがあなた自身に対して解放しはじめ、多くのことが理解できるようになるでしょう。

なぜ、あなた方が体制を破壊するために地球にやってきたのか分りますか？　周波数のコントロールがいかに複雑なものであるか分りますか？　現実というものがいかに微妙なものであり、現実と現実とを分けている壁がいかに薄いものであるか分りますか？　人類は現実のコントロールを、いますぐにでもできるところにいるということが分りますか？　もしも、人間がお互いとの調和ある関係を作り出し、すべて十分に与えられているかのように信じて、行動し、頭で創作することをすれば、現実はコントロールできます。

ちょっと前に、地球では光が過少評価されているといいました。まったく、その通りなのです。どれだけ多くの人たちが自分の考えや人生に対する主権を獲得しつつあるか、そして、その主権の重要性とそれに基づいた生活を他の人たちに教えているかということが分れば、人類を操作している存在たちはこれについてすぐに何らかの対策を立てることでしょう。光は過少評価されています。それはよいことです。なぜなら、光はあなた方すべてを解放することになるでしょうから。

あなた方は実に心ときめくような仕事、それは羨ましい仕事を課されているのです。そして、この仕事を達成するのに必要な援助は何でも与えられます。地球には多数の宇宙存在や母船がやってきていて、彼らが文字通りエネルギーの変換機の役割を果たしています。地球に届く光線は昔から存在する星座からやってきますが、これらの星座は何十万年ものあいだ地球に働きかけてきたのです。このような星の多くは、天文学者によって数を数えられただけの存在ですが、なかにはあなた方がおなじみの名前をもつものもあります。シリウス、アルクトゥルス、オリオン、プレアデス星団などなど。これらの星の光は数多くの地球をとり巻く母船によって捕らえられ、まったく異なったシステムを通過して、それから地球に送り込まれています。

あなた方の多くは、体内に移植組織片が埋め込まれていて、このコミュニケーションに反応できるようになっており、心理を道具とする戦争を回避し、あなた方の周波数を乱して、この情報を受けとることを邪魔する電波妨害を受けないですむようになっています。これらのインプラント（移植組織片）は悪いものではありません。あなた方は誘拐されて、意思に反してこれを埋め込まれたわけではありません。それはエーテル界におけるもので、地球外のエネルギーを受けとるための道具として、あなた方が自分で入れたものです。これらのインプラントが、いま、活性化されつつあります。あなた方の多くは、現在、自分が変わりつつあると感じているはずです。朝起きて寝るまでのあいだ、とくに、眠りに就くときなどに、さまざまな音が聞こえたり、体内に一種の電動波のようなものを感じるときがあるはずです。

この宇宙からの情報があなた方に向かって発せられるとき、あなた方の肉体はこれを受け止めることができなければなりません。身体がこれを受けとるためには、身体がある一定の状態になければなりません。その情報は一種の電流であり、あなたの身体がそれを処理できないと、不快な状態が作り出されることになります。現在、地球に住んでいる人々は、この時期に向けてプログラムされています。したがって、現在、地球に肉体をもって生まれてきている人は誰一人として、ここに自分がいるのは間違いだとか、ここで何が起きる予定なのか知らなかったなどといえる人はいないのです。現在、地球に生まれてきている人たちは、皆、体内にあるメカニズムがあって、このメカニズムを始動させれば、この周波数を体内に入れる能力があるのです。

私たちは、あなた方に、論理的な考え方から抜け出すようにと奨励してきましたが、それは、論理的な頭脳は、この情報と、そして、電磁波と衝突することになるからです。今後、数年間のうちに、あなた方の周波数に対する理解は深まって、あなた方のところにやってくる振動数は、まるでラジオのスイッチを入れるのと同じように受信できるようになるでしょう。あなた方に向かって情報を送っている母船とテレパシーで直結することになるでしょう。チャネリングを聞きにいくなどということは、夢にも考えなくなるようなときがくるでしょう。なぜなら、あなた方自身が情報と直接繋がるのですから必要がなくなるのです。あなた方のところにやってくる豊かな情報によって、非常な安心がえられるはずです。その情報はあなた方に向かって放送され、何が宇宙で起きつつあるかを教えてくれるでしょう。

あなた方自身が信頼を深めていくにつれて、光の存在に、あなたの目の前にきてもらうことも可能となり、彼らは肉体をもって現れ、あなた方にいろいろなことを教えはじめるでしょう。あなた方一人ひとりが、自分の宇宙存在を現前させ、その存在から教えてもらうことができるようになるにつれて、他の存在を通して情報が入ってくるプロセスであるチャネリングは、まったく過去のものとなるでしょう。それまでのあいだは、私たちが地球にとどまり、あなた方に教え、あなた方がそもそも誰であるのかを思い出させ、あなた方がどんなことを自分自身に引きつけることが可能なのかについて示唆を与えつづけましょう。私たちが何よりも望んでいることは、光の家族としてのあなた方を援助することであり、人間の解放に成功をおさめることです。あなた方自身のダンスに焦点を合わせてください。あなた方はどのような音楽に合わせてダンスを踊るつもりですか、どのような魔術に呼応して行動するつもりですか、意識に新しい可能性の次元を与えるためにどれほどの高さまで意識を押しあげる覚悟がありますか。

第10章 光の新しいパラダイム

　夜明けをもたらす者とは誰でしょうか、そして、彼らの役割はどんなものなのでしょうか。夜明けをもたらす者は太陽の光を運ぶ者であり、光と知識をもたらす者です。彼らには古代から存在する組織があり、それは古代社会であり、古代からの魂のきずなであり、この魂のきずなのゆえに、彼らは太陽系のなかでの活動をつづけています。あなた方は夜明けをもたらす者の一員です。そうでなければこの本に引きつけられることはないでしょう。このエリート組織のメンバーは、この仕事を達成するためにさまざまな時期に地球にやってきます。彼らがやってくるのは、ある周期が設定され、天体からくるエネルギーと地球のエネルギーが彼らの肉体のなかで融合する条件が整ったときです。

　宇宙からのエネルギーはつねに地球にやってきており、地球のエネルギーもまた、つねに宇宙に向かって発せられています。人類は地球と天空のあいだに神聖なる橋をかけるのです。この橋を虹の橋と呼ぶ人たちもいます。夜明けをもたらす人々は、これらのエネルギーを融合させ、夜明け、つまり、光を彼らのなかで目覚めさせます。その後で、夜明けを文明社会にもたらします。〝これが、あなた方です。これをあなた方は、やっています〟。そして、数多くの他の人たちもこの仕事をしています。あなた方は夜明けをもたらす人々です。

夜明けをもたらす人々として、あなた方がコミットしたことを実現しやすくするためのあり方があります。このあり方とは、自分のわがままを許し、そして、そこから抜け出し、自分の体験をないがしろにしないというあり方です。夜明けをもたらす人々にとって、一つ一つの輪が全体を構成しています。その輪、すなわちメンバーの一人がどのように作られていようとも、どのような長所や短所をもっていようとも、その役割がどのように大きなものであれ、小さなものであれ変わりはありません。強さや、弱さ、影響力といったものは必ずしも比較されるべきものではありません。それは、意識がそれ独自の現実とのダンスにおいて、焦点を合わせることにしたあり方であるにすぎません。

私たちは、あなた方にあなた方自身について教えましょう。そして、あなた方の外ではなく、内側にあるものの鍵を外すお手伝いをしましょう。夜明けをもたらすものとして、あなた方は、夜明け前のもっとも暗いときにいて、いったい光がくることがあるのかと思いはじめるかもしれません。そのようなとき、突然、一瞬のうちにどこからともなく光が輝きはじめるでしょう。その光はどこからくるのでしょうか。その光がどのようにしてあなた方の考えを変えるのでしょうか。ある瞬間はこれ以上暗くはなれないほど暗かったのに、次の瞬間に光がくるというようなことがどうして可能なのでしょうか。夜明けをもたらす者としてのあなた方が、〝意思の力〟で夜明けの光をもたらすのです。あなた方はこのための訓練を受けてきています。それはあなた方が得意とすることです。

光の家族とも呼ばれる、夜明けをもたらす者であるあなた方は、意図と意識的な同意によって、突然変異のプロセスを体験し、自らをより高い存在に進化させることに同意しました。あなた方は、地球にふたたび光をもたらし、人類の新しい進化を引き起こし、この周波数をまず体内に固定し、その周波数を生きることによって、意識と知識における宇宙の飛躍的な進化を達成するのです。

光の家族は作戦本部、つまり、この宇宙の中心にあって放送局の役割を果たしている場所から派遣されてきています。あなた方の銀河系にはいくつもの太陽があり、この宇宙には中心に一つの太陽があります。マヤの人々はこの中心にある太陽をアルシオンと呼びました。他の民族はそれを別な名前で呼びました。太陽には光があり、光は情報をもっています。これを単純にいってしまえば、光の家族のメンバーは宇宙の情報の貯蔵場所からきているのです。

あなた方はこの中心点にある太陽から周期的に飛び出しては、この宇宙のさまざまなシステムに太陽からの情報をもっていくのです。あなた方は、策を練り、計画を立て、旅をします。この点において、あなた方はきわめてユニークな存在であり、あなた方自身もそのことは承知しています。他の人々を見るとき、あなた方は自分が非常に違うということが分かるはずです。あなた方は煽動するのが大好きで、体制を打ち破るのが大好きです。〝立ち入り禁止〟のサインがあっても、それは他の人たちへの言葉であって、あなた方には関係のないことです。あなた方はどんなものであれ、閉鎖されているものがあれば、そのなかに入っていき、それを開けることができる人たちです。あなた方は自らを数多くの多次元の存在に分裂させ、システム内に侵入してそのシステムを変えます。

あなた方は、ときにはそのシステムのなかに何十万年にもわたって生まれ変わり、そのシステムを破壊するように要請されるときのために準備することもあります。あなた方にはきちんとした履歴書があります。たとえば、地球が爆発して、パラダイムが変わることになったという回覧板が回ってきたら、あなたはこういえばよいのです。「私は地球に二四七回行ったことがあります。二四七回さまざまな存在として行きました。一度は、体を空中浮遊させることもできました。それから、これも、これも、これも、やりました。もし、私がシステム破壊の計画に参加すれば、記憶を蘇らせて、そのシステムの法則に挑戦して、仕事を完了します」。

ときには、それがうまくいかず、何らかの理由で計画を放棄しなければならないこともあります。それはあなた方にとっては本当にやるせない体験です。しかし、すべてが計画通りにいってそのシステムを破壊することができ、新しい光のパラダイムを作ることに成功した場合には、宇宙的な恍惚感を体験することができます。夜明けをもたらす人々、光の家族はチームワークのもとに仕事をします。あなた方はシステムのなかに一人で入っていくということはしません。この仕事をするためにはお互いが必要なのです。というのは、一人では、この周波数を固定することはできないのです。チームで行くことによって、計画を成功させるチャンスが大きくなります。あなた方は非常に聡明な、太陽光線のような存在であり、太陽の中心にある偉大な知性によって導かれています。

光は意識の王国です。そして、それには存在理由があります。今日、私たちがあなた方にする話はあなた方にも理解できるものです。私たちがあなた方人間に語りかけ、人間の理解が増大する度ごとに、さらにより多くの情報を与えます。光が他のものよりも高貴なるものであるというようには、考えてほしくはありません。あなた方の魂の本質にある何かが光の根源と結びつき、あなた方をこの光の仕事へと駆り立てるのです。しかし、だからといって、この仕事が他の仕事よりも優れているということにはなりません。あなた方とは異なった源をもち、異なった意図をもって宇宙に飛び出していく存在もいて、彼らのお陰で私たちもこのゲームをプレーすることができるのです。あなた方は、いま、このことを学びつつあります。

ここでまた思い出してもらいたいのですが、根本創造主はすべてを創造し、すべての被造物に自らを与えるのです。あなた方が意識の目覚めを求めているのとまったく同じように、根本創造主もまた、これをマスターしようとしています。根本創造主は、すべてのもののなかにある自分を自覚しようとしており、自分がそのなかに存在しているものに、根本創造主の存在についての自覚を与えようとしています。この自覚は根本創造主とすべての被造物とのあいだを交互に写し出す鏡のようなものです。この被造物とは地上をはい回るもっとも小さな虫、蟻をもふくめたものです。根本創造主は光のなかに存在しているのと同じように、いわゆる悪のなかにも存在しています。〝悪〟もまた神聖なる目的をもったものであることを知っているのです。

数多くの意識の王国が存在します。〝意識の王国〟という言葉は、あなた方に理解してほしいと思っている概念を表す言葉としてはやや大仰なものです。意識の王国のなかには、エネルギーが似ているものもあり、そして、実にさまざまな意識の王国があります。光の家族は、ある特定の意識の王国からきています。

あなた方の意識が、現実を創造し、操作し、管理する法則をマスターすると、あなた方が選択するどのようなかたちにもなることができます。シャーマンとしての記憶、あるいは土着文化の記憶をすでに活性化した人たちはよく理解していることですが、土着文化の教えの一つは、どのようにしてさまざまな現実のなかに入っていき、どのようにしてかたちを変えるかということでした。ある種の土着文化においては、シャーマンは、これができるがために畏敬されていました。彼らは、遺伝子のなかに、これができるコーディングをもっていたのですが、地球全体の人口の数に比してその数はきわめて少数でした。彼らは、魔術と神秘的な力を身に着けており、そのプロセスを守り、伝えました。彼らは、さまざまな動物に変身して、あるいはその他さまざまなかたちに身を変えて移動する能力を身に着けていました。これは、まことに深遠な科学であったのです。

この科学が地球上に存在するということは、もちろん、それは地球外にも存在するということを意味します。地球は、いま、物事が〝起きつつある〟場所です。地球はそのコードによって、自らの革命を起こすことになっています。それは、単に、アメリカ合衆国でのライフスタイルが変わるという革命であるだけでなく、次元の変革であって、それは地球をとり巻く宇宙のすべてを変えることになります。

生命の形態に好奇心をもった数多くの地球外生物は、その分子構造を変えて、人間のかたちをとって地球にやってくるにはどうすればよいかを知っています。大きな変化が起きるときには、つまり、さまざまな次元が融合し、ぶつかり合う可能性があるときには、それはあなた方が、いま、地球上でやろうとしていることにほかなりませんが、さまざまなエネルギーがやってきて、このビッグ・ショーに参加します。

このショーは、単に三次元の世界においてだけでなく、いろいろなレベルで行われます。一つの連鎖反応が起きて、あらゆる存在の次元とすべての意識世界を駆け抜けます。なかには、地球に自らを光として発射し、人間のかたちをして現れたり、人間として生れ変わってきて、この出来事が起きつつあるときに、地球にやってきてこの現実を体験する機会を選択する存在もいます。地球の原住民ではなく、体制の破壊者とは思えないと感じられるような人たちは、地球の変革を観察し、それに参加し、それを理解し、彼ら自身のシステムにその情報をもって帰るために地球にきているのです。これはすべてのシステムについていえるのですが、システムはつねに進化しています。

人間としての姿をもち、人間としての役割を完璧に果たすことができる、聡明な存在がいます。ときには、彼らは記憶がしっかりとしていて、自らのベールを脱ぐこともあります。しかし、このような存在にとって、地球においては周波数のコントロールがあるために、そもそも自分がどのような存在なのかについて完全な記憶をもって地球にやってくることはそれほど簡単なことではありません。あなた方は、これからの数年のうちに、自分が光の家族のメンバーであり、人間に変装して地球にきているのだという自覚が高まってくることでしょう。人類についての計画された進化、および、人間のDNAの再編成計画の一部としてあるのが、人間が一人ひとり自分のメモリーバンクを開け、自分が誰であるかを思い出すことです。

現実のさまざまに異なった次元においては、体験も異なり、法則も異なります。三次元の世界にあなた方は長いあいだ閉じ込められてきたわけですが、もちろん、そこでは体験できることに制限があります。三次元の世界は、一度に一つの現実に焦点を合わせるようにデザインされています。周波数と神経の波動、そして、周波数が神経の波動を体内で調節する割合によってこのようにデザインされています。

あなた方は電磁波的に、また生物発生的に調整され、デザインされています。光の家族のメンバーは人間を遙かに超えた存在です。あなた方は多次元の世界における優れた達成者です。多次元の世界における地位がほしいときには、光の家族のメンバーとして申し込みをしなければなりません。

光の家族のメンバーとして、あなた方は仕事をするためにこの地球に肉体をもって生まれてきました。あなた方の仕事とは何でしょうか。それはきわめて単純なものです。光の周波数を制限しているシステムのなかに、新しい周波数をもっていくことです。なぜなら、光こそ情報だからです。これは冷たい、コンピュータデータの情報ではありません。それは電磁波の意識の送波を通して生物学的に伝えられる情報です。これがあなた方の専門です。あなた方が自分が誰であるかの記憶をすべて蘇らせたときに名刺を作るとすれば次のようなものになるでしょう。〝光の家族に属する異端者のメンバー。自由意思宇宙のシステムを変える仕事を引き受けます。連絡をお待ちしています〟。

あなた方は、やるとなったら全力でやる人たちです。これがあなた方です。これこそあなた方が共通してもっている特徴の一つです。あなた方は、いま、何百万という数で地球にきています。基本的には、〝自分が誰なのかを思い出し〟、システムのなかで多次元のあいだを行動し、長いあいだ周波数をコントロールされてきた地球の原住民である人間に新しいシステムを教えるために地球にきているのです。〝あなた方は、人間の変装をしているのです〟。あなた方が、これを理解しはじめるやいなや、人間としてのドラマから自由になり、周波数コントロールの人間のジレンマから解放されることになるでしょう。

三〇万年前に、地球を襲った創造神のグループによって周波数がコントロールされるようになるまでは、地球の原住民はかなり賢い人々でした。彼らは情報を受けとるための非常に進化したシステムをもっていて、宇宙のコンタクトグループからの情報を地球にいて、直接、受けとることができたのです。彼らは、また、送られてきた情報を伝達するさまざまな手段をもっていました。現在の地球では、情報の伝達は、科学技術に基づいています。すなわち、あなた方自身の外にあるものに基づいています。それは、巧妙なコントロールの手段として売られている品物の一つにもなっています。ずっと昔の地球上におけるコミュニケーションは、あなた方の体の外にある科学技術ではなく、身体のメカニズムを使うことによって、お互いに接触することを通じて行われていました。

ほとんどの人間は、自分たちの歴史が数百万年以上も遡るものであるということが把握できません。あなた方は、人間には数百万年の歴史があるということを学び、思い出し、そして、それを地球の人々に教えることになるでしょう。まず最初に、過去三〇万年間の地球の歴史を解明し、統合することから始め、そうすることによって、人間の置かれているジレンマの全体像が拡大されるでしょう。思い出してください。歴史は、あなた方の内部にあるのであって、外にあるのではありません。現在の科学技術では、光コードのフィラメントが、光ファイバーを通して伝達される情報の象徴的なかたちとして、あなた方の肉体の外に作られています。人間は、自分自身のなかで学ばなければならないことを、自分自身の外部に作っているのです。これは、光をマスターするプロセスの一部です。

あなた方自身からなる偉大な図書館がばらばらにされてしまったとき、少しだけの情報が残され、この情報によって、人間は支配可能で、管理可能で、同時に独立して機能でき、必要なことを遂行することができ、一つの生命形態、および意識形態として、自らを刺激して一定の周波数、恐怖を生み出すことができる状態が残されました。この恐怖心は過去三〇万年にわたって、考えられるありとあらゆるかたちで、宣伝されてきました。

人間が電磁波的に共鳴し、恐怖の周波数を発するとき、一つの意識の伝達がされることになります。その恐怖心は、どこに行くのでしょうか。あなた方の考えは、どこに行くのでしょうか。あなた方の感情は、どこに行くのでしょうか。すでにいいましたが、全体的に見ると、意識は食べ物となるのです。体制の破壊者として、あなた方は、この恐怖の食料源を根絶するために、または、恐怖と混沌の食料源を変えるために地球にやってきました。この恐怖の食料によって滋養をえている存在は、食べ物を変えるか、地球を離れるかの選択を迫られることになるでしょう。あなた方は、光、すなわち情報をもたらすために地球にきているのであり、変化の潜在的な可能性があるのだという理解、協調に役立つ食料源、光の共鳴する食料源があるのだという理解をもたらすために地球にきているのです。これがあなた方の存在の本質であり、達成しなければならない責任です。

あなた方のなかには、これをどうすれば達成できるのか、そして、あなた方の人生において、どうすれば非の打ちどころのない状態が達成できるのか、非常に戸惑っている人たちがいます。あなた方一人ひとりにお願いしたいことは、この瞬間から、〝未来の体験を決して過去の体験に基づいて考えない〟ようにしてほしいということです。あなた方は皆、未来に起きるかもしれないことに対する口実として、過去を引きずるのが大好きです。これは宇宙でも有名な事実です。しかし、あなた方は、あたかもたったいま、光で送られてきたばかりの赤ちゃんのように、無邪気になって、毎日の日常生活の一歩一歩を歩まなければなりません。毎朝目覚めるとき、そして、一歩を歩みはじめるとき、その日に体験したいと意図することを明確に言葉に表してください。もしも、あなたがこれをまだやっていないのであれば、すぐに始めてください。現実はそのようにしてデザインされるのです。前にもいいましたが、人間から隠されてきた大きな秘密は、〝考えは体験を創造し、考えは現実を創造する〟ということです。すべての現実は考えによって創造されます。現実とはすべて主観的な体験です。しかし、あなた方は電磁波でコントロールされていて、ある一定の現実のスペクトルのなかだけでしか体験を創造できなくされているのです。

光の家族であるあなた方は、旅行の経験も豊かで、新しい周波数を地球にもたらす可能性の波長にピッタリと合っています。あなた方の肉体のなかに新しいパターンを始動させることになるであろう、宇宙から光線として送られてくる新しい周波数を固定するために地球にきているのです。これがあなた方の目的であることが分かりはじめるにつれて、あなた方の生活のすべての領域において、目的を意識的にデザインするようになり、何がほしいのかが明確になりはじめ、それを実際に体験しはじめるでしょう。これは絶対に必要なことです。

あなた方は、それぞれドラマが大好きです。何か面白いことが起きていないと飽きてしまいます。それでこの地球を襲う計画を立てたのです。実際のところ、現在ある現実、世界は、創造神によって乗っとられる前に、光の家族のメンバーによって造られました。光の家族であるあなた方が原初の計画立案者であったのです。当時、地球にはすでに豊かな意識があり、その意識と結合することは容易にでき、その意識を活用することもできました。他の家族の存在たち、彼らをあなた方は〝暗黒のチーム〟と呼ぶようになったわけですが、彼らが地球を乗っとったとき、光を消すという仕事を彼らは非常に上手にやってのけました。光の大きさはいまのあなた方のパラダイムの大きさに応じて存在します。宇宙には、この他にもさまざまな意識のチーム、王国が存在します。いまのところは、光と闇にだけ止めることにしましょう。闇のチームは大変上手に光を長いあいだ消しつづけてきました。しかし、〝それが変わる時期がきました〟。

あなた方は光の異端者です。そして、地球に戻り、意識をふたたび襲うことにしたのです。今回は、何百万という光の家族のメンバーがやってきました。それは、根本創造主のエネルギーと一緒に仕事をすれば、誰でも豊かな意識を達成する可能性がきわめて高いということを知っていたからです。あなた方がこの光を体内に入れ、地球に注ぎ込むにつれて、ドラマが好きな多くの人たちが影響を受けることになるでしょう。彼らは光に貫かれて、反発するかもしれません。なぜなら、より多くの光をもってくればもってくるほど、光はますます急速に広がるからです。あなた方が地球の原住民であり、原初の計画立案者たちと一緒に、乗っとった存在たちから地球をとり戻そうとしているのだということを思い出すにつれて、地球上の光は確実に明るさを増していくでしょう。

第11章 創造のゲーム

来るべき時代に生き残るためには、思考の実現、または超意識という考えに移行していくことが絶対に必要です。超意識は、いまのところは、あなた方にとってはただの言葉にすぎません。それはまだ、あなた方が内在化した概念ではありません。というのは、膨大な量の情報と波長を合わせ、その情報で一杯に満たされるということが、あなた方には、まだ、考えられないからです。しかし、進化するにつれて、それこそあなた方が向かっていく方向なのです。この意識の動きが地球全体を席巻するであろうことをよく意識している存在がいて、彼らはそれを阻止しようとしています。しかし、〝それはもうすでに起きてしまったのです〟。

私たちは、これを教えてあなた方を安心させるために、あなた方の過去へと戻ってきました。

〝考えが、まず、第一にきます〟。体験はつねに二次的なものです。その逆であることは決してありません。何かを体験して、その体験に基づいて考えを抱くのでは決してありません。つねに、あなた方の体験は、考えていることの直接的な投影です。あなた自身の力を明確にし、それを認識することがもっとも大事です。

あなたの考えがあなたの世界を形成しています。時々ではなく、〝つねに〟そうなのです。あなた方は、あまりにも多くの、明確さを見失わせようとする周波数コントロールの波動に攻撃されているために、揺れ動いていています。あなた方は、人間という種全体のあり方として、つねに明確でいて、心の中心にいてたじろがず、この瞬間に一〇〇パーセント集中することを意図しなければなりません。未来に生きることを止めなさい。過去に生きることを止めなさい。そして、つねにいまこの瞬間に生きなさい。自分自身に次のように言い聞かせなさい。「私は何がほしいのか。私の身体が自らを再生することを望む。私は健康を放射したい。神の魂の助けによって私の能力をさらに高めていきたい。私は私自身の進化を加速させたい。私は健康を放射したい。喜んで困難を放棄し、人類がどんな存在になりえるかの生きたモデルになりたい」。このような考え方、このような自分のあり方の根源から、はっきりと自分が欲するものを声高らかに要求し、叫ぶことによって、初めてすべてが加速度的に動き出します。

あなた自身のパターンを見つめなさい。もしも、あなたが自分の体験の一部を自分で創造したということを否定し、その体験を自分が創造したものとして所有したくないと思っていることに気付いたならば、ただそのことを見つめてください。そして、こういってみてください。「これは面白い。私はいつもこれをやっている。自分で創造していることを自分のものとして所有したくないと思っている。自分で創造したものが気に入らなければ、誰か他人のせいにしようとする。どれくらい長くこういう態度をとりつづけるかみてみることにしよう。そして、これとは違った行動のパターンを作るにはどうすればよいか、その解決策を考えてみよう」。

自分自身を価値判断しないでください。自分自身に向かってつぎのような言葉をいいはじめてください。「私は私がかかわっていることすべてに対しての責任を受け入れます。私に起きることのすべてに対する責任を受け入れます。私に起きることが気に入らなければ、〃自分が好きでもないことを、なぜ、私は創造しているのだろうか〃と自問することを始めます。多分それはあることについて私の注意を向けようとしているのであって、私は気付いていないけれども、本当に私のためにうまくいっていないことを変えようとしているのだろう」。

あなたがするすべてのことには、完璧に素晴らしい目的があるかのようにいつも行動しなさい。あなたにとってもっともよいこと、もっとも素晴らしい機会は、あなたがかかわるすべての出来事を体験することから生まれると思って行動しなさい。町を歩いているときに、誰かがあなたの背中に拳銃を突きつけて、「財布を出しな」といったときには、それが、あなたにとってもっとも素晴らしい成長のための機会であるかのように行動しなさい。あなたがこのように行動しはじめたとき、どういう結果が出てくるかは見当も付かないことです。あなたが、〃あたかも何々であるかのように行動するとき〃、あなたは何も知らず、何も期待することなく行動しています。これは一つの態度です。あなた方が皆この態度をもって、すべての出来事は自分の成長と意識の進化を促進させるためにデザインされたものであるかのように行動するならば、振りかえってみれば、そこであなたに拳銃を突きつけているのは、あなた自身の一部であることを発見することになるかもしれません。あなたはそこで何かを学ぶことになるかもしれません。あなたが恐れている何かをする機会が、与えられるかもしれません。

あなたが創造するものを恐れないでください。あなたが創造するものを信頼しなさい。あなたが創造するものには、つねにあなたへのプレゼントがあるということを信頼しなさい。あなたのドラマをまるで汚らしいものであるかのように、二度と見たくないといわんばかりに隠したりしないでください。そうしたドラマを完了してください。そのようなドラマをくりかえし、くりかえし体験して、そのなかで自分を見失わないようにしてください。しかし、あなたが母親、兄弟、姉や妹たちと体験してきたドラマは、これから二〇年後にまったく新しい意識に到達するために活用することになるかもしれないものです。ですから、これらの人生のドラマはあなたのファイルとして保存しておきなさい。そうしたドラマを完了し、あなたにできる最善のかたちで解決し、調和を生み出し、そのドラマにおけるあなたの役割を受け入れ、そうしたドラマがあなたの意識を通してあなたに戻ってきてはあなたに何かを教えてくれる、そういう状況を作り出しなさい。そのようなドラマは、あなたの気持ちをいらいらさせるもので、早く処理してしまいたいものと考えるのではなく、あなたにとっていつでも利用できる宝物であると考えなさい。このような体験には感情が密接に繋がっていますが、感情はあなたをまったく新しい活動の領域へと連れていってくれるものであることを忘れないでください。

あなた方は、人生のある領域においてだけ自分が欲する現実を創造することができて、それ以外の領域においては、そういう力がないということを信じますか。あなた方の人生のある部分に関しては、自分では全然コントロールできないと主張しますか。社会が許さないといえば、当然、あなたのものであるものを諦めますか。人生における出来事は、どこからともなく突然やってくるものではありません。あなた方のなかには、自分は自分の現実を創造しているけれども、自分の現実を創造していない人もいる、とくに、いろいろな問題に巻き込まれる赤ちゃんや、虐待される子供たちは自分のそういう現実を創造しているのではないと考える人たちがいます。一見したところ、自分ではどうにもならないように見える子供たちや、飢えている人たちもまた自分自身の現実を創造しているのだという概念は、あなた方にとって理解しがたい概念です。あなた方が誰かをかわいそうにといったりするとき、その人々には何の力もないのだという考えを送っているのであり、自分には何の力もないという可能性を、あなた方にとっての現実にしています。あなた方は他の人々のドラマや教訓を尊重することを学ばなければなりません。ある特定の状況に巻き込まれている人々にとって存在する魂の変化の潜在的な可能性については新聞は何も語らないものだということを理解してください。なぜなら、新聞はそのような報道はしないのです。あなた方には、さまざまな出来事の共時性が分かりません。あなた方のメディアは、表面上のいわゆる事実だけを報道し、人間のドラマや教訓に付随する豊かな感情の鉱床を完全に無視するのです。

誰かが犠牲者に見えるようなドラマに巻き込まれている人たちは、普通の場合、自分の感情と非常に遊離しているために、自分が感じていることと考えていることを結びつけない人たちです。犠牲者は犠牲者を発見します。勝利者は勝利者を発見します。ですから、人々が本当にかわいそうな犠牲者に見えるような新聞に報道される出来事や世界のドラマを読むときには、彼らが彼らの現実を創造していることに敬意を表して、彼らを尊敬し、ひいては、あなた自身を尊敬してください。そのような現実は、あなたが学ぶ必要のある現実ではないかもしれません。あるいは、あなたがそれに参加する必要を感ずる現実ではないかもしれません。人によっては、自分自身を光に導くために、このような体験をしなければならないということを理解しなければなりません。ときには、もっとも素晴らしい悟りの体験が、最大級の惨事、最大の困難のなかに潜んでいることもあるのです。

あなたがレストランに行って、ほしいものを注文すると、シェフがそれを作って、ウェイターがもってきてくれます。しかし、あなたはそれを注文するのであって、自分で作るのではありません。コックさん、あるいは、霊的なエネルギーが、それを作るわけですが、あなたは、何を食べるかを選択して自分の前にもってきてもらうわけです。レストランに行って、注文しなければ食事があなたの前にもってこられることはありません。したがって、あなたはこの食事に関して責任があり、それに対してお金を払います。

人生はこれと同じことです。人生はレストランのようなものです。レストランで食事を注文するのと同じように、ほしいものを人生から注文しなさい。そして、注文したのだから、それが自分の前にもたらされるであろうことを信頼して待ちなさい。あなたがレストランに行くとき、細かいことをいろいろ気にして、自分はこの食事をするに値するだろうかどうだろうかなどと心配することはありません。まあ、時々そうすることがあります。ときには、あなたはこんなことを考えます。「この料理を食べる資格は自分にはないかな。一五ドルもするから。私にふさわしいのは七ドルかそれ以下の食事だ」。

レストランであなたがどういう行動をとるかは、あなたが人生をどのように生きているかを実によくみせてくれます。レストランに行ったとき、あなたは「これをください」といって注文し、その食事があなたの前に出てくるであろうことを信頼して待つでしょうか。それとも、レストランがちゃんと食事を作ってくれるかどうかを心配したりするでしょうか。食事を注文するやいなやウェイターの後に付いて厨房に入っていき、「レタスが新鮮かしら。タマネギのいためかた知ってるかな。私が好きなキノコはないのじゃないかしら」などといって心配するでしょうか。そんなことはしないはずです。あなたはそのような心配はしないで、注文した食事があなたの前に出てくるであろうことを信頼して待っているでしょう。それが出てきたときには、「ありがとう」とお礼をいうだけです。もし、出てきたものに問題があれば、必要なものを頼むだけのことです。

レストランで食事を注文するときの、あなた方の実に悠然とした態度を見てください。どんな人生を生きるかの注文も、これとまったく同じなのです。何がほしいのかを明確にして、それを注文するだけでよいのです。神様のところに電話して、注文をきちんと聞いたかどうか確認したり、注文したものの作り方についてのアドバイスをしようなどとしないでください。あなたはそれを注文したのですから、後は信頼して待てばよいのです。
あなたという存在は、あなたが考えたことの結果なのです。この地球という惑星で他の何を学ばなかったとしても、これがこの現実における法則であり、他の多くの現実の法則でもあることを学んでください。〃考えが体験を作り出します〃。あなた自身に一つのプレゼントをあげたらよいのではないでしょうか。つまり、類い希な、素晴らしい、魂を高めてくれるような能力をもった人間として自分のことを考えてみたらどうでしょう。社会に同意してもらう必要性から自分を解放しなさい。〃自分自身の価値を認めなさい〃。あなた方のなかには、こうすることがとても難しい人がいます。自分の価値を認めないという習慣をもった人が、自分の価値を認めるようになるにはどうすればよいのでしょうか。

あなたの言葉は、あなたにとって力づけとなるか、ならないかのどちらかです。光としてのあなたの存在を生きてほしいと私たちは願っています。ですから、ありとあらゆる方法で、あなた方の考えによって、この世界は形作られるということを強調し、説得したいと思います。あなた方の語彙から、「〜すべき」、「〜しようと試みる」という言葉を除去してください。これらの言葉をいう度に、お金を出さなければならなかったとしたら、あなた方は多額の借金を背負い込んでいることでしょう。あなた方は脱力感と無力感の借金を抱え込んでいます。「〜すべき」という言葉は、あなた方が誰か別な存在の主権のもとで生きていることを暗示します。あなたはあなた自身に対する主権をもった存在であることを思い出してほしいのです。

もし、誰かがニューズレターを出そうと〃試みる〃ならば、あるいは、人生のパターンを変えようと〃試みている〃ならば、それを一生つづけていくことになるかもしれません。〃やろうとする〃ことは〃やる〃ことではありません。あなた方が「〜をやろうと試みる」という言葉を使えば、そのことは決して実現されません。なぜなら、「やろうと試みる」という言葉は言い訳になるからです。「私はやろうとしました。試みました。やろうとしてみました」。あなた自身の人生で、次のような言葉を使ってみてください。〝私は創造しつつあります〟〝私はやっています〟〝私は実現しています〟〝私は意図しています〟〝私は実現しつつあります〟。「〜をやろうとしています」という言い方は忘れてください。

あなたが〝する人〟となって、人生で望むことを実現することができるようになると、あなた自身の生き方が多くの人たちへの鏡となります。この世界では、すべてのものがかぎられていて、〝することのできる人〟や〝物事を現象化できる人〟は一人か二人にかぎられているというようなことが信じられてきました。あなたが、現実の法則を曲げることができるということを示しはじめると、ときには、他の人々はそれに対して不快感を示すことがあります。それは、あなたが彼らがほしいものをもっていて、あなたがもっていたのでは、彼らはそれを手に入れることはできないと思うからです。

あなたも他の人たちに見習って、この世のなかには十分なものがないと考えて、他人がもたないものをもつことをためらったりしてはいけません。神の法則があなたの体内で働き、この地球に根を下ろすことをあなたが許すとき、あなたは光の生きた模範となるのだということを理解してください。光に内在する目的があなたという乗り物を通して実現されることを許し、他の人たちに、何ができるかを示す模範となるのがあなた方なのです。私たちがあなた方に教えようと意図している高い振動数とはこのことです。〝かぎりはない〟ということを理解してほしいのです。

この地球にはいかなる意味での制限もありません。地球上の人々一人ひとりが協力し合って働くこともできれば、それぞれのユニークなあり方において働くこともできます。どのような才能の贈り物があなたのものとなり、あるいは、どんなに素晴らしい物質的な贈り物を授かったとしても、自分は他の人たちよりも幸運だなどとは考えないでください。そうではなく、神の法則があなたの体内で働いているのであって、どうすればそれができるかを他人に教えることができるのだと考えてください。他の人たちにこういえばよいのです。「できるんだよ。私にできたんだから。あなたにだってできるんだよ」。

物事を現象化することを恐れる必要はないのだと教えるために、私たちは何時間も費やします。あなた方は誰でもこのことを恐れていますが、それは「努力して手に入れて初めて価値がある。努力しなければ価値のあるものは手に入らない」という倫理であなた方は育てられてきたからです。一生懸命努力するという考えを見つめてください。そして、その考えがどこからやってきたのか考えてください。あなた方の両親を見てください。そして、彼らがもっている信念体系を見てください。私たちがしていることは、新しい意識を生み出すことであり、その意識は、物事を努力することなく楽々とやる方法を身に着ける新しい種類の人間を代表するものです。

もし努力することなく、楽々と実現できないのであれば、それはもう忘れよう。もしも、あまりにも努力が必要に思われる仕事があるとすれば、そのやり方がおかしいということなのです。あることが努力することもなく、いともやすやすと実現するとき、それは正しいやり方です。あなた方一人ひとりが、このような態度で生活を開始すれば、意識をもつ存在の生活へのとり組みはまったく変わるでしょう。それは無責任でもなければ、逃避でもありません。煉瓦をある場所から別な場所に運ぶための一つの新しい方法であるにすぎません。

煉瓦の山についてあるグループの人たちと話したときに、「この煉瓦をどうやって動かしますか」と聞いて見ました。すると彼らは、皆、「一つ一つ手でもって動かします」と答えたのです。それを聞いて、私たちはこういいました。「誰か別の人にやってもらうことを考えた人はいないんですか」。

もしも、あなたの仕事が煉瓦を、ある場所から別の場所に移すことであるとするならば、それをどうやるでしょうか。最初の答えは、「まあ、私がそれを自分で動かすしかないだろうな。自分でもちあげることから始めなきゃ」であるかもしれません。しかし、誰かを呼んで、「この煉瓦を動かしてください」ということだってできます。そうしたとしても、あなたはその任務を果たしていることになります。やるべきことをやっているのですから、それを自分でやらなければ、私たちがあなたのことを責めるとでも思うのでしょうか。そんなことはしません。必要な仕事は達成されているのですから。この違いが分かるでしょうか。

お金というのは、あなた方誰にとっても問題であるようです。お金がどのようにして自分のところにくるべきかについて、あなた方は、皆、限定的な考えをもっているようです。お金をえるためには一生懸命働かなければならないと考えれば考えるほど、ますます一生懸命働かなければならなくなります。お金をえるためには一生懸命働くのが当然であり、一生懸命働かずに入るお金は〝汚い〟と考えている人が多いようです。どうぞ、「楽々と」という言葉を忘れないでください。そして、この単語をあなた方の語彙のなかに組み入れてください。自分自身に向かってこういってください。「私はこれが楽々と実現することを意図する」。〝楽々と実現させる〟ということは、たくさんのエネルギーをその他の体験に費やすことができるように、現実が自らを実現させてしまうように命令することです。

思い出してください、あなたの現実はあなたの思いの結果です。もしも、あなたが物事は難しいと信じているとすると、あなたは何を創造しているのでしょうか。あなた方の多くは、いろいろな人生を生きるなかで、魂を高揚させてくれる職業倫理や価値観を体現する人として、社会の一部の人々を祭りあげてきました。この職業倫理の妥当性を疑ったり、別の方法があるかもしれないなどとは考えてもみませんでした。したがって、お金をえるためには、たくさんのエネルギーを費やす必要があるし、あるいは、誰かに雇ってもらって、その人からお金をもらわなければならないと考えるわけです。このような考えは完全な間違いです。これはいくら強調しても強調し切れません。あなたがそれを許しさえすれば、神は、さまざまな、まったく考えてもみなかったようなやり方で、あなたに報酬をくださるでしょう。これまでそれが起きなかった唯一の理由は、あなたがそんなことが可能であると信じなかったというだけのことです。あなたが可能であると思うとき、現実は変化します。

〝心の状態がもっとも大切です〟。これはいくら強調しても強調しすぎることはありません。あなたが、どのように現実について感じ、どのように現実をプログラムするかが、現実とのあなたのかかわりを決定し、現実がどのようなかたちであなたの前に現れるかを決定します。だから私たちはあなた方に対してこういいたいのです。「ガンバレ。勇気をもて。あなたの心をときめかすことをやりなさい。不可能なことをやりなさい！」。あなた方には何でもできます。あなたがやりたいと思うことは何でもできます。いまの世界がどのような状況にあろうとも、世界を変えることはできるのです。

このゲームをやるときには、ぜひ思い出してください。あなたは思いの結果であり、これは宇宙の法則であり、こうであってほしいと思いさえすれば、それは実現するのです。これがいったん、分かってしまえば、あなたは、あなたの肉体をデザインすることも、年齢をデザインすることもできます。あなたについて何でもデザインできます。なぜなら、そうなったとき、あなたは、自己動機づけのできる、自分を力づけることのできる、自分でエネルギーを出すことのできる存在になっているからです。

第12章　光を担う仕事

あなた方が、自分がどのような存在であるかを、より大きな意味で再定義するべきときがきています。あなたをはじめとして、政治的指導者たちの考えもおよばないような出来事が、いま、この宇宙で起きつつあります。あなた方は、神についてもっている愚かしい考えを捨てなければなりません。つまり、特別な才能や能力をもった存在が空から地球に降りてきて、彼らは、皆、霊的な存在であるという考えです。人類は、これから数年間にわたって、非常に憂慮すべき事実を発見することになるでしょう。私たちは、光の家族の命令によって、あなた方に準備させ、あなた方が、これを理解し、さまざまな選択についての情報がえられるようにしているのです。

あなた方に対して、多次元という概念を強調してきました。つまり、あなたは一度にたくさんの場所にいることができ、意識を移動することができるという考えです。この地球からいくつかの世界が作り出されるという考えも話しました。いつになるか分かりませんが、ある時点で、あなた方は、私たちがいったことのすべてを疑うことになるでしょう。あなた方のシステムはショックを受けて、いままで知らされてこなかった事実のあまりの多さに圧倒され、それを信じたくないと思うことになるでしょう。そして、しばらくのあいだ、私たちが与えた情報の妥当性を疑うことになるでしょう。

あなた方の進化の程度に応じてしか、情報を与えることはできません。あなた方はまず自分自身を進化させ、自分から進んで情報を求めなければなりません。干渉については神聖な決まりがあるからです。数多くの存在が、この法則を破り、地球に干渉しました。というのは、私たちの祖先ですら干渉を行った存在がいます。すでに何度もくりかえしくりかえしいってきたように、ここは自由意思の宇宙であり、自由意思地帯ですから、もちろん、基本的にはすべてが許されます。したがって、他人を支配し、人の上に立つ君主、マスター、権威者になろうとする者がつねにいるのです。地球では、どれくらい多くの存在が他人を支配しているかについて、あなた方はあまりにも知らなすぎます。

光の家族は、光にしたがって、ありとあらゆる方面で活発な活動が展開される社会を作り出すことが大好きなことで有名です。これは何を意味するのでしょうか。光は情報です。したがって、光の家族は情報の家族です。人間の時間にすれば何十億年ものあいだ、意識のコントロールを研究し、促進し、実践している意識存在がいます。それは、戦争の家族です。時間の制限の枠の外に存在する宇宙においては、自由意思地帯のすべてのシナリオが演じられます。

いまこそ、自分自身についての見方を徹底的に変えて、境界線をとり払うべきときです。あなた方が、日常生活のドラマや出来事のこまごまとした状況から抜け出して、現在、進行している宇宙レベルのドラマと波長を合わせるべきときです。こうすれば、あなた方自身の意図、目的、ドラマについてより多くの情報を与えることができるでしょう。あなた方は、まず自分がいかなる存在であるかを理解し、その存在に乗って好きな世界に飛んでいく能力があることを理解しなければなりません。

光の家族の物語、私たちは、〝正義の味方、帰ってきた白Tシャツ〟と呼んでいるのですが、これこそあなた方の正体です。あなた方はコミットしています。そのコミットとは、ある仕事を達成することであり、任務につくことであり、地球に何をしにやってきたかを思い出し、かつその任務を完了することです。すでにいったように、あなた方の世界、そして、その世界におけるあなた方の存在は大きく変わることになります。そして、そのときは近づいています。あなた方の多くはさまざまな変化をすでに体験しています。一年前のあなた方を振りかえってみれば、いまのあなた方はずっと力づけられていることが分かるはずです。

理想をいえば、あなた方の一人ひとりが、瞬間瞬間にあなた自身の現実を創造し、現在、仕事に就いていようと失業していようと、あなたが体験する状況はあなた自身がデザインしたものであると感じはじめているはずです。現時点においては、これも理想ですが、あなた方の一人ひとりは物事を現象化する技術をマスターしているはずです。というのは、いまこそ、宇宙のグリッドワークから情報をとり出して体内にとり入れ、それを、頭脳に繋いで、あなたがそのデータの地球放送局になるときです。これは、あなた方の体外にある、光がコード化されたフィラメントによって点火されるグリッドワークです。

あなた方は、空から何がくるのか、誰がやってくるのかについての認識力をもっと研ぎ澄まさなければなりません。なぜなら、あなた方は、これからペテンにかけられ、騙され、そして、何がどうなっているのか理解できないというような状況に遭遇することになるからです。私たちには、これが分かります。というのは、あなた方をペテンにかけ、騙すのがどんなにやさしいことか、私たちは知っているからです。ときには、私たちもあなた方を騙しながら光の道を歩かせることもあります。もうすでにいいましたが、あなた方を騙したこともあります。これは必要なことでした。なぜなら、もしも、私たちがこの物語のすべてをあなた方に話していたら、あなた方の多くは、とっくの昔に尻尾を巻いて逃げ出していたことでしょう。

私たちは、あなた方に自信を与えました。また、あなた方の体内に、新しい情報も追加して注ぎ込みました。その情報によって、このシステムのもっとも基本となる建築材料を入手し、光の家族によってデザインされた世界を作ることができるのです。そして、そのもっとも基本的な建築材料とは、〝あなたがあなた自身を作り出す〟という概念であり、〝あなたはあなたの考えによって現実を創造する〟という概念です。これによって、まったく新しい可能性が噴出できるようにするために、一つの計画に基づいた新しいグリッドワークで地球の一部を覆うことが可能となります。あなた方がいなければ、そして、あなた方がもたらす新しい可能性がなければ、この地球上で、ある時点において宇宙大戦争が起きる可能性があります。

あなたの感情のアンテナを拡大して、いま、起きつつあることに関して世界中に広がりつつある混乱を感じとってください。地球は非常に低い周波数で活動してきました。それは、生存と力を奪いとることに基づいた周波数です。あなた方の存在の拠り所は、自分の外に何を集めることができるかに基づいたものでした。DNAの二二の螺旋によって、二重螺旋を代表し、二重螺旋をとり囲んできたすべてのものが無効となるでしょう。貯金してあるお金、所有している財産のすべては、すなわち、あなた方に帰属意識を与えている二重螺旋に基づいた安心の根拠となるもののすべては、地球の進化とはまったく無関係のものとなるでしょう。

これまでの人生に枠組みを与えてきたものが崩れ落ちはじめるのを感じたとき、人間が体験するであろう恐怖と不安感を感じてください。光こそ、この崩壊を引き起こす犯人であり、光の家族のメンバーであり、新しい周波数のキーパーであるあなた方がこの崩壊を引き起こしているのだということを理解してください。それは、あなた方が、新しい周波数を放送する電磁波を運ぶことによって生じるのです。

去年、そして、一昨年のあなた方の人生を振りかえってみてください。そうすれば、あなた方自身も、信じられないような意識の混乱をしばしば体験したことを思い出すでしょう。自分が誰であるのか、どこに住みたいのか、誰と一緒に生活したいのか、一緒に生活しているパートナーとの生活をつづけるべきかどうか、子供をもつべきかどうか、親であることをつづけるべきかどうか、その他諸々の問題の決定を下そうとして、どうしたらよいか分からず迷ってきたはずです。

あなたの心の触覚を地域社会に差し延べて、人々がこれまでの人生の基盤としてきたものが徐々に崩れて瓦礫と化しつつあることを感じてください。地球全体における、現実の把握は徐々に崩れつつあります。現実がなりたっている土台そのものが崩壊しつつあります。そして、それに気付かない人たちもいます。この崩壊のもっとも重要な理由は、これまでの情報を古めかしく、役立たずのものにしてしまう新しい情報にアクセスできるようになったからです。そして、あなたがこの主役です。そういうわけで、あなた方は、自分自身をこの体験のなかで進化させ、あなたにしかできない独特なかたちでインスピレーションを与える存在となる責任があります。すなわち、他の人たちのために生きた模範となる責任があります。

あなた方の役割は、非常に影響力の強いものです。あなた方を見て、「あ、まずい、光がやってくるぞ」という人たちがたくさんいることでしょう。というのは、光は触れるすべてのものの振動周波数を変えてしまうことが、知られているからです。光は情報を運ぶものであり、情報はシステムを拡大するため、古いシステムは存在できなくなってしまうのです。したがって、光は動くことによって、破壊し、光が通った後に新しいシステムが生まれるのです。新しい秩序が生まれます。

あなた方のなかには、自分を破壊者であるとみなすことに困難を感じる人もいますが、それは、破壊というものについて一つの信念体系をもっているからです。それは、一つのパラダイムであって、あなた方がその周波数に囚われ、そのような考えを打ち砕くことができなければ、現実の体験において、きわめて限定されてしまうことになるでしょう。その通り、あなた方は確かに破壊者です。あなた方は、暗黒のチームと無知が支配するシステムを破壊するのです。光はあらゆるシステムのなかに侵入して破壊しますが、その破壊の体験は、破壊されるものに対して意識がどれ程強く固執するかということと相対的な関係をもつことになるでしょう。

戦いが厳しくなったときに、あなた方を助けてくれるのは誰でしょうか。救助隊はどこにいるのでしょうか。〝あなた方がその人なのです〟。この大転換が起きるためには、あなたが、自らもっているものを活用して、それを引き起こさなければなりません。ありとあらゆる世界、領域から信じられないほどの援助の手が差し延べられていますが、すべてはあなた方にかかっているのであって、私たちが鍵を握っているのではありません。あなた方は、ただ、コミットと、決意と、意思力によって、振動数を変えるのです。

肉体としてのあなたがどのような存在なのかを発見しなさい。というのは、肉体こそ、この三次元の世界において力を発揮するものなのですから。肉体に方向を与え、肉体を活用し、肉体と一体になりなさい。肉体の内部に光を運ぶことによって、地球に新しい周波数がもたらされ、その周波数が情報をもってくるのです。光の周波数にはあなたが誰であるかの歴史と、あなたという存在意識の歴史が内蔵されています。すでに説明したことですが、その意識があなたのデータベース、ないしは細胞構造から外されてしまったのです。それは、あなた方の神となるべく地球にやってきた存在たちは、あなた方が彼らと同じような能力をもっていたのでは、あなた方を支配することはできなかったからです。そこで、彼らは、〝落下〟と呼ばれる生物発生の実験、および突然変異を起こしました。これが行われて以来、人類の無知はさらに支配的なものとなりました。彼らは、この他にもさまざまな実験を行い、これは実に長い期間にわたって行われてきました。

光とは、すなわち、これまでばらばらだったものを一緒にするということにほかならず、これを実現するためにあなた方がしなければならないことは、ただ、〝ある〟だけでよいのです。あなた方がただ〝存在し〟、あなた自身の人生を進化させていくとき、光の家族の他のメンバーもあなたと同じように進化していくと考えてよいのです。これは、正真正銘そうなのです。あなた方は、ここにいるというメッセージをテレパシーで送るのですが、それは、私たちがあなた方に対して〝私たちはここにいますよ〟というのと同じです。私たちも光の家族のメンバーであり、情報をもってきてはそれをいたるところに知らせます。

あなた方の一人ひとりが、自分のまわりに築いている境界線というものを調べてみる必要があります。あなた方は、自分は進化した存在で、より大きな全体像も見えるようになったし、多くのものが見えると信じているかもしれません。確かに、あなた方が出発したときと比べれば、進歩していることは事実です。しかし、自信をもって宣言しますが、あなた方は自分自身に対して張り巡らしている境界線というものに気付いていません。この境界線によって、自分にできること、できないことについての信念が規定されています。この境界線によって、あなた方はこの現実の周波数に束縛されています。

あなた方が自分で張り巡らした境界線に基づいて、自分はこういう存在なのだと宣伝し、宣言することによって、あなた自身のなかに目覚めつつある情報とともに前進することが妨げられています。その情報とは魂の高まりの一部なのです。現実のさまざまな皮がはぎとられ、魂の領域と波長が合うようになります。それが、魂の進歩です。境界線をとり払ってほしいのです。すべての側面を規定し、守ることを止めてほしいのです。

光を担うというのは、大変な仕事です。一度光を身体に入れてしまうと、変化のプロセスが開始されます。これはすでに経験している人もいるわけですが、このプロセスというのは、つねに喜びに満ち、魂を高めてくれて、楽しいことばかりというわけではありません。このプロセスにおいて、状況があまり楽しいものいでなくなってきたときに、進化し、変化することを妨げることになる行動の最たるものは、さまざまな出来事に対して恐怖感をもって反応することです。誰か他人を非難したり、めそめそ泣き言をいったり、不平をいったりするかもしれません。そして、あなたは誰かの犠牲にされたと感じたり、信じたりするかもしれません。

私たち以外の地球の人々はこれを信じてくれるでしょう。しかし、彼らは光の家族のメンバーではありません。もちろん、地球上には何百万という光の家族がいて、長いあいだ、黒Tシャツのチームが支配してきた地球に光が戻りつつあります。黒Tシャツのメンバーは、恐怖感、否定する心、戦争、貪欲などの感情を文字通り食い物にしてきました。ここは自由意思地帯であるがゆえに、こうしたことのすべてが許されてきました。根本創造主は光の家族であるだけでなく、暗黒のチームでもあります。根本創造主は〝すべてのもの〟です。

私たちはあなた方にいろいろな物語を語ることによって教えます。多分、いつかあなた方は私たちの物語の本質を見抜くときがくるでしょう。そのとき、あなた方には私たちの物語はもはや必要ではなくなり、それまでのさまざまなパラダイムを打ち砕き、より大きな現実を把握することができるでしょう。その日がくるまで、私たちは物語を通してあなた方に語りかけ、あなた方を楽しませながら、あなた方が怖がって立ちすくんでしまうような場所に誘いつづけるでしょう。その場所とは、あなた方の魂の旅のもっとも深いところでコミットしている場所です。

間もなく、本当にこの周波数のキーパーになることにコミットしている人と、ただ、そのことを話しているだけの人とを区別する必要が出てくるでしょう。周波数のキーパーは地球に一定の安定性を作り出すように依頼されることになるでしょう。というのは、彼らは、つねに、自分がこの現実を創造していることを知っているからです。彼らは、意識とエネルギーを意識的に方向づけることによって、人間の法則に逆らう方法を身につけています。私たちが語っている完璧さ、コミットメントとはこれだけの深みのあるものです。

私たちは、ただ言葉のやりとりをして、あなた方をよい気持ちにさせるために地球にきているのではありません。私たちがここにきているのは、あなた方が誰であるのかを思い出させ、あなた方がどんなことに同意したのかを思い出させ、地球で何を達成するかを思い出させるためです。私たちはあなた方のチアリーダーになるために地球にきているのであり、あなた方を励まして思い出させ、導きと助力を与えようとしているのです。そうすることによって、あなた方が、人間の体内で待っている奇跡をあなた方自身が発見できるようにしたいと願っています。

現在の時点で、あなた方にとってもっとも有効なあり方は、人々のところに出かけていって〝助けてあげる〟代わりに、ただ、あなた自身の周波数のキーパーでいることです。あなたの力のかぎりをつくして、いま起きつつあることをつねに首尾一貫して意識し、理解するように努めなさい。あなたに情報をもたらしてくれる光の周波数と波長を合わせ、創造の周波数である愛の周波数と波長を合わせてください。

食料源が創造神から奪われ、周波数の保護壁が貫通されるとき、地球のグリッドワークが変わることになるでしょう。実際のところ、地球は一つの通過儀礼を体験しつつあります。地球は地球に住むすべての存在を愛していますから、その住民が新しい存在に生まれ変わろうとしているときに当たって自らも進化をとげつつあるのです。この新しい存在のあり方においては、より大きな可能性が日常茶飯事となり、奇跡が当たり前のこととなります。それは、新しい周波数のなかで生活することになるからです。あなた方一人ひとりが、光に導かれ、自分が知っていることにしたがって自分の人生を生きることによって、この周波数が地球で生き生きと存在できることに手を貸すことになります。これは、個人的な性質の強い仕事です。グループで仕事をし、ある種のリーダーもいることはいるでしょうが、あなた方は、まず、一個人として進化をとげなければなりません。あなたがそうするとき、そして、あなた自身の光に導かれて自分の生き方をしていくとき、心のときめきを覚えることになるでしょう。

あなた方は、私たちと一緒に仕事をつづける必要はありません。あるいは他の誰であれ、誰か他の存在と仕事を継続していく必要もありません。継続が必要なのは、あなた自身とともに仕事をつづけることであり、私たちがより高い自分と呼んでいるものの意味を模索することです。〝より高い自分〟とはどのようなものか、感じてみてください。それは勝利に意気揚々とした、解放された、喜びに満ちた存在であり、もっとも高い達成をなしとげた存在です。

地球は、より高い自分を求めることにコミットした存在を必要としています。私たちが話してきた継続性というのは（それをあなたの人生にとり入れることこそあなた方に相応しいことですが）、あなた方の人生の瞬間瞬間において、あなたの存在の深いところで、このより高い自分を発見することに自分がコミットしていることを意識しつづけることです。このより高い自分への昇華というのは、周波数、感情の波、波動と言い換えてもよいでしょう。あなた方は、皆、波動を光と音という観点から理解しています。波動はつねに存在するものであり、知性のさまざまな形態を運び、伝えるものです。あなたが自分を見て、あなたが歩いている道がどのようなものであるかを忘れず、自分は光を体内にとり入れ、肉体の周波数を変え、地球の周波数を変え、人類の法則に挑戦しているのだということをつねに自らに思い出させるならば、世界中の本やテープのすべてが一緒になってできる以上の仕事を実現できるような、一種の継続性を生み出すことになるでしょう。

より高い自分に対するあなた自身のコミットよりも強いものはありません。あなたが、光のエネルギーと、自己高揚のエネルギーと、高い周波数にコミットするやいなや、あなたはそれと分かる存在になってしまいます。そして、あなたが仕事をさらに加速したいと願うとき、これらのエネルギーがあなたの前に差し出してくるものにしたがって人生を生きていかなければなりません。

まず第一に、あなた自身の光を生きなさい。あなた自身のなかにある光を勇気をもって生きなさい。隠れて生きるのではなく、堂々と光の存在として生きなさい。人々の注意を引きつけようとして、熱狂的に腕を振りあげたりせずに、あなたが知っていることをたんたんと語りなさい。ただこういうだけでよいのです。「これが私の信じていることです。これが私の生きている人生です」。たとえば、誰かが「風邪を引かないように気をつけてください」といったときに、あなたはそれに対して次のように答えることもできるでしょう。「風邪を引くということを私は信じません。私は身体を病気のために使うことはしません」。このように語ることによって、あなたは他の人たちを目覚めさせるのです。家族や、友達に、あなたが知っていることをさり気なく話してください。

どこにいるときでも、光の柱を使ってください。光の柱が頭のてっぺんから身体に入ってきて、クラウンチャクラを開き、あなたの身体を光で満たす様を想像してください。この宇宙の光の柱が高い宇宙からやってきて、あなたの身体を満たし、胸の中心部から外に出てあなたの身体のまわりに光の球を形成し、あなたが光り輝く光の卵のなかにいる様を想像してみてください。

あなたがあなた自身を愛し、地球を愛し、人類の境界線を再定義し、デザインし直して、従来の境界線を破壊するために地球にきているのだということを自覚すれば、そのことを人に知らせなければなりません。あなたは、このことにコミットして人生を生きるのです。もしも、あなた方が、「そのためにどれだけの時間を費やす必要があるのですか」と問うならば、私たちは、〝あなた方のもてる時間のすべて〟と答えるでしょう。そのすべてをです。それはあなた方が心配したりする必要のないことです。なぜなら、あなた方はすでにそういう存在として〝つねにそうであるからです〟。あなた方はそれを生きるのです。それが、あなた方の神たるゆえんなのです。あなたが光の人生を生きるとき、あなたと同じように人生を生きることに関心をもった人たちを、まわりに引きつけることになるでしょう。そして、あなたの仲間は増えつづけていくことでしょう。

「神よ、私をどうぞあなたの下で使ってください。私に仕事をください、そして、私に何ができるかを教えてください。私の光を生きて、私の真実を語り、この光をもって世界を駆け巡る機会をどうぞ私に与えてください」と、神に向かって語るコミットをあなたがしたとき、神はあなたに仕事をくださるでしょう。あなたは何をする気があるのかを明確にして、神と接触をはかってください。そして、神にどんなご褒美がほしいのか伝えなさい。あなたの周波数を高めるという自分自身に対するサービスになるかぎりにおいては、あなたは神と交渉することができるし、好きな契約を結ぶことが可能です。あなたが、自分自身に対するサービスの精神をもち、自分を進化させることにコミットしていれば、まわりのすべての人々をも高めることになります。それが奉仕です。奉仕活動とは、人々のなかに出ていって、自分を殉教者にして、「私はあなた方を救ってあげます」といったりすることではありません。奉仕活動とは、あなたが接触するすべての人があなたの歩む旅によって影響を受けるような人生を生きることです。

神に向かって元気よく、「いったいどうなっているんですか。私はもう待ち切れない。これまでずーっと待ちつづけてきて、やる気持ちだって十分あるんです。どうか、私の進化を加速してください」といっても何ら問題はありません。もしも、あなたが加速を望むなら、そのことに明確な意図をもち、飛躍する覚悟をしてください。そして、さまざまな象徴的な出来事が起きるとき、それに対して心を開いておいてください。

本が、たまたま棚から落ちてきたら、その本を読んでください。どこかにいくチャンスが訪れたなら、「残念だけど、そんな余裕がない」などといわないでください。それを実行してください。パートナーになる人がほしいといっているときに、誰かがあなたの人生の途上に現れたら、仮にその人の外見はあなたが望むものでなかったとしても、その人と付き合ってみなさい。それは分別ある行動とはいえないかもしれませんが、ひょっとしたら、そうすることによって、神があなたにパターンを破るための道を示されているのかもしれません。あなたが明確で、あらゆる機会を利用してコミュニケーションをはかるならば、あなたは長足の進歩をとげることができます。

あなた方は、どのように物事が現れるか、それがどのようなかたちをとるかということについてあまりにも心配をしすぎます。これを理解することは重要なことです。したがって、加速度的な進化を依頼するときには、あえて危険を冒して、論理的なあなたの頭脳が耐えられず叫び出すようなことをやってみてください。あなたの論理的な側面はこうした変化に対して足をじたばたして抗議したりするでしょうが、それは恐れているからなのです。あなた自身が、「私にはこれはできない」とか、「これは理屈が通らないことだ」などと言い出したら自分自身の声に耳を傾けてください。鍵となる言葉は簡単です。こういってみてください。「私は神によって導かれている。私は加速度的な進化を意図している。私は私の魂を高めてくれるような仕事をすることを意図している。私はあえて危険を冒してこれをやってみよう。その意味はよく分からないが、よい感じがする。だから、やってみよう」。しかし、よい感じがせず、意味も成さない場合には、やらないほうがよいでしょう。あなたの気持ちを信頼してください。

現在、間引きが行われています。選ばれた者の間引きです。〝選ばれた者〟と呼ばれるということは、どういう意味なのでしょうか。私たちが話をするときに集まってくる人たち、心の内なる歌声を聞く人々が選ばれた人たちです。あなたが選ばれた存在であるからといって、自動的に階級があがって必要な仕事を果たせるというわけではありません。誰があなたを選んだのでしょうか。〝あなたがあなたを選んだのです〟。あなた方は誰でも入ることのできないクラブのメンバーというわけではありません。しかし、ある意味では、そうともいえます。このクラブの会員には任意でなれます。そして、あなた方は、皆、どういう存在になるか、そして、なぜ地球に行くのかを決めた上で地球にやってきた人たちです。ここでもさらに強調したいのですが、あなた方、一人ひとりが、勇気というあだ名をつけられるほど、勇気を示すことが必要になるでしょう。

あなた方の多くは、押し入れに隠れたような人生を生きています。まわりの人たちに自分がどんなことを考えているのかを知らせようとはしていません。自分の部屋のなかでは、非常に極端なこともふくめてさまざまなことを安心して話しますが、職場や、家庭においては、口をしっかりと閉じてしまって、あなたにとっての真実を話す許可を自分自身に対して与えていません。

たくさんの人たちが、あなたの声を聞くのを待っています。あなたの声を聞いたとき、コードが反応することになっている人たちがたくさん待っているのです。したがって、選ばれた存在であるあなた方は、いま、さらに選び直されているのです。あなたの勇気が求められています。もし、いま、勇気を示すことができないとすれば、後になって勇気を示すことも多分できないでしょう。

あなた方は、皆、ある仕事を達成するために地球にやってきました。その仕事をすべきときはいまです。〝いま、現在です〟。変革の一〇年が、いま、始まっています。この変革が何を意味するのかを、あなた方が自分という存在のなかで現実化し、本当の意味で理解するとき、あなた方一人ひとりの人生が大きく変わることになるでしょう。この変化によって、あなた方は多くのものを放棄し、多くのものと別離し、そして、多くのものと合体することになるでしょう。その鍵となるのは信頼です。〝信頼〟という言葉ほど重要なものはありませんが、あなた方は、皆、信頼に踏み切ることができないといいます。

「信頼する」とはどういうことでしょうか。信頼とは、あなたの考えがあなたの世界を創造するということを、はっきりと心で分かっているということです。神聖なばかりのさり気なさと、心のうちにある知識とによって、〝もしも、あなた方が何かを思えば、それはすでにある〟のだということを、ただ確信することです。あらゆる表現の手段によって、くりかえし、くりかえし、私たちがあなた方に伝えようとしているのはこのことです。あなた方が、これを本当に悟ることを願って、いいつづけているのです。いったん、あなた方がこれを理解し、それを自分の人生で生きはじめれば、あなた方の人生は変わります。

あらためて強調しますが、行動を開始すべきときは、いまです。あなた方の時間がなくなってしまったというのではありません。というよりも、時間が凝縮してあなた方に殺到していて、もし、あなたがいま行動を起こさなければ、不快な体験をすることになるということです。前にもいいましたが、選ばれた者がふたたび選ばれているのです。あなた方は自分で自分を選びました。したがって、あなた方が自分のためにデザインした青写真にしたがって行動を開始しなければ、ある程度、時間切れになるという可能性はあります。世界がものすごい混乱状態となって、本来の光に基づいた人生を生きていなければ、時間切れになってしまうまでには、後、数年あるでしょう。別な言い方をすると、もしも、あなた方が、決断をするのを、延ばし延ばしにするならば、津波がやってきたときにその引き波にさらわれてしまうことになるでしょう。多分、文字通りに。

あなたが導かれて参加していることがどんなものであれ、それはあなたの進化を目的とする青写真と計画の一部です。あなた自身が進化することによって、地球全体の進化に影響をおよぼすのです。そして、あなたがするすべてのことはあなた自身の進化のためです。人間とはどういう存在なのか、地球とはどういう場所なのかをあなたが理解しはじめるとき、あなたは他の人たちのために新しい道を開きはじめます。そうすると、あなたがいままで想像もしていなかったような出来事があなたの前に現れることでしょう。あなたの理解を超えたようなことが起きるでしょう。それを私たちは、〝仕かけ〟と呼んだりするのですが、あなたがこれまで考えてもみなかったような機会といってもよいでしょう。このようなことが起きはじめたとき、あなたがあなたの光を生き、しかも勇気をもって生きているということがあなたにも分かります。

後、数年のうちに、光の担い手が問題視されることになるという可能性が大ですが、これも計画の一部であることを理解してください。あなた方は、あなたの現実をどのようなものにデザインするかについて明確な意図をもっていなければなりません。これによって、あなたが柔軟性を失うということにはなりません。要するに、明確な意図をもって行動するということです。このように宣言してください。「地球における私の進化の旅に助力してくれている私の指導霊、そして、すべての存在に対していいます。成功こそ私の意図するところです。私がするすべてのことにおいて私がつねに安全であることを意図します。私がするすべてのことにおいて、愛を受けとり、愛を与えることが私の意図です。大いにエンジョイし、必要に応じてすべてが潤沢に与えられることを意図します。物質の世界にあまりにも愛着をもつことにならないように意図します」。

進化するためにはあなた自身が努力しなければなりませんが、喜んであなたに協力しようとしている数多くの地球外存在、三次元以外の存在がいます。あなたは彼らの援助を要請しさえすれば援助が受けられます。あなたが援助を求めるときは、つねに、光の援助を要請しているのだということを明確に述べてください。あなたの本来のあり方を忘れずに、注意を怠らないでください。地球では、知性が豊かであれば、魂の意識も高いというふうに思われています。〃これは絶対に間違った考えです〃。非常に聡明で、人間の法則を超越することを習得した存在であっても、光の周波数、愛の周波数に基づいて行動していない可能性があります。このことに気をつけてください。そして、誰の助けを呼ぶかということにつねに明確でいてください。

何度もいったことですが、光の周波数は情報をもたらします。愛の周波数はすべての創造物への畏敬と繫がりをもたらすだけでなく、創造をもたらします。光の周波数を欠いた愛の周波数は、非常に不自由なものになってしまう可能性があります。愛の周波数はあなたの内部からくるのではなく、あなたの外からくるものであると考えたりすれば、この地球という惑星で何度も何度もくりかえされてきた同じ間違いをくりかえすことになるでしょう。愛の周波数を、まるで自分が聖人であるかのようにして喧伝《けんでん》する人を崇拝する間違いです。

理想的なあり方は、情報の周波数を運び、つまり、情報をえて、さらに愛の周波数で、それを強化することです。こうすることによって、あなたも創造の一部であると感ずることができ、創造について価値判断をしなくてもよくなり、それに怯えることもなくなり、創造の神聖さと完全性をそのまま受けとることができるようになるでしょう。被造物は進化をとげるなかで、自らのうちに存在するすべての意識に自分のことを教えるのです。

第13章 あなたは誰の目的ですか

「あなた方はある目的のために存在している」と私たちはいいました。誰の目的でしょうか。こんなことを考えたことがありますか。あなたは誰の目的ですか。

あなた方が目的をもっている理由は、意識のすべての側面はお互いに結びついているからです。このシステムの外には、いかなるものも存在できません。すべてが全体の一部なのです。私たちがあなた方に追求してほしい目的とは、このことにほかなりません。あなたが占有する乗り物の本質、あなたが生み出すエネルギーは、発達段階の一部であり、それには、人生のなかで個人的に探求していく目的があるということができます。しかし、全体のありように対して、あなたがどのような目的を追加するのでしょうか。誰か別な存在が、あなたの目的を利用し、そこを起点にして成長していくということを想像できますか。それは、あなたにしてみれば存在していることも知らないようなエネルギーです。

この宇宙は、ドミノシステムに基づいたかたちですべてが連結しています。意識のすべての側面が、お互いに影響をおよぼし合うためにこの地球に集まってきました。その理由は、この宇宙システムに存在する意識が自らを体験するにはそれしか方法がないからです。他のシステム、他の宇宙構造においては、それぞれのさまざまな意識が、まったく自由に存在できます。別な言葉でいうと、あなたはまったく独立して存在し、他のどのような存在の目的にも奉仕しないでいてもかまわないのです。しかし、この宇宙ではそれは許されません。

数多くのさまざまな宇宙があり、テーマが存在します。一〇〇セントで一ドルが構成されるように、さまざまな宇宙の集合が、エネルギーの集合体である何かを作り出します。やがて、あなた方が、いま、かかわっているような存在のあり方とは全然関係がないような存在のシステムがあるということが分かり、それを認識できるようになるでしょう。このシステムは、自由意思地帯としてデザインされていて、ここでは、すべてのものがお互いに結びついていて、協調し合っています。

自由意思の地帯でありながら、すべてのものがそれぞれ独立して存在しているような場所もあります。ここ地球においては、すべてのものが他のすべてのものと連結しているのです。すべてのものが独立しているシステムには、ずっと広いスペースがあります。スペースそのものというよりも、スペースについての意識が、ずっとより多く存在するといったほうが適切かもしれません。そのような宇宙は、実際には、この宇宙よりも空間的にはずっと小さなものであっても、意識の暗闇のなかで活動していないために、意識の空間はより広いということがありえるのです。

あなた方の目的は情報を体現することです。情報を体現することによって、周波数を通して他の人たちが情報にアクセスできるようにすることです。私たちがあなた方に物語を語るとき、あなた方は結果として情報を体現することになります。情報は光であり、光は情報です。情報を入手すればするほど、あなたはあなたの周波数を変えることになります。あなた方は、電磁波の存在であり、あなたのあり方のすべてを、他のすべての人々に伝えています。恐れている人がいればそれと分かるように、肉体の波長を合わせる方法を学べば、喜びのなかにある人もそれと分かるようになります。

あなた方が課せられた任務は、光を体現し、自分自身を人間のかたちにおいて可能なかぎり高いレベルまで進化させることです。あなた方がこれをなしとげるとき、必然的に数多くの人たちに影響をおよぼすことになるでしょう。あなたが、現在している仕事は、とくに立派なものではないと感じるかもしれません。たとえば、あなたはウェイトレスであるとしましょう。思い出してほしいのですが、大事なことは表面的なことではありません。あなたが出会うすべての人は、あなたの周波数によって影響されます。あなた方のなかには、しばらくは召使いのような仕事をつづける必要がある人もいるかもしれません。あるいは、親として、子供を育て守る責任を果たすように導かれるかもしれません。あるいは、必ずしも、栄光に繋がるような仕事とは思われないような仕事に従事することになるかもしれません。しかし、このきわめて重要な情報を自分自身のものにする時間というものを必ずもつことが大事です。それを自分の人生に適合させなければなりません。その情報そのものを生きることによって、それを認知することによって、そして、慣れることによって、その情報をあなたの世界の歴史のなかに適合させていかなければなりません。いったん、情報の周波数を終始一貫して維持するようになり、自分が誰であるか分からないために感情のローラーコースターを上下したりすることがなくなれば、任務を与えられるでしょう。その仕事は、あなたの前に差し出され、それがあなたの青写真の一部となることでしょう。あなたの青写真とは、この人生を生きるにあたってのあなた自身の具体的な行動計画のことです。

あなた方の多くはすでに自分の青写真を知っており、今後どのようなことに導かれていくかも知っています。あなた方は、それぞれ、自分のあり方のもっとも深いところでは、あなたの計画が何であるかを知っています。そうしたあなたの自覚を妨げるのは、そのような計画を実行するだけの才能が自分にはないとか、自分にはとてもできないことだと論理的に考えてしまうことです。あなたが瞑想の状態に入れば、あなたが誰であるか、現実とはどのようなものか、あなたの任務の次のステップは何かといったことについてのビジョンを与えられるでしょう。瞑想は、コミュニケーションの一つの状態であって、どこか遠くに行って道を見失うことではありません。瞑想とは、情報をえるための一つの方法であり、あなたに滋養を与えてくれる場所に行くことです。

あなた方はあなた方自身の目的へと進化をとげていくことでしょう。そして、おそらく、その目的は周波数に関係するものでしょう。つまり、周波数を変換し、他の人たちのために周波数を下げ、説明し、それを用いて他の人々を癒し、人類全体のために周波数を固定するといった仕事になるでしょう。あなた方がそれぞれ断固として周波数を保持し、しかも首尾一貫してそれができるようになったとき、そのとき初めてこの周波数を地球に固定することができます。その周波数を認知することは可能です。見つけることはできませんが、認めることはできるのです。そして、現在、この周波数は認知されています。だからこそ、この周波数を変えようとして、あわてふためいている存在がいるのです。いたるところで、周波数のコントロールが行われていることにあなた方は気付くことでしょう。いまや、あなた方はそれが周波数のコントロールであったことに気付くでしょう。

あなた方の人生におけるすべての出来事が、これからあなた方がすることのために、一歩一歩準備してくれたということが分かるでしょう。あるとき、あなたはボーイスカウトのリーダーとして、幼い男の子たちと一緒に仕事をすることを学んだかもしれません。またあるときには、レストランで働き、食事の作り方や、食事の出し方を学んだかもしれません。また、仕事を通じて、現実のある種の側面を創造してきたわけですが、それは、人間が、現在のシステムをどうやって超えていくことができるかを教えるときに、人間がどのような背景から物事を考えているかを理解できるようになるためでもあったのです。

私たちは、まるであなたが人間ではないような口振りで話していますが、私たちにとっては、あなた方は人間ではないのです。私たちにとっては、あなた方は光の家族のメンバーであり、私たちはあなた方の多次元である自己を知っているのです。あなた方の人間とのかかわりについて話すわけですが、それは、あなた方の任務が、人間と一体となり、人間を慰め、彼らの内部に光を呼び起こし、そうすることによって人間の絶滅を回避し、地球が新しい種と新しい領域の活動の場となるようにすることだからです。

DNAの進化について、また、人間と人間についての実験を、コントロール可能で、操作可能にしてきた周波数操作については、何度も話してきました。あなた方は未来で雇用されて現在の現実存在に飛んできて任務についているのです。そして、何度も生まれ変わることによって、何が人間をコントロール可能な存在にしてきたかを理解することになっているのです。こうすることによって、あなた方はシステムの内部で活動して、システムを変えることができます。あなた方が、論理的な考えと争っているとき、人間である自分と、つまり、現在のあり方を真実として受け入れてしまった自分と、光の家族である自分とが戦っているのです。光の家族であるあなたは、この現実を真実として受け入れてはおらず、より大きな宇宙の構図を学んでいるのです。

論理に基づいて行動するあなたのあり方の一部は、あなたに何かを教えているのだということに気付きはじめてください。人間のほとんどがどのように行動し、彼らの心に迫るにはどうすればよいかについての実地訓練をさせてくれているのです。直観に頼って、完全に信頼し切ったところから行動することがあなたにとって、非常に簡単であったとすれば、長い目で見れば、あなたは人類に対して非常な苛立ちを覚えることになるでしょう。そうすることがあなたにとってやさしいことであれば、他の人たちにとってはきわめて難しいということがどうして理解できるでしょうか。

人間は周波数によって長いあいだコントロールされてきました。人間はこの周波数のコントロールにあまりにも慣れてしまっていて、さらに、論理的な頭脳が最近になって過度に発達したために、非常に疑い深く、恐れています。人間の自我のこの暗い部分は、しっかりとコントロールされているために、人間はその部分に入っていくことすら恐れ、自分の力で情報をえることができるのだということも信じられないのです。人間のＤＮＡを再編成することによって人間の周波数を変え、さまざまなシナリオや出来事をこの地球上で引き起こして、さらに、そのような状況で生まれる人間の霊的なエネルギーの結果をさまざまなポータルを通じて自己目的のために宇宙に送り出してきた存在がいるということを考えれば、あなた方がどのような敵と戦っているかが理解できるでしょう。

あなた方、および地球が、論理だけに基づいて機能することを欲している存在がいます。その論理とは恐怖の論理です。この時点で私たちがあなた方に提供できる最善のアドバイスは、その論理を活用しなさいということです。自分に向かってこういってみてください「ここではほんの少しのあいだ論理を使ってみよう。そして、私の論理的な頭脳が何をしているのかを見てみよう。論理的な頭脳がとって代わりたがっているようだ。論理的な頭脳は、現実についての認識はこうだという情報を受けとっているようだ。私も、それとは異なった現実のありようについての情報をえている。私自身が、この二つの現実認識のあいだでどのように揺れ動くかを観察してみることにしよう。私は怒っているのだろうか。私は不安を抱いているのだろうか。私に魂の高揚をもたらしてくれるのは何だろうか。私に安全をもたらしてくれるのは何だろうか。この二つの考え方は、それぞれ私のためにどのような役に立つのだろうか。私は自分自身について何を感知しているのだろうか。私はどのように感じているのだろうか」。

こうしたことすべてを観察し、そのすべてを認めなさい。それから自分に向かってこういってみてください。「これですべてのあり方にそれぞれ舞台に立つチャンスを与えたのだから、私が何を欲するかを明確にしてみよう」。〝あなたが〟望むことを再確認してください。そうすれば、あなたは進化を望んでいることが分かるはずです。自分の心にあるいろいろな疑いを追体験することが、実際には神聖な計画の一部であるということが分かったでしょうか。あなた方の後をついてくる人たちが体験するであろうことの一部でもあるのです。あなた方は同情のセンター、心のセンターを開くことを学ばなければなりません。それは、おそらくもっとも難しいことの一つであろうと思います。あなた自身に対して、そして、他のすべての人たちに対して同情を感じることを学んでください。あなた方は、皆、すべてを手放し、感じることに身を任せる勇気のある人たちだからです。

あなたがさまざまな出来事にどのように対処するかを観察することがきわめて重要です。さまざまな出来事があなたの前に展開しますが、それはあなたがそれらの出来事を観察できるようにすることが目的です。あなた自身の行動を観察し、一人ですごす時間を大幅に増やすようにしてください。そうすることは難しいことが多いでしょうし、寂しさを経験することになるかもしれませんが。しかし、長い目で見れば、私たちが、あなた方を導いて、自分自身とのより意味深い出会いを体験させたことを、あなた方は感謝することになるでしょう。あなた方は豊かさと成熟を内包していて、それがあなた方をより高い意識へと導いてくれる可能性があるのです。

あなたの部分的な存在には見えないところで活動を展開するようにとの命令があるのです。あなたの部分的な存在が、何のビジョンもなく、何も見えずに動いているようなとき、さまざまな出来事が展開して、あなたを本来の道に戻してくれます。意識の新しい混沌と混乱の真っ直中に、また、すべてが不安定に移動しているその真っ直中に、神聖な秩序があります。

これは、ケーキを焼くことにたとえることができるでしょう。レシピの材料それ自体が、それぞれ、完璧な全体であり、それぞれが、独自の構造意識をもっています。卵、小麦粉、バター、砂糖です。これらの材料をミックスしはじめるとき、まるで大混乱を引き起こしているような状況になります。人によっては、「あなたはすべてを台無しにしているじゃありませんか。卵は壊れてしまったし、砂糖はどこに行ったんですか。重要な要素のすべてを打ち壊しているじゃありませんか」。そういう人は、熱がもっている触媒効果のマジックを理解していないのでしょう。

現在の地球では、個々の構造がすべて崩壊し融合して、一見すると混沌としか見えないものが創造されつつありますが、触媒のエネルギーが働いているのです。このなかから何か新しいものが生まれることになるでしょう。それはちょうどいくつかの材料をミックスすることによってケーキが生まれるのと同じことです。バターをミックスした後に、オーブンに入れてケーキを焼くということを知らなければ、ドロドロしたバターを見てこれはいったい何だと思うかもしれません。地球に住む人のほとんどは、混沌の背後にはより高度な秩序があるということに気付かないでしょう。つまり、ある料理が作られているところで、レシピ通りに進行中だということに気付かないでしょう。

あなた方の一人ひとりが、このレシピのなかでそれぞれ特別の任務をもっています。もちろん、このレシピにしたがってその材料の一つとなるかどうかについての決定をする自由意思をあなた方はもっています。この自由意思によって、あなた方がそれぞれの青写真に沿って人生を生きなければならないとしても、人生をどのように具体的にデザインするかの自由が与えられます。これを困難に直面しながらやるか、あるいはいとも簡単にやるか、貧しさのなかでやるか、豊かさのなかでやるか、それはあなた方しだいです。そうしたことはすべて、あなた方がどこに境界線を引くように信じ込んでいるかにかかっています。

あなた方がもっているすべての境界線を打ち壊して、自分のものになりえるものについての考えを制限することを止めさせるために、私たちは何といえばよいのでしょうか。私たちが達成したいと願っていることがあるとすれば、それは、あなた方がそれぞれまったく境界線をとり払って、自由になり、あなたが抱く考えがあなたの体験を決定するという認識をもつようになってもらうことです。あなた方が自分の望むことにしたがって一〇〇パーセント人生を生きるようになれば、この一年はもっとも成功した一年であったと私たちは感ずるでしょう。

あなた方の一人ひとりがそのコミットをして、より清潔で完璧な人生を生きるように私たちは依頼します。あなた方が責任を自分でとるなどとは考えたこともないような領域で責任をとるように依頼することになるでしょう。あなた方の一人ひとりが、たとえ何も理解できなくても、何が進行しているかを理解しているように行動してほしいと思います。あなたがするすべての選択において神による導きを受けているかのように行動してください。そして、あなたは、つねに、正しいときに、正しい場所にいるのだということを信じはじめてください。あなた自身に向かってこういってみてください。「私は神によって導かれている。私はつねに正しいときに正しい場所にいる。私がするすべてのことは、私のさらなる成長と、より高い意識と、より高い進化のためにあるのだ」。私たちは、あなた方がこれからつねにこのようなあり方でいてくれるように望むものです。周波数の生ける守り手でいてください。光があなた方の体に導入されるとき、あなたの体内の、光がコード化されたフィラメントが点火され、ＤＮＡの再編成が助長され、周波数が変わることになるでしょう。周波数とはあなたが知っていることです。周波数とは、あなたの存在そのものです。

過去において、多くのさまざまな次元が、同時に、この地球に存在していた時代がありました。しかし、この数千年のあいだに、人類が大きな混沌と暗黒に覆われるなかで、これらの次元は減退していきました。このような次元、現実、別な言い方をすると、存在の法則が少し異なった場所が、いま、戻りつつあります。あなた方は、これらの次元をこの地球に引っ張り、次元の融合を生み出すことによって、彼らが地球に戻るよう助力することができるのです。

ときとして、あなた方はこれらの次元に入っているのにそれに気付かないことがあります。とくに、地球上のいわゆる聖なる地を訪れたりすると、次元の違う領域に入ることがあります。異なった次元の周波数のなかに自分を見出し、すべてが変わります。あなたは、精神が高められるのを感じ、エネルギーに満ち満ちた自分を感じ、あるいは、気分が悪くなったりします。あなたが、次元の異なった世界に足を踏み入れるとき、何かが起きます。

あなたは次元の異なった状態のなかにいるため、必ずしも自分がそのなかにいるとは気がつきません。それが、次元融合の始まりです。あなたが、聖地から家に帰り、振りかえってみて、こういうかもしれません。「あれ、いったいあそこで何があったんだろう」。異なった次元を体験したときの気持ちは、そのような感じです。

次元の〝衝突〟は、こうではありません。その存在目的がこの時代に地球にあって変わることであるにもかかわらず、恐怖心にとり付かれて変わることを拒否する人たちは、このような次元との遭遇を〝衝突〟として体験することになります。彼らにとっての次元の融合は、一つのセメントの壁がもう一つのセメントの壁とぶつかるような体験となるでしょう。地球上の非常に多くの人たちは、大変な不快感を体験することになるでしょう。これは、神経組織の乱れという小さなかたちですでに起こりつつあります。人々は、進化することを拒否し、自分自身、および現実についてのあり方を変えることを拒否するがために、神経組織の病に冒されることになるかもしれません。他の人たちとかかわって仕事をしている人たちは誰でも、医療関係者、ボディーワーカー、教師、音楽家、などの人たちは、これが人間のジレンマであることを理解しなければなりません。そのジレンマとは、〝自己と現実の次元を変える必要性〟のことです。

あなたの意思と頭の働きを使って、現実がどのように創造されることをあなたは望むのかを決定してください。こうすることによって、あなた方はやがて、より高い意思とより崇高な計画があることに気付くでしょう。そして、あなた方は自己の意識に乗ってそこに到達し、神聖な道を発見することになるでしょう。この神聖な道は、意識の進化を求めるものです。人類は、長い長いあいだにわたって、他の存在が人間について語ったことを信じてきました。前にもいったことですが、これには一つの目的がありました。他の存在があなた方を支配したいと思ったのです。あなた方が魂の達成を目指して努力しても、それはこの地球では困難なことでした。なぜなら、DNAがばらばらにされているために、周波数の結合が地球ではできないのです。周波数の結合が地球に訪れようとしているいま、神聖な計画が地球に近づきつつあります。神聖な計画とは、グリッド、あるいは、青写真と考えてよいものです。そして、多次元の融合もいずれは起きることになるでしょう。多次元の融合がいつ起きるかは、あなた方しだいです。神の計画は、具体的にいつ地球で展開されるというように決まっているわけではありません。それは、人間たちがどれだけそのためのニーズを満たし、自分自身をマスターするかにかかっています。

「あなた自身をマスターする」とは何を意味するのでしょうか。神の計画を理解し、青写真にしたがって生きていくためには、あなた自身を見つめる必要があります。〝あなたが誰であるか〟をマスターしなければならないのです。あなた方の社会では、「私には資格がある。私はこれだけの規則をマスターし、それを活用し、それにしたがっている」というためには、試験を受けて合格しなければならないものがたくさんあります。たとえば、運転免許証をえるためには車の運転の仕方をマスターしなければなりません。あなた方のなかで自分自身の身体をマスターし、自分の意思通りに身体を使える人がどれほどいるでしょうか。本当に一握りの人だけです。なぜでしょうか。その理由は、それが可能であることを誰も教えてくれなかったからです。私たちは、あなた方にいくつかのことを思い出させるために地球にきているのです。

いまの時代に地球に存在するということは、非常に難しいことです。その理由はただ一つ、変化を地球にもたらすようにコード化されている者たちは、自分で自分に教えるようにコード化されているからです。地球における問題というのは、つねに、創造神であったのです。創造神が次から次へと地球にやってきたのです。これらの神々とは誰なのでしょうか。これらの神々があなた方を創造したのです。あなた方は彼らのプロジェクトなのです。あなた方は彼らにとって大切な存在です。しかし、一部の創造神にとってはあなた方はそれほど大切な存在ではありません。それは、彼らが、感情や気持ちが理解できないからです。そして、彼らのなかには、あなた方の現実とは異なった現実に夢中になっている者もいるのです。

意識は表現を許されています。あなた方は、あなた方を支配してきた存在による制限の枠内で表現を許されてきました。あなた方の見方からすれば、彼らが支配することを許したことは一度もないし、彼らが存在することすら全然知らないのです。彼らは、宗教、リーダーシップ、ときにはインスピレーション、といった名のもとに、さまざまなドラマを地球にもたらします。これらの出来事は、ある種の結果を達成するように仕組まれているのですが、信奉者を集めたりする結果になることもあります。そして、意図していたのとは異なったさまざまな可能性が生まれたりすることもあります。

私たちはあなた方にぜひ伝えたいのですが、いま、非常に大きな変化が起きつつあるのです。これはいくら強調しても強調し切れません。地球は大改造を体験しようとしています。この大改造は、現在のパラダイムからまったく想像もつかないようなデータを、人類が処理し、かつ考え出すということをふくみます。これは、あなた方の神経組織にデータが殺到することを意味し、神経組織が現実を支配し知覚していると信じているそのあり方から自らを解き放つことを意味します。

自らの肉体に、この情報をもつことを希望した光の家族のメンバーの仕事は、新しい周波数を、まず、自分自身の体内に固定することによって、それを地球に固定することです。これは簡単なことではありません。〝それは簡単な仕事であるようには意図されていません〟。あなた方は、この地球に簡単な任務を果たすためにやってきたのではありません。あなた方は異端者であり、これまでも異端者でした。もしも、あなた方一人ひとりに、ほんの瞬間でも、あなた方の多次元存在の記憶を蘇らせることができれば、私たちが話していることがすぐに理解できるはずです。あなた方の存在のもっとも深いところで、何度も何度も、さまざまなかたちで、さまざまな扮装をして、変化を固定する必要のある場所に行ったことがあるということを知っているはずです。あなた方は、何度も出かけては、パラダイムを破壊し、自らを解放し、これが自分であると思っていた存在のあり方を超えてきました。これが神聖な計画です。それは、すなわち、自己の融合です。

神聖な計画からさまざまな結果が生まれ、また、さまざまな種類の勢力もその周囲に集まってきます。光の勢力と暗黒の勢力について私たちが語るのを聞いたことがあるはずです。この状況をあまり深刻に受け止めず、たんなるゲームなのだということを知ってもらうために、彼らに〝白Tシャツ〟と〝黒Tシャツ〟というあだ名をつけました。同時に知ってもらいたいのですが、このゲームにはきわめて真剣な要素もあり、ゲーム全体に神聖な計画が働いています。この神聖な計画は、そのようにコード化され、この周波数を体現するために地球にやってきた存在のなかに、一つの波動として固定することが可能なのです。そのとき、あなた方は完璧なあなたの青写真へと上昇することができます。

あなた自身の命が、自分でそれが自分の命であると認められないような位置にまで上昇すると、非物質界のエネルギーがあなたの身体を伝導体として使うことが可能になります。すなわち、多次元を融合し、意識を解放して新しい認識の方法を作り出すための伝導体としてあなたの身体を使うことが可能になります。あなた方の世界に死と破壊が訪れようとしていますが、地球においても毎年秋になると死と破壊が訪れることを思い出してください。花々や樹木の葉は霜にあたって枯れていきます。さまざまなものが萎れ死んでいきます。季節がいつも夏である場所に住んでいる人が、初めて秋を見たときには非常に心を悩ませることでしょう。彼らはこう考えるかもしれません。「大変なことだ。この世界は破壊されつつある。すべての美しいものが消え去ろうとしている」。これと同じことが地球で起きつつあるのだということを理解してください。数多くの美しいものが生まれることができるように、一部のものが死んでいく季節です。これはすべて神聖な計画の一部です。

第14章 感情……刻まれた時の秘密

この宇宙には、人間の感情を、まだ、発見していない者たちがいます。地球上の古代の史跡を訪れ、他の時代に創造されたものを目《ま》の当たりにするとき、その場所に特有の周波数、波動を感じることができます。そこには鍵があるということが、あなたには〃分かります〃。そこにはメッセージがあるということが〃分かります〃。そこにはかつて存在したことがあり、そして、ふたたび浮上してくるであろう何かが隠されていることが分かります。これと同じように、人間の内部に、宇宙の進化にとってきわめて大切なものが隠されています。私たちは、このデータをコード、ないしは、マスターナンバーと呼んでいます。これは、この宇宙全体の生命形態を再創造し、生み出すのに不可欠な、光の幾何学の模様です。

人間は、ＤＮＡが変えられてからというもの、時の彼方に押し込められ、隠され、忘れられてきました。それは、人間という種が生き生きと存在し、異なった波動で存在していたのはずっと遙か昔のことであったからです。その時代は忘れられ、片隅に押しやられてきました。前にもいったように、あなた方は隔離病院に入れられてきたのです。それはまるで、あまりにも長いあいだ、時の檻に閉じ込められてきたために、いま、新しい時代が始まろうとしているときに、あなた方がここにいることが忘れられてしまったという感じなのです。

しかし、それを忘れていない存在もいました。彼らはこうした状況をすべて変えるという任務をもたせてあなた方を派遣しました。すなわち、記憶を蘇らせ、人間の存在価値を創造の最前線に引き戻すという任務です。あなた方は他の多くの種には想像もつかないようなものをもっているがゆえに必要とされているのです。それは、感情です。あなた方人間が完全にして豊かな多次元的な存在になるためには、お互いに協力し合う必要があるのと同じように、宇宙全体をまったく新しいオクターブに変えようと努力している存在がいます。彼らは、新しい領土に向かって進み、新しい領土を開拓しようとしている存在です。

〝時間の守り手たち〟は、データがどこに隠されているかを知っています。そして、あなた方が発見されたというわけです。あなた方は、このデータを光のなかに出すために選ばれました。私たちは、人間のＤＮＡを解放するという任務をもったあなた方を援助するために、私たちが存在する時から進み出てきた、というよりは、戻ってここにきています。私たちは、あなた方がＤＮＡを自分の身体のなかで再編成し、そうすることによって、〝生きた図書館〟の一部となるようにするために地球にきています。

すでにいったことですが、地球で、現在、起きていることが数多くの場所のあり方に影響をおよぼすことになるでしょう。ある種の宇宙の勢力に新しい方向づけをして、それらの勢力がまとまって、この宇宙がその本来のあり方を同時に意識するように仕向けるために、エネルギーが、現在、地球に送られつつあります。いま、この地球に存在しているのは、時の流れのなかに閉じ込められてしまった秘密のようなもので、感情と関係があります。この感情という贈り物には富みと豊かさが満ち満ちています。そこには、さまざまな現実を超越して、さまざまな意識の状態を通り抜け体験するという信じられないような能力が秘められています。感情によってある種のエネルギーは自己実現し、合体し、融合し、結びつき、一体となることができます。感情がなければそうした結びつきは不可能です。

この宇宙には、古代といわれる時代から存在していて、地球がどのような場所であるかを理解するにいたった人々がおります。彼らは、本当に長いあいだ活動をつづけてきた存在です。彼らは、われわれのシステムにとっても古代の長老ともいうべき存在で、あなた方の言葉を借りていえば、偉大な叡智をもった男性、ないしは女性として深く尊敬されています。実際には、彼らは男でも女でもないのですが。彼らはこのシステムにおける〝存在の守り手〟とみなされています。彼らこそは、船長が船を操縦するように、さまざまな動きを作り出し、システムを動かしている存在です。彼らはこの宇宙を軌道に沿って動かしている存在です。それが彼らの仕事です。あなた方にもそれぞれ仕事があるのと同じように、彼らの仕事は発見の軌道に沿って宇宙を動かすことです。彼らは自ら学び、旅をつづけるなかで、他の宇宙と結合しなければならないということを発見しました。

エネルギーを発射して新しい体験を作り出そうという計画があります。いま現在、地球と、あなた方もそのなかに同時に存在しているいくつかのシステムは、感情の再出現を実現させようと協力しています。その目的は、すべての存在が一つの存在に凝縮されたとき何が起こるかを理解することにあります。ちょうどあなた方が自分がどのようなものになることが可能かを発見しつつあるのと同じように、数多くの宇宙が一体になることによって何ができるのかを発見しつつあります。何が起きるかについての先入観は全然ありません。〝これはまったく新しい領域です〟。

感情がこうしたことすべてに対する鍵です。人間として、あなた方は霊的な自分といまの自分を結びつけるために感情が必要です。霊性を理解するには感情が不可欠です。それは、感情が気持ちを生み出すからです。霊的な身体と肉体は密接に繋がっています。それと同じように、感情的な身体と霊的な肉体も密接に繋がっています。霊的な身体とは、もちろん、肉体的な限界を超越して存在する身体のことです。非肉体の世界を理解するためには感情が必要です。だからこそ、これまで、この地球においては感情がしっかりとコントロールされてきました。あなた方は、感情をもつ余裕をほとんど許されないできました。そして、無力感を抱き、恐怖を感じるように仕向けられてきました。

あなた方の多くは、このような感情の壁を超え、それぞれの個人的な境界線を超えていくことを望んではいません。なぜなら、それは、苦痛をともなうかもしれないからです。ただ、呪文を唱えるだけで、そのような境界線がなくなってしまえばよいと思っているかもしれません。苦痛はあなた方に何らかの気持ちを体験させることになります。もしも、あなた方が苦痛以外の感情を体験することができなければ、頑固な人間であるあなたの注意を引くために、あなたは苦痛を生み出して、自分自身にあなたの能力の幅を自覚させ、生きることの体験を自らにさせるのです。こうすることによって、生きることの豊かさを感じることができます。たいていの人間は感情の中枢、あるいは、気持ちの中枢の部分を恐れています。彼らは感じることを恐れているのです。〝たとえどのような気持ちであってもそれを信頼しなさい。あなたの気持ちがあなたをどこかに導いてくれるということ、そして、あなたがどのように感じているかがあなたに悟りをもたらしてくれるのだということを信頼しなさい。〟あなた方は、皆、生命を体験したいという望みをもちながら、同時に生命から離脱したいという願いももっています。あなた方は、このような言い方をします。「ただこの地球にいて、力強い存在でいさせてほしい。しかし、いろいろなことを感じたり、参加することはしたくない。なぜなら、そんなことをすれば、苦しすぎるし、自分が駄目になってしまうから。私は人生を信頼しないんだ」。
あなたが感じることを恐れず、価値判断をせず、自分がどのように感じても、それを許すことができれば、大きな突破を体験することができるでしょう。なぜなら、そうすれば、感情に乗って他のさまざまな現実へと突入することができるからです。あなた方のなかには、感情に乗って他の現実に突入することはいうにおよばず、感じることを恐れ、この現実に参加することをも恐れている人たちがいます。それは、あなたが自分の気持ちを信頼していないからです。もしも、あなたが進化したいと望むならば、あなたの気持ちを騒がせる行動に突入してみることです。あなたがコントロールしていたいために、その問題のまわりを迂回することを止めなさい。その問題の真っ直中に突入して、あなたがコントロールしていられるかどうか試してみてください。

あなたは、どのように感じたらよいのかが分からないというのではありません。何らかの感情を体験しているときに、その気持ちをどうしたらよいのかが分からないだけなのです。そのような気持ちは、あなたの内部に無力感を呼び起こすために、自分の気持ちと、「あ、いけない、間違えちゃった」という感じとを結びつけて考えてしまうのです。あなた方の価値体系のなかには、感情的で苦痛や怒りをもたらす何かが出てきたら、それは悪いことだという限定された考えがあります。怖がってあなたの感情を避けることを、もう止めなければなりません。

怒りには目的があります。あなた方は、皆、怒りを片付けてしまいたいと思っています。怒りはどこかにしまい込んで、それがまるで悪いものであるかのように振る舞っています。あなた方は怒りは腐った野菜みたいなものであるかのように、捨ててしまい、裏庭に埋めてしまいます。まるで、怒りには何の目的もないかのようにそうしています。恐怖心にも目的があり、怒りにも目的があることを強調したいと思います。もしも、あなた方が恐怖心を表現し体験することを自分に許せば、それはあなた方の怒りの表現に繋がるかもしれませんが、何かを学ぶことができるでしょう。あなた方のなかで、恐怖心や怒りの気持ちは何が何でも避けたいと思っていて、これらの感情を本当に恐れている人たちは、恐怖心や怒りの気持ちから何か素晴らしいことを学ぶことができる人たちです。これらの感情は、あなた方をして個人的な存在と行動を規定する境界線を超えさせてくれるテクニックなのに、あなた方はこれを体験することをひたすら恐れています。

たいていの場合、あなた方は受け入れてもらいたいとだけ願っています。あなた方は、ある種のことをしなければ人は自分のことを好いてくれないだろうとか、ある一定の感じ方をしなければ人に好かれないだろうと感じています。したがって、あなた方は自分に対してそのような感情をもつことを許しません。怒りはそこで生まれるのです。あなた方が怒りの気持ちをもっているのは、あなたにできること、できないことに関して価値判断をするからです。あなた方が自分自身に対して、感じる許可を与えなければ、何も学ぶことはできません。気持ちはあなたを生命と結びつけてくれるのです。

気持ちは人間のためにさまざまな目的を果たしてくれるものです。あなた方が、皆、自分の気持ちを信頼し、養い、それに依存することを勧めます。あなた方の気持ちが多次元の現実へ行くための切符であることを忘れないでください。もしも、あなた方がこのゲームを真面目にプレーするつもりであるならば、多次元の世界は行かなければならないところです。多次元の現実においては、あなた方はさまざまな自己存在を同時に保持し、しかも焦点を合わせることを学ばなければなりません。気持ちはあなた方をこういう場所に連れていってくれるでしょう。とくに、あなたが信頼できる気持ちの場合には、これが当てはまります。あなた方のなかには、自分の感情に疑いを抱き、それを巧みに隠すことができる人たちがたくさんいます。あなた方はある種の感情が前面に出てくることを許さず、あるいはそのような感情が表面に出てきたときに、それがあなたをどこに連れていってくれるか、あなたのために何をしてくれるかを観察する代わりに、価値判断を下してしまいます。

あなたは何かを恐れているために、それを体験しないでいますが、それは、「もしそこに行けば、よくないことになる」という壁をあなたが自分で築いているからです。あなたは自分でブレーキをかけているのです。実際には、あなたがもつ恐怖心は、やがては、この恐怖の体験にエネルギーをもたらして、あなたを前進させてくれるのです。それは、すべての考えは、その考えの背後にある感情に基づいて現実化するからです。したがって、ときとして、一番よいのは、「まあいいや、とにかくそこに行ってみよう。降参だ」といってみることです。そして、そこに自分がいる事実に対処し、気持ちのセンターにいてもそのことを心配しないことです。気持ちの中心に入っていって、なおかつ自分の気持ちをコントロールしようと意図したのでは、境界線を破壊し、価値体系を破壊してくれる感情に乗るために必要な活動範囲というものを、自分自身に対して許していないことになります。

怒りには目的があります。怒りには目的がないのではなく、痛みにも目的がないわけではありません。このような感情は、すべてあなたを何かに導いてくれます。気持ちの中心に入り込んで、その状態でどうやって落ち着いていられるかを学び、そうしているあいだにさまざまな機会を探索する意図をもつことも可能です。もしも、あなたが、「私はここで心を落ち着かせるぞ」といえば、自分自身に対して何の動きも許さないような感じがします。そうではなくて、ただ、心の落ち着きをもつように意図するのです。心の落ち着きは、物事が動揺しないということを意味するのではありません。心の落ち着きは、物事が揺らぐことを許すことを意味します。ボートがいまにも転覆しそうであろうと、穏やかな水面に浮かんでいようと、〝あなたがそれを許すのです〟。あなたはそれに乗って、それが静かな船旅であったか、大揺れの旅であったか、いずれにせよ、その出来事の体験を完了するのです。あなたの感情は他の存在にとっての食料であるだけではなく、〝自己にとっての食料でもあります〟。これによってあなたは自分自身に滋養を与え、あなたの存在確認を確立するのです。これが、感情を用いる周波数としてのあなたの存在です。感情はあなたに食料を提供し、あなたを、あなたたらしめるものです。

あなた方は自分で作っている境界線の一つ一つに対処していくことになるでしょう。その理由は簡単です。それはあなた方がしたくないことだからです。あなた方は次のような呪文を唱えたいと思うかもしれません。「金色の星屑よ、どうか、これまで私を限定してきたものすべてをとり払ってください。さあ。これで私は自由になったぞ！」。理想的には、こういけば非常に簡単かもしれません。それは、新しい回路を作って、感情中枢を迂回しようという典型的な態度です。あなた方にはある種の感情的な信念、あるいは気持ちがあって、それがあなた方の外部に境界線を作る手助けをしています。したがって、境界線を打ち破ろうとすると、そもそもそこに境界線を作った気持ちを何とかしなければなりません。あなたの感情の身体を通じて、あなたは霊的な身体と結びついています。あなたは困難なものは避けて通りたいと思うかもしれませんが、しかし、〝感情を経験することによって、困難に対処していかなければならないのです〟。

あなたは、難しいことは絨毯の下に隠して、こんなことはやりたくないというかもしれません。しかし、困難なことは実は宝物です。仮に、あなたが一〇万一千個の境界線をもっていたと分かっても焦る必要はありません。ただ、こういってみてください。「これはおもしろい」。そして、自分が築いた境界線をしっかりと見つめてみてください。それに向かって悪態をついたりせずに、ただその境界線を観察して、どのようにしてそれが生まれたのかが分かるかどうか試してください。それがどのような目的を果たしてくれたのか見てください。そういう品物を買ったのは、どこの店だったか考えてみてください。

あなたがあることを認め、認識し、手放す用意ができるやいなや、それは動きはじめます。固執し、恐怖心を抱いて、「この境界線は好きだ。これは私の役に立っているんだ」と考えれば、自分自身を限定することになります。

あなた方は、〝自分の感情を愛さなければなりません〟。あることを困難だと描写するかぎりにおいては、あなたがそれを困難にしているのです。他の誰かがそうしているのではありません。そうするときには、いま、訪れつつある変化に抵抗し、それに価値判断を下しているのです。いったい何が起きているのかが分からないと感じて、自分でコントロールしたいと思っているのです。コントロールというのはきわめて便利で役に立つものです。しかし、それは、瞬間接着剤と同じように、正しいときに、正しい場所で使わなければなりません。瞬間接着剤を間違った場所に使えばあまりよいことはありません。あなたは瞬間接着剤を手につけたり、唇につけたりしたことがありますか。瞬間接着剤を使うのと同じように、コントロールの使い方を学ぶ必要があります。瞬間接着剤を間違って使うと、変なところにくっついてしまって、身動きがとれなくなって、どうにもならなくなります。コントロールも同じことです。あなたは身動きがとれなくなってしまい、自分でくっついていたいと思わないものにくっついたままになってしまうでしょう。何をコントロールし、何をコントロールしないかの決定には非常に注意する必要があります。昔ながらの人間のパターン、あるいは現存するパラダイムはこういうでしょう。「あなたがコントロールしなければいけない」。

光の家族のメンバーであるあなたは、いま、目覚めを体験しつつあります。〝あなたは感情を必要としています〟。あなたは感情と友達にならなければなりません。なぜなら、感情を通じてあなたは梯子をかけ上って多次元の自己と一二のチャクラシステムにいたることができるのであり、その上で、発見すべきものを発見することが可能になるのです。自分の気持ちを通して、何かが起きつつあるのか、ないのかが分かります。論理的な頭脳は、身体が感情と繋がっていないと、何かが進行していても機能を停止してしまいます。感情は周波数の変化を記録しますが、論理的な頭脳は周波数の変化を記録しません。

あなた方は周波数の変化の始まりを体験しつつあります。あなた方は人生のさまざまな部分を変革し、多くのものを諦めるように導かれています。これらの変化に抵抗しないでください。また、何がやってくるのか分からず、あなたの気持ちが邪魔をしているように見えてもあわてたりしないでください。あなたの気持ちは、ただ、何かをあなたに見せようとしているだけです。それが気にいらないのは、気持ちが邪魔をしているとあなたが感じ、後でそのために恥をかくだろうと思っているからです。

賢くなってください。このような気持ちになったときは、すぐにこのように考えてください。「よし、いま、何が起きつつあるのか私には分かっている。ここで停滞しないようにしよう。これには何か私が学ぶべき教訓がある。私は何かを変えなければならないということだ。私はガイドによって導かれ、青写真にしたがっていることを信じている。だから、価値判断を下さずに、この流れにしたがっていくことによって、何が待ちかまえているのかを見てみることにしよう。私に関するすべての変化が、喜びとともに訪れ、安全で調和のとれた状態で達成されるように要求する。それが私の命令だ。私が意図している進化にかかわるすべてのことが、そういう状況の下で達成されることになるはずだ。私は、喜びと、安全と、調和を体験する。だから、私はこのエネルギーとともに進んでいき、私の何が変わることになるのか、そして、何を諦めなければならないのか確かめてみようと思う」。

あなたの記憶が定かでなく、自分自身のなかに信頼を築きあげていないとき、あなたが心を閉じてしまうのは当然です。なぜなら、変化に対する準備ができていても、何が起きつつあるのか理解できないからです。人々が、感情中枢を信頼し、それに基づいて行動することがきわめて重要です。問題があなたの感情中枢を活性化し、あなたに不快感を覚えさせたならば、あなたが気に入らないその気持ちを直視してください。これこそあなたの本質なのです。これらの気持ちこそ、あなたの宝石であり、宝物であり、その気持ちを通じて、あなたという存在がどのようなものであるかを学ぶことができるのです。それはあなたの跳躍台であって、縁を切ることはできないものです。そのような気持ちをどこかに押しやって、「嫌だ、そんな気持ちをもったときの自分は好きじゃない」というわけにはいかないのです。しかしながら、現実をそのように認識していたあなたを変えることはできます。あなたがそもそもどのような存在であるかについての認識と理解が深まるにつれて、その場所にいた存在を振りかえってみて、そのときのあなたがどんな存在であったかについてまったく新しい理解をえることが可能になるでしょう。このプロセスは、現在、進行中です。このプロセスがお互いのなかに見えはじめるようになるでしょう。

あなたの友達がそれぞれの問題を体験していくとき、そのことを大切にしてあげなさい。ただ、その問題に巻き込まれないでください。それがあなた自身のためであるならば、やりなさい。しかし、他の人々が自分のドラマを長引かせる手伝いをしてはいけません。いまは問題をさっと通り抜けていく時期であり、一年三六五日そのような問題を演じる時期ではありません。あなたの物語は、一回、二回、三回ぐらいまでは話してもよいですが、それで十分です。すべてのことをすべての人に話す必要はありません。なぜなら、すべての人がそれぞれいろいろなことを体験しつつあるからです。これが理解できるでしょうか。あなたがあなたのことについて間断なく話しつづければ、肝心なことを見逃してしまうことになるからです。というのは、あなたはあなたが話している事柄を実際に実行し、それを観察する代わりにただ話しているだけですから。現在、起きつつあることについて話すことによって、あなたは人の注意を自分に引きつけようとしているだけなのであって、それは必要のないことです。

さまざまな出来事はつねに進行中で、決して終わるということはありません。なぜなら、それはあなたの問題なのですから。もしも、あることが、ある時点であなたにとって苦痛に満ちたものであったとするなら、これは保証してもよいことですが、必ずいつかそれと似た出来事に遭遇することになるでしょう。そして、そのときまでに、あなたは以前にはなかった同情心を自分のものとしているのです。あなた方はこうしたすべてのことをまったく異なった観点から見ることができるようになるでしょう。

現在、出てきているのは、そもそもあなた方の現実認識を妨げてきたものです。それはハイウェイシステムが切断され、情報の流れが止まっていた、感情の身体の一部なのです。その結果、あなた方は苦痛を体験し、肉体の苦痛を感情の苦痛として翻訳したのです。あなた方にボディーワークを受けるように勧めたいと思います。ボディーワークの意味は、要するに、宇宙の外からエネルギーをもってきてあなたの体内にとり入れ、そのエネルギーをあなたのさまざまな身体に吹き込むということにほかなりません。その他の身体とは、精神的、肉体的、感情的、霊的な身体のことです。そして、エネルギーのグリッドを適合させるのです。エネルギーのグリッドが適合し、細胞の記憶を妨害せず、エネルギーがあなたの身体に入ることを許すとき、そのエネルギーはあなたのチャクラを通り抜け、あなたの身体にデータを提供してくれます。あなたが恐れを抱き、心を閉じ、誰か他人を悪者にし、あるいは否定のスペースに心を置くとき、あなたは停滞します。そのような状態のときには、光があなたの身体のなかに洪水のように入ってきても、グリッドと合わないのです。したがって、あなたは混乱し、誰もがあなたとは何の関係ももちたいとは思わなくなります。なぜなら、あなたは混乱を放射するからです。混乱状態とは悪いものではありません。あなたが永久にその状態にとどまらないかぎり、混乱状態というのは悪くないものです。

あなたが感情を否定するとき、あなたは非常に大規模な地球レベルの変化が自分の心のなかに起きることを求めているのです。竜巻や、ハリケーン、あるいは小さな火山の爆発があちらこちらで起きることを許すとき、あなたは自分の感情に表現の自由を与えています。したがって、あなたの個人的な環境がそのような嵐に影響を受けることはありません。

気持ちはあなたを人間と結びつけてくれるものです。気持ちがあなたをあなたの感情と結びつけてくれます。感情は、こちらの存在領域にいるあなたを霊的な身体と結びつけてくれるのです。私たちがいわんとしていることは、感情、あるいは、気持ちはこの現実において生きることの鍵であるということです。感情がない状態で数多くの現実が存在していますが、この現実においては感情が最大の贈り物です。もしも、あなたがこの人生で感情的な自己を否定するならば、あなたの人生を止めてしまっているということを悟る必要があります。もしも、あなたが、感情的な自己の一部であることを拒絶するならば、私たちが話しているゲームに参加することはできないでしょう。あなたは、テレビを見ては、何度も何度も犠牲者のように感じる体験をつづける大衆の一人となるだけでしょう。もしも、あなたが感情の体の内部に痛みを覚えるならば、なぜ、そこに痛みがあると信じているのか、その痛みは何の目的を果たしているのか、そして、なぜ、感情を通じて痛みを作ることを選択しているのか、自分自身に聞いてみてください。なぜ、あなたの選択は喜びでないのでしょうか。〝すべては選択です〟。あなた方に、このことを思い出してほしいのです。

第15章 地球の通過儀礼

この美しい地球は、深遠にして気高い宝物であるがゆえに、遙か彼方の宇宙からさまざまな存在を引きつけ、彼らは地球にある美しさをいとおしむために地球にやってきます。あなた方のなかにある美しさを感じ、その美しさをあなた自身の存在の内部で生き生きと鼓動させてほしいと思います。この美しさがあなた方のなかに入ることを許すとき、それはあなた方を深く突き動かし、あなた方人間は、地球の美化を最大の優先事項とするようになるでしょう。あなた方が地球に対する責任に目覚めるように、この考えをあなた方のなかに種としてまきたいのです。私たちは、あなた方自身に対する責任をあなた方の内部に目覚めさせました。そして、いまや、あなた方はありえる最高の自分に向かって歩みはじめています。おめでとう。さて、それでは、あなた方は地球のために何をするのでしょうか。そして、また、それをどのようにするのでしょうか。

できるかぎり、あらゆる瞬間において最高の自分でいるようにと教えました。地球はあなた方の家であるわけですから、あなた方のもつこのエネルギーをどのようにして地球に拡大すればよいのでしょうか。そして、また、あなた方が知っていることによって地球にどのようにして影響を与えればよいのでしょうか。

あなた方のなかで、自分の地所を聖なる場所とみなして歩き、どんなにそれを大事なものと考えているかを大地に伝えたことのある人が何人いるでしょうか。そのようなコミュニケーションをすることによって美しい地球とのかかわりをもつことができるようになるでしょう。〝行動とかかわりをもってください〟。あなたが出すゴミを見てください。あなたが捨てているもの、あなたが意識していないものを見てください。これは、あなた方に自分自身に対してしてほしいといったこととまったく同じことです。あなたの考えを見つめてください。あなたの心に散乱しているゴミを見つめてください。私たちがあなた方にこれまで教えてきたことのすべてを地球にまで拡大することができます。あなたがどこに行こうとも、地球とコミュニケーションをはかり、あなたがいま目覚めつつあるということを地球に伝えてください。あなた方は自分を一本の光の糸と考えなければなりません。どこを歩いていても、運転していても、飛行機で飛んでいても、あるいはどこかを訪問していても、あなた方はあなたの光の糸を運んでいるのです。地球にますます多くの光の糸が撒かれるようになるにつれて、やがて、宇宙全体が光の波で覆われることになるでしょう。

私たちは、いま、嵐の前の静けさのごとく、減速しようとしている世界に住んでいます。この減速をするにあたって、まず、この地球を意識的にもっと大事にすることから始めることができます。現在の地球の支配的な意識によれば、とくにアメリカ合衆国についていえることですが、もっとも立派に見える芝生をもつことはステイタスシンボルです。もっともかっこうよく見える芝生を作るために、あなた方は、できるかぎり多くの殺虫剤と肥料を使用します。そして、しまいには、芝生は居間のなかにおかれたカーペットと同じように見えてしまうのです。このような価値観はいったいどこからやってきたのでしょうか。そして、また、このことにどんな意味があるというのでしょうか。このような価値観における意味というのは、誰かがお金を儲けたということです。つまり、市場キャンペーンをはって、その品物に正当性を与え、そして、誰かがそれを買ったということです。

地球とコミュニケーションをはかってください。地球のいうことに耳を傾けてください。そして、この美しい地球に、どうすれば調和のなかで生きることができるのか教えてもらってください。これはゆっくりと時間のかかるプロセスです。一夜のうちにマスターすることはできないでしょう。地球の次の言葉を聞いてみてください。

「あのですね、あなたは自分の皮膚に殺虫剤をかけてほしいと思いますか」。地球に殺虫剤を撒けば地球はそのように感じるのです。地球は一つの意識をもった存在であり、あるいは、さまざまな意識存在の集合です。地球を構成するさまざまな意識をもった存在たちは、この意識の調和を愛するがゆえに、意識の集合体に加わったのです。彼らは、また、意識の母体となる体験を求めてきています。これは、あなた自身が、バクテリアやその他さまざまな皮膚や体内に住んでいるものにとっての母体となっていることと同じことです。あなたは彼らと一緒に働いているのです。地球は、良き母親となるためには、子供たちに教訓を学ばせてあげなければならないことを理解しています。あなた方の教訓とは、もちろん、責任という教訓です。もしも、あなたが何かをほしいのであれば、それに付随したさまざまなことをする必要があり、そのゴールを達成するためには責任をとる必要も生じてきます。地球は、あなた方人間が地球の表面、および内部に破壊をもたらすことを許すことによって、人間に責任というものを教えているのです。

地球が危険にさらされ、人間が破壊の道を行きすぎてしまったとき、人間が自らの住み家をきちんと面倒見なければならないことを悟らせるために必要なことを地球はすることになるでしょう。つまり、地球の住民であるあなた方がより大きな教訓を学ぶのに必要なことをするでしょう。人間に対する神聖な愛と、教師としての役割の神聖な受容のなかで、地球はその秘密と力をあなた方に教えてくれるでしょう。その目的は、あなた方が不遜な態度を捨て、地球との協調と愛情に満ちた気持ちでこの大地を歩むにはどうすればよいか、その方法を教えることです。

このことはほぼ不可避的に、地球が何か大きな変化を引き起こすという圧倒的な可能性に繋がっていきます。その目的は、人間の意識を捉えて、いま、人間に欠けているものが何であるかを指摘することにあります。地球が一つの変化を起こして、ある日の午後、二千万人の人々が一度に地球から姿を消せば、たぶん人間も目覚めることでしょう。〝たぶん〟。

あなた方は、何度も何度も地球の変化についての予言を聞いてきました。あなた方のなかには、これを半信半疑で聞いてきた人もいます。そのようなことはあなた自身に対して起きることはないだろうと思ってきました。他の人たち、地球の反対側にいる人たちに起きることはあっても、自分にそのようなことは起きないだろうと思ってきました。あなたが住んでいる町に、あるいは隣の町にこれが起きたらどうするのでしょうか。アメリカ合衆国の主要都市が崩壊しはじめたらどうでしょうか。ある朝目覚めてみたら、ニューヨークからワシントンＤＣまで大地に亀裂が生じていたとしたらどうでしょう。こんなことがあれば、少しは恐れをなすでしょうか。あなた方の生活を見直し、再構築する必要を感じるようになるには、これで十分でしょうか。

あなた方は世界でどのようなことが進行しているか、これまでよりも意識するようになりましたが、それは新聞がさまざまな話を報道するようになったからです。話そのものはすでにかなり長いあいだ進行していました。環境問題専門家や環境保護主義者たちは二〇年ものあいだ環境の変化について語ってきたのです。しかし、人々はこのような問題は自ずと解決するだろうと考えてきました。それに、環境問題のことを記事にしても新聞は売れないし、人々は自分の責任について学ぶことにあまり関心がなかったということもありました。この態度が裏目に出ることになるでしょう。たいていの人は知らん振りをし、そのような問題が突然どこからともなくやってきたかのように考えることでしょう。環境問題は悪化の一途をたどり、国によっては車を禁止するところも出てくると予測しておきましょう。

この時期における地球の教え、ないし教訓は、多くの事柄とかかわっています。周波数が変わるとすべてのものが変わります。周波数が変わるということは、いま住んでいる家から別な家に引っ越しをするようなものです。環境のすべてが変わります。これらの変化は、人々の生活を高めるようにとの意図の下にデザインされています。もっと簡単でより深い理解をもったレベルへと人々を引きあげるようにデザインされています。これらの変化によって、世界を固定した狭いものとしてだけ規定してきたパラダイムから人間を引き離すことが意図されています。

人間が地球の生命の質を尊重することによって、生命の本質に第一の優先権を与えれば、この惑星にはほとんど何の変化も起きることはないでしょう。しかしながら、ほとんどの人間は、とくに西側諸国の人たちがそうですが、これとは非常に異なった生命の質に関心をいだいています。電気製品をいくつもっているか、クローゼットにどれだけの衣服があるか、ガレージに何台車があるか、といったことが主な関心事なのです。このような製品を生産することが、あなた方の親であり、生き物である地球に対してどのような影響をおよぼすかということに、全然、意識が繋がっていません。

もしも、人間が変わらなければ、すなわち、人間が価値観を転換し、地球がなければ人間は存在できないのだということを悟らなければ、地球は自らの通過儀礼のために、またより高い周波数を求めて、大掃除をすることになるでしょう。この大掃除によって地球のバランスがふたたび回復されることになるでしょう。

ある日の午後、非常に多くの人々が一挙に地球を離れることになる可能性があります。たぶん、そのようなことがあれば、人々は、現在、地球で起きつつあることに目を開くことになるかもしれません。これまで、あなた方に刺激を与え、励まし、地球的な変化を起こさなければならないことを悟らせようとさまざまな出来事がありました。さまざまな草の根の運動が非常な勢いで広がることになるでしょう。地球で何が起きるかは、一人ひとりの人が変化する気持ちがあるかないかにかかっています。

この問題であなたの責任はどこにあるのでしょうか。変わることにどれだけの意欲をあなたはもっていますか。ただ話をするだけでなく、実際にやるときがきました。あなた自身の生活において変化することにコミットするとき、あなたは地球全体に対して、変化する機会を提供します。

地球は、いま、自らの完全な姿に向かって努力しています。現在、地球は不完全であり、尊重されておらず、愛されていないと感じています。地球は、あなた方を愛し、あなた方に活動の場を提供しています。地球は生きた有機体です。地球は、いままさに自らの完全性をふたたび打ち立てようとしています。そして、あなた方人間に、地球を愛することによって自分を愛することの大切さを理解させようとしています。あなた自身を愛し、地球を愛しなさい。なぜなら、あなたと地球は同じものなのですから。

地球の変化は、現在のシステムを破壊する上で重要な役割を果たす可能性があります。地球の変化によって、保険会社が崩壊し、それにともなってその他のさまざまな体制が崩壊することになるでしょう。金融会社の多くは抵当権を保険会社に売ることになるでしょう。金融会社はジャンクボンドに相当な投資をしているという事実があります。ハリケーンヒューゴやサンフランシスコ地震のような災害が後いくつか起きて、戦争やら地下経済との相乗効果も考慮すれば、彼らは今後どれくらい機能を継続できるというのでしょうか。書類の上ではまだ誰もこのことに気付いていません。いまは、小切手が一つの銀行から別な銀行に送られ、すべてが沈没寸前ギリギリのところで機能しています。そういうわけで、地球の変化が何らかのかたちで活用され、現体制の崩壊が生じる可能性が大といえるでしょう。地球の変化によって人間の魂の連帯と勝利が実現するでしょう。なぜなら、災害が起きるとき、人々は常軌を逸してでもお互いを助け合うからです。これによって人々の連帯が生まれるでしょう。

もし、それを計画として実行するつもりであれば、現在の地球をきわめて短期間に浄化することができるテクノロジーはあるのです。しかし、現在、地球に住む種、人間は、地球に対する責任をとっていません。したがって、そうすることには意味がないでしょう。人間は自分が住んでいる巣を大切にすることを学ばなければなりません。あなた方は、皆、自分の身体を大切にすることを学ばなければなりません。なぜなら、身体がなければここにいることはできないし、地球がなければここに存在することは不可能なのですから。あなたの身体と地球は、あなた方にとって二つの最大の神よりの贈り物であり、あなた方が所有するもののなかでもっとも大切なものです。この地球とあなた方の身体が神聖であることを表現し、地球と身体への愛と慈しみを表現することが一番大切なことです。そうすれば地球への愛があなた方の家庭において、敷地において、あなた方がかかわりをもつ土地において、またあなたの身体という土地においても、共鳴することになるでしょう。

地球はあなた方が想像しているよりもずっと強靭なものです。地球はあなた方に食料を提供し、あなた方をサポートするために存在しています。動物たちもまたあなた方と協力するために存在しています。もしも、すべてのことが愛をもってなされるならば、根本創造主の力を授かることになるでしょう。愛をもってことを行えば、傷つくこともなく、いかなる害もなされることはないでしょう。あなたのとるべき行動についての基準がほしいのであれば、自分自身に向かって次のように聞いてみてください。「自分はもっとも本質的なあり方に基づいて行動しているだろうか。愛情をもって行動しているだろうか。地球、動物、私が出会うすべての人たちとのかかわりにおいて、そして、私がするすべてのことにおいて、愛が意図になっているだろうか」。

地球を愛し、尊重するならば、地球のすべてを活用することができます。油田で仕事をしている作業員の一団が、掘削機の刃を地面に突き刺す前に、手をとり合って神の導きを求め、地球にそれを突き刺す許可を求める姿を想像することは難しいかもしれません。しかし、もしも、そういうことがなされれば、物事はずっと調和のとれた状態になることでしょう。あなた方は返事もしないものに対してコミュニケーションするなんて愚かなことであると笑います。しかし、産業関係者、教育者、そして、すべての人々が、まず最初に自分のもっとも高いあり方にコミットし、関係するすべてのものへの愛にコミットし、地球、および人間に何の害もなされることがないようにと求めるならば、それは信じられないほどのレベルで受け止められるでしょう。それによって、高度な文明の計画が始動することになるでしょう。そのような意識が芽生えつつあります。多くの人々がこのような情報を、現在、受けとりつつあります。

人間の多くは自分を前面に押し出して、本来のあり方に立脚するという立場をとることを好みません。それは問題に巻き込まれたくないからです。彼らはこういうでしょう。「いまの仕事をキープして、安全を確保しよう。それでよいじゃないか」。どんな社会であっても、そこにいるすべての人々の安全が奪われたとき、もっとも信じがたいようなことが起きます。庭に植えられた花のように、勇気が花開きはじめるのです。それは、何も失うものがないからです。このような状況においては、人間は立ちあがりはじめます。

あなた方の努力が無駄になるとは決して感じないでください。あなた方の頭脳を活用して、あなたが欲するものを明確に意図してください。非物質界の援助を求め、あなたが望む結果を心に描きなさい。あなた自身があなたの現実を創造するのだということ、そして、他の人々もまた、彼らの現実を創造するのだということを理解してください。すべての人が、いつでも目を覚ます機会を与えられています。どんなことであっても、物事にとり組むときは、より大きな構図を基準にしてとり組みなさい。

十分な数の人々が自分の現実を自分で創造しはじめるとき、意識的に創造するということですが、新しい惑星が創造されるでしょう。世界が文字通り分裂することになるでしょう。この分裂はおそらく二〇年間のあいだは起こることはないでしょう。そのあいだ、地球は度重なる戦争によって荒廃することになるでしょう。非常に不思議な、わけの分からないような宇宙のドラマが一部の宇宙存在によって演じられることになるでしょう。彼らは、自己がどのような存在であるのかを、公開実験をやりながら模索する必要のある存在たちです。

地球は、さまざまな次元が衝突するコースに進路をとっています。そして、数多くの次元、ないしは可能性がこの一〇年間にお互いに接触し合うことになるでしょう。これらの現実のなかにはショッキングなものもあるでしょうが、それがショッキングなものであるかどうかは、それぞれの人間が現在の意識を蹴飛ばして新しいパラダイムにまで到達するのにどの程度のショックを必要としているかにかかっています。ショックは必ずしも破壊を意味するものではありません。ショックというのは、あなた方が現実をどう捉えるかを変える一つの方法でありえるということにすぎません。あなた方が何かにショックを受けたときはつねに、ほんの数秒前までの現実把握の方法が通用しなくなってしまいます。それはまるでみぞおちに蹴りを入れられたような感じで、すべてが一挙に変わってしまうのです。世界の行く手にはさまざまな次元が交錯し、現実が崩壊するように見えるでしょうが、それは、現実が崩壊する必要がある人々にとってだけそのように見けています。それは国のレベルにとどまるものではありません。地球レベルでさまざまなショックが待ち受えるにすぎません。

可能性の概念によれば、現実が一つであることはなく、あなた方自身も思いを通して絶え間なくさまざまな現実に入っていく体験をしています。あなたが世界を変えるというのではなく、あなたが住む世界を変えるということです。これは、世界は固定したものではないという考えに繋がります。世界はエネルギーによって構成されています。そして、エネルギーは、その世界に参加している者が抱く考えによって形作られます。

可能性としてのさまざまな地球、可能性としての体験がつねに存在しているし、これまでもつねに存在していました。いまの〝あなた〟が知っているものとはまったく異なった人生を生きている、可能性としてのさまざまな〝あなた〟がいます。あなたは周波数であり、エネルギーです。あなたのために音楽を奏でて、あなたという存在を造りあげているエネルギーの和音の響きに合わせてあなたは脈打っています。それはあなたにとって非常になじみの深いものであるために、あなたがしている体験の一つの側面に絶えず焦点を合わせていることができます。体験はさまざまな観点から獲得されています。いま、あなた方は、普通は気付かないことに気付くことができるように、どうすれば周波数を変えることができるか、どのようにしてビートを変えるかを学んでいるところです。

あなた方の肉体の内部で起きている神経組織の変化がおよぼす影響に関して、あなた方はつねにモニターされています。あなた方の身体の構造改革は、神経組織が片側一車線のハイウェイから、片側六車線のハイウェイに変わるようなものです。これが実現すると、あなたが自分で体験した出来事と同時に体験した他の出来事を思い出すことになるでしょう。最初はこれをどう理解すべきなのか、対処のしようがなくあっけにとられることになるでしょう。

たとえば、これから二年が経過して、一九八九年または一九九〇年の感謝祭のディナーのことを思い出すとします。すると突然、これまで全然覚えのない出来事についての記憶が蘇ってくるのです。しかもそれは感謝祭のディナーとまったくときを同じくした出来事なのです。感謝祭のディナーについては確かに〝覚えがあった〟。このとき、あなたは二つの感謝祭に同時にいたのだということを悟るのです。神経組織が新しい鼓動を開始し、身体が本来の図書館の機能を発揮し出すと、こういうことが起きます。光がコード化されたフィラメントが自己改造を開始し、もっている情報を放送すると、神経組織はそれを運び翻訳しなければなりません。

現在、エネルギーの巨大な二極化が起きつつあり、これには数多くの参加者と観察者がいます。観察するためにに地球にやってきた者の多くは破壊する目的ももっています。彼らはこのときにあって、自分の〝問題〟を学ぶためにやってきました。同時に、素晴らしい世界を創造することに一〇〇パーセントの意図をもって参加している存在もいます。私たちが見るところでは、可能性の諸世界が形成されるにつれて、地球上の人類に大きな転換が起きるでしょう。大きな混沌と混乱が生じ、国々はお互いに戦い、これまでなかったほどの数の地震が次々に起きるように思われることでしょう。まるですべてのものがばらばらになり、元に戻すことは不可能のように見えることでしょう。それは、あなたがこれまでの古いパターンを捨てて、新しいエネルギーのなかに入っていくとき、あなたの人生がガタガタと音をたてて揺れ動くのと同じように、地球は、いま、身体を揺すって自由になろうとしているのです。したがって、一定の調整期間が必要になるでしょう。また、さまざまな動物や魚たちが地球を離れていくように思われるでしょう。彼らは、いま形成されつつある新しい世界に移動していきます。彼らはその存在を停止しているわけではなく、ただ新しい世界に抜け出ていき、あなた方がくるのをそこで待っているだけです。

これを説明するのはなかなかに難しいことです。というのは、それは三次元の体験を超えた世界の出来事だからです。基本的には、あなた方は四次元に移動しつつあります。この移動が完了したとき、あなた方は文字通り新しい地球を作ることになるでしょう。それはまるで目を覚ますと、そこには生まれたばかりの美しい世界があったというような感じでしょう。地球の上空では、たくさんの観察者たちがあなた方がこれをどのようにして実現するかを見守っています。彼らは、また、あなた方に援助の手を差し延べています。多くの人々にとって、この転換はまったく不可能であるように見えています。しかし、錬金術師として、また古代アトランティスの寺院でこの種のエネルギーの研究をしたあなた方にとっては不可能ではありません。さまざまな時代のなかであなた方が受けた訓練はあなた方の身体のなかにコード化されて入っていて、いま迎えつつある局面への準備をしてくれています。地球が変化をとげる時期に地球を離れていく人々は、もはやここには適さない人々です。彼らは地球の調和を制している人々です。一度に二千万人の人々が地球を去るときがくると、地球にとどまる人々の意識に非常に大きな転換が起きるでしょう。多くの人々が亡くなると、それは残された人々の意識に衝撃を与えます。

自分自身を拡大してください。仕事、睡眠、食事といった現実だけでなく、他のさまざまな現実にも居住することを開始しなさい。目が覚めているときには、あなたの頭脳をさまざまな可能性に向けて拡大し、アイデアをあなたに向かわせなさい。アイデアはただです。いたるところにあります。地球に向かってさまざまな考えが絶えず放送されています。

地球がシフトするとき、すべての人が同じ体験をするということはありません。破壊を体験する必要のある人たちは、地球のシフト、ないしは地軸の転換を破壊によって体験するでしょう。それは、彼らが新しい周波数に適合しないからです。より高い周波数を保持する用意のできている人たちは、周波数のシフトを体験するでしょう。したがって、ある人たちにとってはそれは生命の終り（彼らの理解しているところでは）であり、破壊そのものの体験であるでしょうが、ある人たちにとっては素晴らしい喜びに満ちた体験となるでしょう。すべての可能性があります。思い出してください。あなた方は、思考の結果として現れる象徴的な世界に住んでいるのです。外に現れる世界は、あなたの内部で進行していることをあなたに現してみせてくれているのです。ですから、世界が破滅するとするならば、それは何を表しているのでしょうか。新しいシステムとエネルギーを勃興させるために、内部にあるものを崩壊させているという意味にほかなりません。

何が起きるかについて恐れたり心配せずに、社会のなかで起きるさまざまな変化を愛し、祝福することがきわめて重要なことです。たとえわけが分からなくても、すべての出来事には、神の手が働いてあなた方の魂を高める機会が隠されていることを理解しているという周波数のなかにつねにいることがあなた方の仕事です。あなた方は類い希なほど怠け者の種です。あなた方はそれが誰であっても、仕事上の上司であれ、妻であれ、夫であれ、あなたのために何かをやってくれる人であればその人にあなたの力を与えてしまいます。何度も何度もあなた方は力を他人に与えてきました。あなた方を自分自身に向かわせるために、自分の人生に責任をもたざるをえなくするような出来事が必要なのです。地球に訪れる変化を祝福しなさい。そして、これらの出来事のなかで、あなた方が明確に欲するものが現実化するということを信じなさい。あなたは試練に会うことでしょう。あなたはこういうかもしれません。「私は被害者だろうか。私のまわりの世界は崩壊してしまうのだろうか。それとも、すべてが崩壊しつつあるように見えながら、実は、世界そのものが高まりつつあるのだろうか」。

あなたがまず第一に信じなければならないことは、あなたは正しい場所で、正しいときに、正しいことをしているだろうということです。正しいときに正しい場所にいるように意図すること、意図するよりもさらに明確にそれを〝知っている〟ことが、あなたをガイダンスに対して開かれた存在にするでしょう。自分で探さなくても、土地であるとか、誰かと会う機会があなたの前に現れてくるでしょう。そのとき、あなたはそれを見て、「これは私のためのものだ。いただこう」といえばよいのです。

信じようと信じまいと、現在、あなた方が理解しているような人生に別れを告げる時代がきます。というよりもくる可能性があるといったほうがよいでしょう。文字通り、現在、あなたが所有している家を、ほんのわずかばかりの持ち物をもって出ていくかもしれません。現時点ではとてもありそうなことには思えないでしょう。あなたの内なる何かがこういうでしょう。「神様、世界はいったいどうなってしまったのでしょう。私にとって大事なものとは何なのでしょうか。私が生き残るために何が一番重要なのでしょうか」。すると、神がきて、あなたを導き、生き残るために何がもっとも大切なのかを教えてくれるでしょう。それは、要するにわずかばかりのものをもって出ていくということを意味するかもしれません。あなた方のなかには、この人生において、文字通り自分の家の敷居に立って、家のなかを覗いて、そのなかにあるものはすべてが何の意味もないという現実に直面することでしょう。なぜならば、もっとも大切なのは魂にかかわるものであり、あなたの命だからです。あなたがこれからなろうとするものに照らしてみれば、物質的な所有物やコレクションには何の意味もありません。あなたをそのような行動に駆り立てるのに必要な出来事を想像できますか？　小さな出来事ではとても無理であることが分かるはずです。

人類が進化するという運命をもっていることを忘れないでください。あなた方が知っているような人生は、これから一〇年すればばなくなっているでしょう。あなた方が知っている世界、あなた方が知っている現実、さまざまな楽しみや、未来についての計画、休暇などといった、いま、あなた方がやっていることのすべては、もう存在しなくなっているでしょう。あなた方は自分自身の進化のために地球にきているのです。その進化が世界的な規模でどのように実現するかは興味津々のところです。少数の人々の進化の話ではありません。人間という種全体の進化のことをいっているのです。人々の目を覚ますには相当な出来事が必要になるでしょう、だからこそ、あなた方が勇気をもって人生を生き、光を生きる勇気をもつことが、あなた方の重要な挑戦となります。

あなた方のすべてが、アメリカインディアンの教えに触れることができるように意図することを勧めます。スウェットロッジ、ドラミング、ダンスなどを通じて彼らの教えの探求を始めてください。これによってあなた方のなかにある多くのことが目覚め、母なる地球について多くのことを学ぶことができるでしょう。あなた方は儀式にコード化されているのです。儀式を行うとき、あなた方の身体は、あなたが誰であるか、あなたが何を知っているかを思い出しはじめます。

私たちの見るところでは、一九九〇年代はさまざまなコミュニティーが大きな影響力をもつことになるでしょう。五〇エーカー（二〇ヘクタール）から一〇〇エーカー（四〇ヘクタール）、小さいところでは二〇エーカー（八ヘクタール）ほどの土地に共同社会が生まれ、三〇人から一〇〇人ほどの人々がそこで生活することになるでしょう。そのグループはそれぞれが自分の内なる声に耳を傾けることによって集まってきた人々によって形成されるでしょう。これらの新しい共同社会で活用される科学技術は愛に基づいたものとなるでしょう。科学技術そのものは何も問題がないのです。現在の地球で使われている科学技術のもっとも大きな問題は、それが人を高めるためにではなく、人を分離し、操作し、支配するために使われていることです。愛のともなった科学技術こそ鍵なのです。どこからともなくやってくる科学技術に関する情報をたくさんの人々が受けとることになるでしょう。あなたはある発明のための情報を与えられますが、それが何の発明なのか、全然、見当もつかないというようなことがあるかもしれません。その発明を実現するには、その情報を誰か別の人に教えなければならないかもしれません。この新しい科学技術を生み出すために、人々はともに仲よく協力し合うことでしょう。

意識の進化とは、一つの意識を別な意識から分離するのではなく、結びつけるということもふくみます。一人の人があるアイデアを出して、別な人がそれを現実化して、またさらに別な人がそれを販売するということもあるでしょう。私たちの見るところでは、巨大な発明の地下マーケットが生まれるでしょう。これらの発明品は従来の市場に出してはいけません。あなた方にこのような能力があることが知られれば、あなた方はあっという間に消されてしまうからです。このような地下の科学技術はコミュニティー同士で交換され、この科学技術によってさまざまなことが可能となるでしょう。

土を愛し、土の反応、すなわち地球の反応を引き出すことができる人々とともに生活するというのは、あなたのこの人生においてもっとも生きがいのある経験となるかもしれません。土を愛し、地球にあなたが何を求めているのかを知らせれば、地球はあなたに滋養を与え、あなたの面倒を見てくれるでしょう。

第16章
時代を先駆ける異端者たち

一九六〇年代は準備の時代でした。この時期に最初の目覚めがあり、新しいパラダイムを生み出すことが可能であることがあなた方に示されました。六〇年代の一〇年間に、あなた方は、突然、それまでの世代の人々が抱いていた価値観を離れました。六〇年代にはさまざまな出来事がありました。平和運動や肉体で表現する運動などなど。肉体で表現する運動によって、肉体を見つめること、人間のセクシュアリティを受け入れ、それを意識をもって分かち合うようになりました。意識をもってというのは、衣服を脱いで、セックスをシェアするようになったということです。それまでの世代の人々は衣服を脱ぎすてることなく、衣服のなかに隠れている肉体の部分を見ていたのです。一つの意識が生まれました。平和と自由の考えが生まれました。これはいってみれば幼稚園の時代です。

一九九〇年代は、魂の運動を地球にもたらす時代です。地球のかぎられた場所にだけではなく、地球全体にです。地球のいたるところで覚醒が始まっています。私たちは世界中を旅していますが、世界のいたるところにあなた方の仲間がいるのが分かります。あなたもその一員である光のチームは、すべての場所にチームのメンバーを配置しました。いたるところにライトワーカーがいます。あなた方は本来の姿に戻りつつあります。

セクシュアリティへの運動は、物質主義から離れる運動です。ここ何年かのあいだ、多くの人たちが自分の身体に関心をもち、肉体を再生し、エクササイズをし、肉体をもっと美しくしようとしてきました。これは、あなた方が魂の世界に入っていけるようになるための準備にすぎませんでした。魂の世界は本当にわくわくするような場所です。その世界にはもっと柔軟性があります。旅行でさまざまな場所に行くこともできるし、素晴らしい冒険を楽しむこともできます。何の制限もありません。

物質的な現実があなた方にとって満足のいくものでないのは、それが制限されたものであるという考えをあなた方が鵜呑みにしたからです。あなた方がそれを鵜呑みにしたのは、そうするように前もって同意していたからです。このような限界のアイデアを信じ込み、光について何も知らず、その全存在において限界を信じ込まされてきた人々の気持ちを理解するというのが計画の一部なのです。あなた方は電磁波で地球を変えていきます。いうなれば、地球の配線を変えて、他の存在たちが、皆、本来の姿を思い出せるようにします。彼らが、いま、どのようなところにいるかが理解できて初めてこの仕事は可能になります。

もしも、あなた方がすべての記憶をもった状態で地球にやってきていたとしたら、地球にとどまることを望まなかったでしょうし、地球の他の人たちの気持ちが理解できなかったでしょう。そういうわけで、あなた方は光のない世界に入り込み、この世界が理解できるようにあなたの光を忘れた（あるいは成長する過程でぼんやりとした記憶を維持した）のです。そして、いま、この世界を、あなたが代表する光と神の世界に統合し、地球の価値観とデザインを一〇〇パーセント変えるときがきたのです。異端者は時代の先を走っています。地球にやってくる異端者の考えは、つねに、後になって素晴らしいものであると判明するのです。ですから、勇気をもちなさい。これらの新しい考えが馬鹿にされているように思われるかもしれません。非物質の世界であなた方を援助するためのさまざまな活動が展開されていることを忘れないでください。また、あなた方のそれぞれには進化の青写真がある一方で、あなた方は地球全体の青写真の一部であり、地球全体の意識の一部であることを忘れないでください。あなた方はその地球の青写真にしたがって他の人々の目を覚ましているのです。

あなた方のそれぞれが情報を体現し、その伝え方を学ぶにつれて、あなた方は次々と押し寄せる波のように次々と目覚めていきます。もしも、すべての人が一度に目を覚ましたら、大変な混乱が生じることでしょう。目覚めは、その人が対処できるようなやり方で起きます。なぜなら、対処できないほどの光を入れてしまうとヒューズが切れてしまうからです。電流の容量が合わなければ、その本体は破壊されてしまう可能性があります。あなた方はこれを目撃することになるでしょう。神経組織、および記憶と関係する病気が地球全体に広がることになりますが、これは、その人たちがエネルギーに対処できない結果です。彼らは、それに怯えるでしょう。彼らは多次元の存在である自分の一部を垣間見て、自分は気が狂ってしまったと考えるでしょう。それから、自分の妻や夫、子供たちからその狂気を隠さなければという考えにとり憑かれてしまうでしょう。人々はこのエネルギーが理解できないため、狂乱状態に自らを追い込んでいくでしょう。

神経組織こそ、あなた方の古代の目を開かせる鍵であり、あなたが誰であるかを思い出し、どこから自分がやってきたのかを思い出し、いまどこに向かっているのかを思い出すための鍵であることは、どれほど強調しても強調しすぎることはありません。神経組織がこの電流を体内にとり入れ、その高度なエネルギーを転換して体内に適合させ、肉体を進化させて意識そのものであるこの高いエネルギーによって滋養をえられるようにしなければなりません。これが、文字通り、現在、進行していることです。

それはまるで、生まれて一日しかたっていない赤ちゃんを連れてきて、一年で三〇歳の大人にしてしまう乳児用の食事をさせるようなものです。あなた方にこれから二〇年にわたって起きることは、これと非常に似ています。生まれたばかりの赤ちゃんが、一年で三〇歳になるのです。それを実現するためにその赤ちゃんが何をしなければならないか、そして、また、身体がそのような成長をとげるためにどういう適応をしなければならないか、考えてみてください。さまざまな身体器官、その器官がもつそれぞれの機能、ホルモンについて考えてみてください。

あなた方はそれぞれコミットした光の担い手なので、オーリックフィールド（霊体のエネルギー磁場）にある程度の開きがあります。一条の光がもたらしてくれる開きがあって、そこを通ってあなた方の指導霊が降りてきて、あなたがあつかえるだけのエネルギーが入ってくるように見張るゲートキーパーになっています。あなたの知性、頭脳、エゴが「もっと、もっと、もっと」というかもしれませんが、ゲートキーパーは、あなたが光の担い手であり、ある仕事にコミットした存在であるから失ってはならない存在だということを理解しています。あなたがあなた自身の破壊に熱中し、最高の意思を飛び越えて自分自身の意思に入り込んでしまえば話は別になりますが。

神経組織は、肉体内部のハイウェイですが、そのハイウェイに入ってくるデータをあなたがプロセスできる速さと同じ速さで進化できます。あなた方の多くは、暗闇に満たされた体内の一部にある洞窟の掃除をしています。これらの洞窟は、いまの人生に起因していることもあるでしょう。たとえば、子供のときに遡るかもしれません。あるいは、人によっては、別な人生に遡ることもあるでしょう。あなた方のなかには二五年から三〇年、この旅をつづけている人もいます。なかには、この旅を始めたばかりの人もいます。すべての人が同じ量の時間を必要とするわけではありません。三〇年のあいだコツコツとやってきた人たちは、道案内人です。この人たちが波動の周波数を設定したのであり、新しくこの旅を始めた人たちはその周波数を感じることができるのです。新しくこの旅に加わった人たちは、周波数を探し求める必要はありません。地図は完成しています。そして、その地図にはあなたの身体が入っています。

あなた方はお互いを必要としています。仲よく調和を保ちながら仕事をすることが絶対に大切なことです。調和を保ちながら仕事をしなければ、アトランティスの二の舞になって、破壊を何度もくりかえすことになるでしょう。〝調和が必要です〟。

あなた方の多くが神とともにこの新しい周波数を広め、人々に、現在、何が起きつつあるのかを知らせる仕事に携わることになるでしょう。波が次々と押し寄せるように人々が目覚めていくことでしょう。それがこの惑星のために設定されている計画です。根本創造主から送られてくる創造のための宇宙光線があなた方の銀河系の周辺にきていて、それがまずこの場所を動かしているのです。それが原因で、さまざまなエネルギーが地球に集合しています。彼らは、地球の大転換に参加して、彼らが属する宇宙にそのような変化がきたときの準備をしたいと思っています。

いままさに大転換が起きつつあります。この変化とどのようなかかわりをもつかは、もちろんあなたしだいです。あなた方の世界が、いま、二つに分裂しつつあるということ、光とともに動く人々は光の世界に行くことになるということは前にもいった通りです。この分裂はすでに起こりつつあります。光を代表するより高い周波数の磁場で活動したい存在と、恐怖心、暗黒、混沌、支配、混乱を代表する低い周波数の磁場で活動したい存在の二極化がすでに始まり、どちらを選ぶかの選択も始まっています。

低い周波数の磁場を選択する人々は、あなた方を魔女であるとか悪魔であるというでしょう。それは、あなた方が彼らには理解できないものを代表しているからです。あなた方は変化を体現しています。思い出してください。たいていの人々は変化を死ぬほど恐れています。人間の意識で非常に興味深いことの一つは、安定性というものに首ったけであることです。あなた方は、安定性は望ましいものであるという概念をそのまま鵜呑みにしています。したがって、あなた方は、安定性を求めて一生懸命努力します。もしも、安定性がなければ自分は何にも値しないと、あなた方は考えます。安定性がなければ、存在することはできず、消えてなくなってしまうかもしれないと考えるわけです。

私たちが話の対象にしているのは、あなた方が知っている人たちです。なかにはあなた方の家族も入っているかもしれません。この新しいエネルギーを感じても、自分のためになるようなかたちで反応することができない人たちに対して、信じがたいほどの忍耐心と同情心をもたなければなりません。あなた方は非常に寛容にならなければなりません。他の人々が生命の大切さを学ぶために、自分自身を破壊することすら寛容な気持ちで許さなければなりません。

人間は自覚こそしていませんが、存在のもっとも奥深いところでは分かっています。一つの存在から、別な存在へと移り変わり、さまざまな体験を蓄積しては、魂がそのデータを理解し、かつプロセスして、あなたが一つの現実についての展望がもてるようにしているのだということを。いつの日か、あなた方は魂が体験したさまざまな人生や存在を概観して、まるで一つのクリスタルを手にとって見るように、その魂のエネルギーを保持し、そのなかにあるさまざまな様相や輝きを見て、そのときの存在を感じとり認知することができるようになるでしょう。あなた方の魂について、このようなことができるようになると、魂は現在はその一部ではありながら、まだ理解することはできない他の知性形態と接続することができるようになるでしょう。

私たちはあなた方の能力を最大限にまで引っ張って話しているので、何のことやらわけが分からないかもしれません。あなた方を完全に混乱させて、その混乱状態のなかでエネルギーを強くしてほしいのです。それから、好奇心をとっかかりとして、あなたがこれまで考えたことがないばかりではなく、それが存在することさえ知らなかった領域に入っていってほしいのです。これが私たちの意図していることです。すなわち、〝勇気をもって、ユーモアの精神で、自信をもって〟、新しい存在秩序を創造できる、より高い場所にあがってほしいのです。

すべてのものの帰するところは、周波数です。もしも、あなたがどれほどのスピードで自分自身が進化しつつあるかを知ったなら、あなたは椅子に座りこんで、頭を抱えてこういうでしょう。「とても私にはできない。あまりにも多くのことがありすぎて、とても私には無理だ」。それで、あなたはベールを被って、まるで何事も起きていないかのような振りをして生活をしています。しかし、実際には、あなたをより高い次元に近づけるさまざまな変化が起きていて、それによってあなたは絶えず進化しつつあるのです。一つの人生においてどれほどのことが達成できるかについて考え、そして、それを感じてみてください。後、一〇年か二〇年であなた方は重い肉体をもった存在から、光の時代の光の存在になります。これを想像することができるでしょうか。

あなたがする〝すべてのことが〟が、ピザを食べることもふくめて、神聖なほどに完璧なやり方において、その場所へとあなたを近づけているのです。

映画『ベストキッド』のなかで、主人公の子供は空手を習っているあいだ、非常にもどかしい思いをします。彼はマスターに出会ったのに、マスターを見つけたことに気付きません。やるべきことを与えられても、それは時間の無駄だと考えます。学ぶ一つ一つのことがより大きな全体を構成するのだということが理解できません。あなた方は、この子供に似ています。いろいろな部分が一緒になりつつありますが、エゴの観点から見ているために、これらの細かい部分が全体を構成するのだということが、いまのあなた方には理解できません。あなた方は仕事に就き、望むものは何でも自分のものになるということを発見するでしょう。それはよいニュースです。

注意して、あなたの意思が、神の意思や神の計画を不法使用しているときには、すぐそれに気付くように心がけなさい。つまり、非常識な行動をとって、あまりにも多くのことを自分で引き受けてしまうようなきのことです。鏡に映る自分を見て、様子がどうであるかをチェックしなさい。あなたの目を見てください。なぜなら、目はあなたの身体全体のあり方を表すものだからです。目がすっきりしていますか？　あなた自身の目をすっきりとした気持ちで見返すことができますか？　あなたの顔には皺がよっていますか、疲れたように見えますか、それとも穏やかですか？　体はどのように感じますか？　落ち着いた座り方ができますか？　体をすっきりと立たせることができますか？　それとも、身体をグッタリさせて座る必要性を感じますか、身体のなかのエネルギーを固定することができないためにいつもそわそわしていますか？　エネルギーを固定できない結果、身体はどうしたらよいか分からず、いつもそわそわしたり、ひきつったりしていますか？　あなたの指はいつも何かを叩いていますか、あなたはいつも爪をかじったり指をかじったりしていますか？　エネルギーが固定していないことを示す徴候はいろいろあります。あなたのまわりを見渡せば、誰がエネルギーを固定できないでいるか一目瞭然です。

このエネルギーをいったん、身体に入れて固定できれば、あなたの身体は軽く感じはじめます。あなたの皮膚、そして、おそらくは髪の毛も生き生きとしてきます。あなたの髪の毛は、あなたの健康状態の優れたバロメーターです。もちろん、常識とつねに付き合っていることが大事です。常識によって何が正しいのか、正しくないのかはすぐに分かるでしょう。

時々、エネルギーが強くなりすぎて穏やかでいることも心を落ち着けることもできない状態にある自分に気付くことがあるでしょう。あなた方の誰もが、ある時点でこういう体験をするはずです。ある意味ではあまりにも多くのことが起こりすぎてどうしたらよいか分からないという感じをもつことでしょう。あまりにも多くのデータが入ってきてどうしたらよいか分からない、話しをしなければならない人が多すぎる、あまりにもいろんなことがありすぎるなどなど。こういう状態になったときは、自分を一つの電気製品だと思って、コンセントを電源から外してください。トースターと同じように、コンセントを抜いて使用できない状態にするのです。このようなときに一番大事なことは、休息することです。あなた方のなかには、とんでもないほどの量の睡眠時間を必要とするようになる人もいるでしょう。自分は怠け者だなどといって自分を責めないでください。ただ、それを認めてください。あなた方のなかには一日一八時間眠りたいと思う人も出てくるでしょう。〝そうしてください〟。それが必要なのです。あなた方が眠っているときに、身体がどんなところへ旅し、身体がどんな訓練を受けているのか、見当もつかないはずです。眠っているときは、この現実からコンセントを外して、別な現実で電源の補給を受け、いろいろな教えを受けるときなのです。さまざまな現実と現実とのあいだに橋がかかり、あなた方の目が開かれ、さまざまな現実を見ることができるようになり、その記憶を維持できるようになるでしょう。

中華料理のレストランに行けば、中華料理を食べます。そこでハンバーガーの注文はしないでしょう。イタリア料理のレストランに行けば、ラザニアを注文します。この地球というレストランには肉体があります。したがって、この肉体の範囲内において活動を展開するのです。

私たちは子供染みたような話し方をしますが、それは私たちのいわんとするところをあなた方に理解してほしいからです。私たちが使うたとえがどんなに馬鹿げたものであってもかまいません。要は、皆さんに理解してもらえればよいのです。そういうわけで、あなた方は地球というレストランにきています。そして、地球人の身体に入っています。なぜといえば、それがここで食べることのできるものだからです。それ以外のものはメニューにないのです。あなた方は、この地球レストランに新しいレシピをもってくるのです。このレシピは定期的に試されてきたもので、おいしいものであることは実証ずみですが、それはほんのかぎられた場所でしか、まだ、試されていません。

思い出してください、地球はずうっと昔に封印されてしまったのです。地球はある目的をもって創造されたのですが、何百万年かすると、まったくその道から外れてしまいました。あなた方の多くはこの地に何度も何度も生まれ変わってきては、本当に悔しい思いを体験してきました。それは、生まれ変わってくる度ごとに、何かをしようという意図をもってくるのですが、二回に一回は、その意図が何であったのかを忘れてしまったからです。

あなた方のなかには、この地球において存在の奥義をきわめ、次元上昇のプロセスによって地球を去っていった人たちもおります。また、地球を他の宇宙から隔離することを止めるべきときだと騒いだ人たちもおります。そのようなあなた方のお陰で、そして、また地球上の、また、地球のまわりにいる数多くの存在のお陰で、いまという時代が生まれました。

あらゆる生命の領域から、あなた方への援助の手が差し延べられています。しかしながら、他の存在にはあなたがやるべきことを代わりにやることはできません。というのは、あなた方は、人間がさらなる力をえるためには自らの動機づけによって進化をとげなければならないような生命のあり方をデザインしたからです。あなた方のなかで膨大な知識をもった人たちは、人間に生まれて、自分自身の力ではそうすることができない人間のために お手本を示そうとしている人たちです。あなた方は自分がどんな存在であるかを知らせることによって、存在の新しい道を切り開いています。あなた方はチャネリングのために部屋に集って、非常に数多くのことを思い出させてもらい、非常な励ましを受けます。あなた方のなかには、励ましの言葉がなければやっていけないと感じている人たちもいます。これはもっともなことです。だからこそ私たちはここにきています。だいたいの場合は、私たちは非常に寛容な気持ちでおります。あなた方に対して寛容であるということです。あなた方が本来の自分の存在を自分のものとする機会をあなた方に提供したいのです。この地球において、人間全体が理解しなければならないもっとも重要な現実の一つは、それはこれまであなた方が直面したもっとも難しい問題でもありますが、死ぬとはどういうことかということです。あなた方にたくさんのことを説得することが私たちにはできますが、死ぬ必要はないのだということを説得するのは難しいことです。今回は、あなた方は肉体を地球に置いていく必要はありません。あなたの肉体の周波数を変え、分子の構造を再編成することによって、肉体をもっていくことができるという考えを想像できますか。

次元上昇の飛躍をとげ、この地球における旅を完了することは、地球に住む数多くの人々にとって可能なことです。あなた方のなかには、すでに次元上昇を体験したことのある人たちもいます。そして、他の人たちにお手本を見せるために地球に戻ってきたのです。次元上昇のプロセスによって地球を飛び出すというのは、壮大な旅でした。数多くの人生において訓練を重ね、献身的な努力をつづけました。その人生は、物質社会に住まず、基本的に自然と非常に近い生活をするというものでした。

これを体験したことがあり、このプロセスを熟知している人たちが戻ってきました。この惑星から上昇して、文字通り高い宇宙にある母船に連れていってもらうことが、あなた方の目指すゴールです。あなた方は光の都市へと上昇し、別な現実のなかで生活することができるようになるでしょう。これらの現実は現在においてもあなた方のまわりに存在しているのですが、あなた方の三次元的な目がそれを見ることを許していないだけです。そのときまでには、あなた方は地球での仕事を完了していることでしょう。そして、地球は転換をとげることになるでしょう。地球は宇宙に漂う美しい一つの宝石になるでしょう。あなた方はしばらくその地球にとどまって、この新しい地球の再構築、再編成の手伝いをしたいと思うかもしれません。しかし、しばらくすれば、他の世界の転換に助力するべく、新しい任務につきたいと願うことになるでしょう。思い出してください。あなた方は異端者です。非常に心ときめくときをすごすことが好きな人たちです。そういうわけで、あなた方は、この地球は他の人たちに楽しんでもらうことにして、新しい任務に向かうことでしょう。

次元上昇こそ、この惑星のゴールです。地球に住む人々が地球を離れるときには次元上昇が唯一の方法になる時代がくるでしょう。この惑星を離れて、さまざまな場所に行くことになるでしょう。あなた方は自分自身に対して、また、社会の他の人々に対して、このどっしりとした固形の、コントロール不可能のように思われる肉体というものは実際には、神の御業《みわざ》の結果であり、あなた方の意識によっていかようにもできるのだということを実証することでしょう。〃どんなことでもできるのだということを〃。

第17章
光の言語

アバター（神の化身）やマスターが、彼ら独自の教えのための道具をもって、世界中のグリッドワークに浸透しています。地球において活用されている道具は、あなた方の次元には存在しないもので、文字通りそれ独自の生命をもった象徴的なかたちです。それがいわゆる光の言語を構成しています。

あなた方には、一つの構造、あるいは、幾何学模様が埋め込まれていて、それがあなた方のなかにある、ある種の情報を引き出す引き金となります。それは、また、あなた方の仕事を非物質界から手伝っている存在たちが、あなた方の存在の内部に情報を直接送り込むときに役立っています。あなた方の大部分の人たちには、これが埋め込まれています。埋め込まれていない場合、もし、あなたがそれを選択し、それに自分のあり方を合わせていくならば、間もなく埋め込みが行われることでしょう。それを選択しない人に埋め込みが行われることはありません。この光の言語の構造は、あなたの発達を助ける情報やエネルギーを受けとるための一つの手段です。本や知力を使わずに学ぶ一つの手段です。それは、あなた方の理解を遙かに超越した一つの霊的聖師団《ヒエラルキー》が存在していて、彼らは人類発祥の時点から人類とかかわりをもってきたという考えに心を開くことと関係があります。

この霊的聖師団は愛に基づいて活動しており、あなた方を大切な存在とみなし、地球に合わせてある時間のメカニズムを通して、地球の意識が飛躍的な進化をとげる準備ができたということを理解しているのです。現在、地球のグリッドワークに浸透している魂の霊的聖師団のメンバーの数は一四万四〇〇〇人です。それぞれのマスターが光の言語の一部を表す独自の象徴記号をもっています。そして、一四万四〇〇〇の象徴記号からなるエネルギーが、いずれはあなた方の存在のなかに注ぎ込まれることになるでしょう。

まず最初に、あなた方の身体が保持できる一二のかたちから始めることになります。そのずっと後になってから、つまり、大転換が起きてから、一四万四〇〇〇の象徴言語構造のすべてがあなた方の存在に注入されることになるでしょう。その展開はこの人生においては説明することすら不可能です。

あなた方のなかで開きつつあるプロセスである突然変異は、新しい領域の体験を可能にしてくれるものです。地球に住むすべての人が、この突然変異を経験する可能性を秘めています。多くの人々は、より高い意識に協合することを望まないがゆえに、このプロセスを停止するでしょう。自分が誰であるかを自覚しただけでは、埋め込みが行われることはありません。この惑星に種をまく神の意識を自覚し、それは広大にして愛情に満ちたあなた方の協力者でもある存在ですが、その広大な意識に私もあなたの一部にしてくださいと呼びかけたとき、初めて、あなたに幾何学の模様が埋め込まれます。

埋め込まれるかたちにはさまざまなものがありますが、その一つの例はピラミッドです。ピラミッドはなぜそれほど大切なのでしょうか。地球において、また、宇宙全体において、ピラミッドの構造が意識の統一の象徴として使われています。ピラミッドはそのすべての側面を創造するのがもっとも難しいものですが、同時に完璧な構造でもあります。ピラミッドは地球のエネルギーを集め、そのエネルギーを宇宙に送り出しています。球体、螺旋構造もまた、あなた方のなかに埋め込まれることでしょう。螺旋構造はあなた方の多くの人たちにとって非常に大切なものです。というのは、螺旋構造が考えを伝えるために使われている文化や社会に滞在したことがあるからです。平行線と立方体の構造も埋め込まれるでしょう。そして、もちろん、マカバの乗り物[*3]の構造も埋め込まれるでしょう。それは五辺からなる構造です。五辺の構造は、もっとも制限されることが少ない状態の人間、すなわち、完全に自由な人間の姿を表しています。あなた方のなかにはそれをマカバの乗り物という名前で知っている人もいます。それはいかなる制限もない人間の姿です。それは飛ぶこともできる人間の姿です。あなた方の大部分は飛ぶことはできないと考えています。このかたちの埋め込みは、あなた方がこれまで可能だとは思っていなかったことに自分自身を本当にコミットしたときに行われるでしょう。

どういう幾何学模様が埋め込まれるかは、まず第一に、あなた方が協会を要請することから始まります。また、これらの幾何学模様の存在は、もしも、あなた自身が自らを彼らに提供するならば、あなたのところにきてくれるということを信ずることが前提となるでしょう。あなた方が自らを開き、いわゆる奇跡や素晴らしい出来事が人生のなかで起こることを許しはじめるとき、これらの幾何学模様がやってくるでしょう。

多くの人たちは、円の埋め込みから始まるでしょう。というのは、円は神のかたち、統一、そして、完全を表しているからです。数多くの人生を、すでに発見されている、そして、まだ未発見の、地球上いたるところに散在するピラミッドとかかわりながら送った人たちは、ピラミッドのかたちを選ぶことでしょう。世界の地理はすべて知られているとあなた方は思っていますが、実際は、まだ多くのものが未発見です。それは、多くのものが一つの現実から別な現実へと移動しているからです。ジャングルの奥深くに、数多くのピラミッドが埋もれています。多くの場合、土の下に埋もれています。未だに発見されていない不思議はたくさんあるのです。

本当にいかなる制限もないと信じ切れる人は、マカバの構造を受けとり、地球で生活しているあいだに、この象徴構造とともに地球を離れることができるでしょう。マカバを埋め込んでもらうためには、そうしたいという欲求があなたのなかになければなりません。あなた方のなかにはすでにマカバを使って旅する試みをした人もおり、その人たちは、マカバはあなたという存在のなかで使うことができることを知っています。あなたが本当にマカバを自分自身に呼び込むとき、すなわち、肉体が地球を離れることなく、あなたの身体とともに旅をする無制限の意識になるとはどういうことかを真の意味で感じとろうとしたとき、そのときこそ、埋め込みが行われるでしょう。マカバが、もっとも高いレベルの埋め込みというのではありません。なぜなら埋め込みに高度であるとか程度が低いということはないのですから。埋め込みは、あなたの発達段階に応じて相応しいものがきます。一度、あなたに埋め込みがなされれば、新しいかたちが、かぎりなくあなたのなかに入ってくることでしょう。

あなたのなかに入ってくる埋め込みのかたちを、意識的に選択するということはありません。しかしながら、あなた方は現在の人生を選択しています。そして、その選択した人生が、あなたを光の言語の構造に導くことになります。あなた方は何が大切であるかを毎日選択します。それが、この幾何学模様へのアクセスになります。

エネルギーのこの結婚によって、やがてあなた方は自分自身のなかで光のアルファベットを保持することができるようになり、このアルファベットがあなた方の先生になってくれるでしょう。もしも、あなたが幾何学模様の夢を見たことがあれば、それはこれらの模様があなたに働きかけを始めたしるしです。あるいは、高校生のとき、幾何が大好きだったことがそのしるしかもしれません。あなたにどういうかたちが埋め込まれているか知りたいならば、どのようなかたちがいつも先に出てくるか、比較的大きなかたちで出てくるのは何かに気をつけてみることです。名前すら付いていないさまざまなかたちがあります。あなたが知っているかたちで、それが後になって新しいかたちになり、そのかたちはあなたの意識では解釈できないということもあるでしょう。

螺旋は、光の言語のもっとも基本的なかたちの一つです。それは一つの橋であり、自らに教えるものです。螺旋のかたちには情報がコード化されていて、螺旋に乗ると、一見、果てしのない旅に出たような気になります。これは、自分自身のなかに向かう旅には終りがないこと、そして、自分自身の外に向かう旅にも終りがないことを示しています。自分自身のなかに向かって終りのない旅に出ることにより、そして、自分自身の外に向かって終りのない旅に出ることによって、あなた方は自らを螺旋模様と連結させ、そこで普遍的な真理と出会います。

あなた方の肉体の細胞が、宇宙の歴史のすべてを内包していると話したことがあります。一番望ましいのは、この人生を生きるあいだにあなた方は自らのなかにあるこの黄金の図書館の存在を自覚し、そこにある本の読み方をマスターすることです。自分自身のなかにある螺旋に入っていくことは、その旅の一部にしかすぎません。大事なコツは、内と外の両方に向かっていきながら、どちらも同じであると理解することです。螺旋は多くの次元に存在しています。螺旋のかたちを心に思い描くとき、そのかたちをもうすでに長いあいだ知っていると感じますが、最初は、そのほんの一部を知っているにすぎません。螺旋とともに成長を開始すると、螺旋には数かぎりないほどの次元があって、永遠のときを費やして探求しなければならないことが分かるでしょう。永遠とはあなた方の言葉を借りればですが。螺旋のかたちは、あなた方のなかにあるものを探るための鍵です。あなた方のＤＮＡは螺旋のかたちをしています。螺旋のかたちはあなた方のまわりにいくらでもあります。光の言語は、螺旋状に下降する光がコード化されたフィラメントに入っています。これは体験的なものであり、あなたとともに成長していくでしょう。

瞑想をするときに、竜巻のような螺旋状のものに乗っていると感じてみてください。竜巻のような螺旋形が、あなたに近づいてくると想像してごらんなさい。そして、その竜巻から逃げずに、そこに立ちつづけて、竜巻に自分の身体が巻きあげられるのを感じてください。竜巻に乗ってください。なぜなら、竜巻は別な現実への入り口なのですから。光の言語であるこれらの幾何学的なかたちや模様は、地球に肉体をもって生まれ、人間の法則に挑戦し、自らを高い能力に目覚めさせ、そして、最終的に自分自身を言語と幾何学模様の構成要素として具現することになった個体の体験の集合です。かつてこれらのエネルギーは、地球上における男や女として存在していました。彼らは進化して幾何学模様となり、彼らの活動局面のなかに、あなた方が肉体のなかに存在しているのと同じように存在しています。これらの存在は、言語体系、もしくは幾何学体系のなかに存在しています。

これらのシステムには独自の宇宙があり、現在、これらの宇宙の存在があなた方の宇宙を訪問しています。あなた方に関するかぎり、何とも説明づけることができないサークルやその他さまざまなかたちが、穀物の畑に作られています。これらのしるしは一つの周波数であって、プロセスや行動ではありません。地球の表面に言語の象徴によって埋め込まれている歌、物語、言葉があります。これらの象徴記号は一定の周波数を確立するようになり、その数はこれから増えてくるでしょう。

やがて、あなた方のなかには、四角でも長方形でもない幾何学形の家を建てる人も出てくるでしょう。プレアデスの住居の多くはあなた方が知っているようなかたちではありません。エネルギーを保持することのできるかたちや角度があるということが、理解されています。占星術では、ある種の角度にはパワーポイントがあり、一定の角度では一定のことが起きるということが知られています。かたちに関しても同じことがいえます。グレートピラミッドは、角度とかたちを使っています。エネルギーは角度、かたちによって集まり、エネルギーの集まる角度やかたちを造って、そのなかや、まわりに居住することができます。エネルギーは、このようにして形成され、伝達されます。また、一定の角度には一定の力があり、ある種の角度はそのなかにいると非常に不快なものであるということも分かるでしょう。ときとして、ベッドを壁につけて九〇度の角度を造るよりも、部屋の真ん中に寝たほうがよいこともあります。それは、九〇度という角度はエネルギーを固定させるからです。部屋の真ん中だとエネルギーがあなたのまわりを流れます。

第三次元の現実において、数多くのポータルが地球に進化をもたらすために開かれつつあります。ある時点において地球は封印され、隔離されました。それは、地球でさまざまな勢力が戦いを展開したからです。この惑星では信じられないような戦いがくり広げられたのです。そして、その痕跡の一部は地球上の荒涼たる荒れ地として残っています。これは創造神同士が戦いをくり広げた混沌と混乱の時代のことでした。光の存在たちがこの戦いに負けたために、地球は封印されました。光がつねに勝利するとはかぎりません。光はあなた方が考えるように、つねに勝利者であるとはかぎりません。というのは、光も自らのすべての側面と調和をはかる必要があるからです。根本創造主はすべてのもののなかに存在しています。そして、光と闇もまた根本創造主の一部です。したがって、光は自分自身の暗い部分とも一体とならなければなりません。

時間が調整役を果たして、さまざまな出来事が仕組まれました。最後の戦争が終わってから、いくつかの周期が設定され、その周期がすぎてから地球へのエネルギーのポータルが開けられ、そこを通って光が入ってくるように仕組まれました。いまがその時期です。光がふたたび地球に入ってくるように調整がすんで、光は日に日に強くなりつつあります。エネルギーがあなた方の意識に届くためには、地球上に定着する必要があります。知性は波のかたちをとって貫通し、地球上に幾何学模様を造ります。宇宙船が夜空から降りてきて、ミステリー・サークル[*4]を造ってまた空へ帰っていくのではありません。サークルのなかには実際に宇宙船が着陸してできたものもありますが、知性は自己が望むどのようなかたちでもとることができ、多くの場合、波のかたちをとってやってきます。光の波が、実際に地球全体を席巻するときがくるでしょう。

知性が何であるかは、話し言葉でも書き言葉でもとても説明できるものではありません。なぜなら、それは一つの周波数であって、幾何学の模様でやってくることもあるからです。ピタゴラスはこれを把握しかけた人ですが、彼の幾何学は他の人には理解されませんでした。幾何学は一つの進化した知性の存在です。膨大な量の情報を伝えることができる体験の総体です。実際のところは、地球全土にあるミステリー・サークルは、これらの言語形態を提供するために、人間の周波数を超えた音によって造られています。多くの場合、最初はサークルから始まります。それから、三角形、線、その他さまざまなかたちになります。

ミステリー・サークルは、とくにイギリス、ヨーロッパに多く見られます。しかし、旧ソビエト連邦として知られている地域、そして、南アメリカにもあります。アメリカ合衆国にすらあるのですが、それを知っている人たちは知らない振りをしています。アメリカの放送関係者がミステリー・サークルについての番組を計画しているようですが、彼らがどれくらい知らない振りをするか面白い見物になるでしょう。

これらの幾何学模様は象形文字に似ています。地球上の石に刻まれた象形文字、絵文字は、知性と同じ世代に属しています。別な言葉でいうと、象形文字をロゼッタストーン[*5]に基づいて解読すれば何かを伝えてくれるでしょう。しかし、聖職者の秘密の言語を思い出すならば、その同じ象形文字が別なことを伝えてくれるでしょう。そしてまた、解読者が創造神の言語を理解するならば、その象形文字はまったく違うことを伝えるでしょう。

地球に、いま、造られているサークルやさまざまなかたちは、あなた方が周波数を保持し、かつ管理することに助力し、あなた方が自分の光を生きる勇気をもてるようにするためのものです。ミステリー・サークルは非常に微妙なやり方で周波数の情報を入手可能なものにしているのですが、いまのところ、誰もそれが分かっていません。これらのかたちはすべてお互いに繋がっていて、もし、それをすべて一ヶ所に同時に描き出せば、ミステリー・サークルそのものに、ただちに何かが起きるでしょう。ミステリー・サークルは、各大陸に配置されていて、周波数の帯を地球のまわりで動かし、それによって、地球のグリッドワークの活性化が進むのです。ミステリー・サークルはあなた方が知っている事柄についての違和感を緩和し、今後、周波数の変化が起きるときあなた方が違和感を感じないですむような働きをしてくれるでしょう。

これはミステリー・サークルが果たしている機能のほんの一部にすぎません。これはきわめて興味深いものです。その多くは次元上昇したマスターたちによって、デザインされ造られています。ミステリー・サークルには、ジョークも隠されています。彼らのなかには、進化するにつれてユーモアのセンスを大いに発揮するようになる人たちがいます。彼らは、すべてのものにユーモアを見るのです。

前にもいいましたように、幾何学の模様やかたちは知性を運ぶものです。それは周波数の波であって、調節したり、変えたりできます。地球にやってくるこれらのかたちは、エネルギーのゲート、あるいは、エネルギーの文字といってもよいものです。これらのかたちには知性が保持されていて、やがて地球のまわりに知性のグリッドワークを造るために配備されているのです。このグリッドワークは人類が進化をとげるために活用できる周波数です。

現時点では、この言語のすべては、まだ、地球にきていません。この文字は、意識がある進化をとげた結果として地球にくることになるでしょう。それは、ヴォルテックス・センターとともに活動するのですが、いま、それらのヴォルテックスに、この言語が引きつけられつつあります。地球が軌道を回ってきたこの何十億年のあいだ、これらのヴォルテックスセンターは覆いをかけられ、埋められていました。休眠状態に入ったものもありましたが、その多くが、現在、覚醒しつつあります。それは、地球を覆っていた封印が破られたからです。

ミステリー・サークルは、意識の現象学的な表現です。それはあなた方の現実に入ってきて、理性がいくらそれを望んでもデータのすべてをコントロールすることはできないことをあなた方に教えているのです。これらの出来事は人間の意識のコーディングと交差します。説明不可能な現実が現れる度に、一つの場所が意識のなかに開かれます。ミステリー・サークルは論理的な頭脳を完全に飛び越えた存在です。したがって、それは現実に関する人々の統一見解が拡大することを強制します。なぜなら、それまでのデザインに基づいた現実は、ミステリー・サークルという出来事を可能性として内包することができないのですから。それは一つの引き金です。それは、現実が自らの限界を超越することを強制します。

ミステリー・サークルの存在理由はいくつかあります。基本的には、現実を強制的に動かすことです。すなわち、あなた方を考えることから感じることへと動かすことです。これらのサークルを探索している人々は、感覚的にアプローチせずに、頭で考えてアプローチしています。イギリスにはいまたくさんのサークルができていますが、それはイギリス人が論理志向の強い意識をもっているからです。しかしながら、イギリス諸島には住民の直観能力を強烈に刻印した巨石の螺旋や石のかたちが刻印されているのです。

この現象には何の論理もありません。論理を基礎としている社会に、論理が通じない何かを認めることを強制しているだけです。そして、このことは、遊び心をもって、しかもはっきりとしたかたちで行われ、しかも人々の現実に対する認識を脅かすこともありません。もしも、宇宙船が地球上のいたるところに上陸したりすれば、人々は動転してしまうでしょう。しかし、トウモロコシ畑が同心円状に倒れ、折れもせず、枯れもしなければ誰も気持ちを乱すことはありません。エネルギーがどのようにしてあなた方と遊んでいるか、これで分かるでしょうか。あなた方の回路を過熱させることなく、重要なことを理解させ、自分で悟るように導くために、何かをしなければなりません。

この言語は一つの物語として地球に導入されています。すなわち、あなた方が自分自身の周波数を保持することに役立つ周波数をもった情報文字なのです。あなた方が目を覚ますと、あなた方を読みとり、認めることが簡単になります。あなた方はつねにモニターされています。意識の進化と位置をモニターする装置があるのです。いったん、意識がある場所に到達すると、その周波数の他の領域を確立するために、外部から援助があります。

別の言葉でいうと、あなたがレストランを開いて大繁盛したとしましょう。あなたはそのレストランを経営し、上手に維持して、本当においしい食事を提供します。そうすると、誰かがやってきて、「支店を出しませんか。あなたの店をたくさん出しましょう」と話をもちかけてきます。これらの幾何学模様は、あなた方の周波数に支店を出して、世界中に広め、それを保持しようというものです。それはあなた方を新しいレベルの達成へと導いてくれるものです。

第18章

意識の交響曲

光はあなた方に情報をもたらします。光はあなた方をより高いところへ連れていってくれます。それは、いったん、情報をえれば、あなた方は力強い自分を感じるからです。情報がえられないと、あなた方は自分に力を感じません。

音は情報を伝えるもう一つの方法です。というのは、音も光の一部なのです。あなた方にとっては、音と光は別々のものに思われるでしょう。なぜなら、あなた方の観点からすれば、光は目で、音は耳で受け止めるのですから。身体の二つの別な場所にある感覚器官を使うのですから、音と光も分離したもののように思われます。実際は、この二つは非常に繋がりが深いのです。音と光はお互いに絡み合っています。両者ともに情報を運んでいるのですから。

地球に造られている建造物の多くは、とくに、古代の聖地にある建物は、石に情報が蓄積されています。それと同じように、あなた方の骨のなかに情報が蓄積されています。音があなた方の体内を通ることを許すとき、一つのドアが開かれ、情報がどっと体内に入ってきます。音は、また地面をも貫通し、地球の振動数に影響を与え、情報の分子構造の再編成がそれによって可能になります。他人の身体を癒す仕事をするときに音を用いる人たちは、分子構造の再編成を引き起こし、それによって情報がどっと入ってくるための「開き」を造っています。この種の仕事はこれからますます深い意味をもつようになるでしょう。チベットでは、現実を超越することができるマスターが亡くなると、その死体は自然に腐乱するのに任せました。それは、その骸骨が周波数に対する理解力をもっていたからです。〝情報は、骨や石に貯蔵されています〟。チベットのある場所では、僧侶の系譜を何千年にもわたって遡ることができますが、そこにはさまざまなマスターの頭蓋骨が安置されています。チベットには極秘の地下室や部屋があって、そのような場所はこうした頭蓋骨で満ち満ちています。この部屋に入ると、音によって、かつてそれらの頭蓋骨を占有していた人間の知性にアクセスできます。

あなた方は、なぜクリスタルの頭蓋骨がデザインされたか理解できるでしょうか。クリスタルの構造物は、ホログラフィーのコンピューターのようなものです。それは進化した人間や他次元と接続している人間に膨大な量の情報を伝えることができます。クリスタルスカル[*6]が頭蓋骨のようにデザインされているのは、あなた方自身の頭蓋骨を理解し、あなた方の骨が非常に貴重であることを理解するためのコードとして作用させるためです。

音は大転換のための一つの道具です。周波数の守り手たちは、私たちはあなた方にそうなってもらいたいと願っているのですが、彼らが音を通じて保持する周波数の調整の仕方を学びます。音はいかなる物質でも貫通することができ、分子を動かし、現実を再編成することができます。

古代エジプトにおいては、生命を象徴するシンボルであったアンク[*7]は、実際には周波数の調整機でした。

それは周波数を守ることに長じていて、周波数によってさまざまなことができた個々人によって使われていたものです。アンクは音叉と同じで、音に方向を与えることができます。アンクは、昔はこのように使われていました。あなた方が古代エジプトの人々と同じように音を使うことができるようになる前に、まず、あなた方の誠実さを証明しなければなりません。あなた方は、一つの通過儀礼、あるいは、この種の力を与えても信頼できる人物であるかどうかのテストに合格しなければなりません。現在の地球は、この種のエネルギーを誰かの手にわたしても安全であるところまで成熟していません。もしも、あなたがこのような能力を身につけたとしたら、あなたの生命は危険にさらされてしまうでしょう。なぜなら、そのような能力を乱用したい人がたくさんいるからです。ごく自然なかたちで、あなた方にさまざまな能力が与えられていくでしょう。

まず最初に、あなたの身体を楽器にして音を出すことによって、音とのかかわりを始めることができます。心を落ち着けて、無心になり、音があなたの身体から出るのに任せてみてください。古代の神秘主義の学校では、このようにして音と交わりをもちました。グループで、これをやると実に強力なテクニックになります。何年かすると、すぐではないにしても一〇年以内には、たくさんの人と一緒に音を出すことによって、言い方を変えると、意識の交響曲を一緒に演奏する結果として、どのようなことが達成することができるかに大いに驚くことになるでしょう。一緒に音を出すと、自分では何ができるのか何も分からないのに、あなたができることを垣間見ることができるでしょう。このようなエネルギーを使い、さらに高めていってあなた自身のアンクを造れるようになるでしょう。子供に粘土を買ってあげると、子供は最初はそれで何を造れるのか分かりません。それで、あなたは小さなボールやスパゲッティを造ってあげて、粘土のなかにある潜在的な可能性を子供に教えてあげます。すると、子供は、しばらく粘土と遊んでいるうちに、かたちでもって自分自身の創造性を発見します。

音の創造的なかたちが、まず最初に、一つの可能性としてあなた方に示されます。あなた方は、この音の使用を通して導かれ、調整されていきます。やがて、自分の力で、音にできることの一部を発見するでしょう。それから、あなた方はさらに大胆になり、音で何を創造できるかを学ぶでしょう。エネルギーは、このように徐々に導入され、エネルギーを乱用したり、張り切りすぎて無理をしたりしないように調整されていきます。

しばらく音でいろいろ試みた後に、音を用いることによって相当なことができるようになるでしょう。それは幼児に強力な道具を与えるのにも似ています。適切な自覚がないと、いろいろなことができるようになっても、それがどのような結果をもたらしているかに気付かないというようなことになりかねません。スタジアムや公会堂のような場所において、音がどういう働きをするか考えてみてください。群衆の喚声やヤジる声は一つの雰囲気を作り出します。あなた方がグループで集まって音を出せば、あなた方だけの雰囲気を作り出します。一定のエネルギーが、あなた方の体という楽器を使うことを許すのです。先入観をすべて捨てて、さまざまなメロディーやエネルギーが、地球上で自分を表現する機会としてあなた方の体を使うことを許すのです。実際には、あなた方がこうして体験するのはエネルギーの生命力です。それがあなた方を通して表現することを許しているのです。あなた方はチャンネルになります。ちょうど霊媒であるバーバラを通して私たちがあなた方の現実に入っていくのと同じように、一つの周波数があなた方の身体を通り、そして、あなた方の了解によって地球にやってくることを可能にします。あなた方が一つの機会を作り出し、エネルギーがその機会を活用するのです。

感情は気持ちをもたらし、あなた方を気持ちと結びつけるがゆえに、意識のさまざまな状態を認識できます。論理的な頭脳は意識のさまざまな状態を認識させてはくれません。それは、論理的な頭脳は自己のあり方に固執するからです。それは自己の境界線のなかにとどまって他の領域を認めようとしません。しかし、気持ちは違いが分かるので、他の領域をつねに認めるのです。あなた方が気持ちと呼んでいるエネルギーによって、サインや定義を読みとることができます。それは実際には波動です。音は感情のさまざまな状態を引き起こします。音はあなたの身体に光を思い出させます。深遠な宇宙の愛を、そして、他の世界を思い出させます。あなた方が音のハーモニクスを作り出すと、あなたの身体は何かを思い出します。あなたの体は非常な喜びを覚えたり、ときにはものすごく悲しくなったりします。あなたの身体は、これまでずうっとあこがれてきた周波数を求め、それにアクセスします。その周波数は、音が思い出させてくれたものです。音があなたの身体を演奏することを許すとき、あなたが求めてきた周波数が発見できるでしょう。この周波数は、あなたの身体の螺旋の進化と繋がりがあります。音はあなたの身体の外側にあるより高いチャクラとあなたを結びつけてくれるものです。その理由は、論理的な方法ではそのようなチャクラにアクセスすることができないからです。あなた方は気持ちを通じてすべての周波数やチャクラセンターにアクセスしなければなりません。そして、音こそ、あなたを気持ちと結びつけてくれるもので、その気持ちが情報の理解を可能にしてくれます。

もしも、音を絵に描くことができたならば、あなた方のなかには、それにうっとりと見とれてしまう人もいるでしょう。音が自らを絵に描くという現実も存在します。あなた方も手や身体を動かすとき、音の動きと音の言語を感じます。音が自らを表現するのを感じることによって、音によるコミュニケーションの豊かさを感じ、すべてのものがいかに多次元的であるかを感じるのです。音には独自の言語があり、独自のかたちがあります。

音は一定の周波数をもっていて、身体はそれを感じとります。身体は周波数の受容性に反応するように仕かけられています。ベートーベンやモーツァルトのような偉大な音楽家は、安定した性質の情報をもたらすようにコード化されていました。というのは、彼らは地球全体が大きな闇に覆われていたときに音のハーモニクスを受けとったからです。人類の心にある種の記憶を保っておくために、音の低い周波数がこれらの音楽家たちの心で翻訳されたのです。

音は進化するでしょう。いま、人間はある波長に合わせて声を出すことによって音を出す楽器になることができます。人間は、フルート、ピアノ、ハープ、オーボエ、チューバになります。人間はエネルギーが身体を使ってさまざまな音を出すことを許し、その音を自分でコントロールしたり、音域のコントロールをすることもありません。神が演奏し、人間は皆で一緒に演奏する交響曲を聞いている人々を観察すればよいのです。それはきわめて深遠な体験です。

これらのハーモニクスは、信じられないようなかたちで活用することが可能です。というのは、ハーモニクスは、数多くのことを進化させることができるからです。こうしたハーモニクスを活用するに当たって大事なことの一つは、ハーモニクスが終わったときに本当に静かにすることです。ハーモニクスは何かを変化させ、ドアを開けます。人間の身体を通して演奏されるある種の音の組合せによって情報が解放され、知性の周波数が開かれます。ハーモニクスが終わった後、長いあいだ沈黙を保つことによって、人間の肉体を周波数を受け止め、吸収する道具として使うことが可能となり、呼吸法によって自らを恍惚とした状態にもっていくことができます。

あなた方が他の人々と一緒に声を出すと、グループマインドにアクセスすることができます。それは、一緒に声を出すことによって初めて可能になることです。それは意識における偉大な飛躍です。〝鍵となる言葉は調和です〟。地球全体が思いのハーモニクスを創造することができるとき、地球全体が変わります。それがあなた方のゴールです。あなた方は一つの周波数を伝え、その音は遙か彼方まで伝わっていくことでしょう。人類にとって、ハーモニクスに帰ることが、いたたまれないほどの痛みと憧れになるでしょう。それはすなわち、グループマインドの力に回帰することであり、同時に個々人の力づけに回帰することでもあります。

あなたが音によって何を達成しようと意図するかが、もっとも大切なことになるでしょう。もしも、あなたが自分の意図に関して明確でないと、音は自らを包み込んで、本来の能力を超えて成長するという可能性があります。音は、それ自体がもっている力によって、自分自身を倍にし、さらに四倍にもすることが可能です。音によって何を達成しようと意図するかがきわめて重要です。それが、まず第一です。

第二番目は、音はエネルギーに刺激を与えます。音は周波数の上に周波数を積み重ねて、柱状の定常波を作ります。すると、このエネルギーをいかなるものにでも向けることができるのです。ジェリコの町のまわりを行進して歩いた人々の話[*8]は、あなた方も聞いたことがあるでしょう。彼らはジェリコのまわりを何日間も行進して歩き、定常波を作り出しました。この波がやがてものすごいエネルギーを生み出し、ジェリコの城壁は崩壊したのです。

原住民の踊り、ラトリング（早口で声を出すこと）、身を震わせたり、サークルを描いて移動する行為は、この波のエネルギーを作り出します。輪になって一緒に音を出したり、光の柱のまわりで音を出すと、あなた方には想像もできないようなことが可能なエネルギーの柱を作ることができます。それは爆発を引き起こすこともでき、数多くの現実を破壊したり、創造することができます。

戦いを好んだ部族のあいだでは、戦士によってウォーフープ（戦闘用の輪）が用いられていました。一緒に一念を込めて祈り、彼らは非物質界の力に付き添いを依頼したのです。戦士たちはエネルギーがポータルを通って動くことを許すことによって、敵と戦うために、この種の音を使い、音の柱を作ったものでした。ウォーフープのような音を聞くと、その音がきわめて力があるがために悪用されたことを思い出します。その音は他の人たちをも嫌《いや》な気持ちにさせます。それは彼らの音の責任というものを思い出させるからです。あなた方のなかには、音を非常に恐れている人たちもいます。あなた方は、自分が何を好むかを明確に話す自分自身の声を恐れています。音に何が達成できるかを、あなた方の身体の細胞が覚えているのです。音によってさまざまなことが達成できるということの衝撃は、あなた方にとって、あまりにもショッキングな場合もあります。音は、あなた方を知性には接続できない場所と接続してくれます。あなた方の知性は、ひたすら分類しようとしますが、音を分類することはできません。音は、ただ体験するしかありません。

意図の用い方によっては、乱用も起こります。音の力を発見し、他人を操作するために音を誤用する可能性もあります。町のなかに住んでいて、救急車のサイレンを聞くと、あなたは何を体験するでしょうか。恐怖です。これは音の乱用であって、それはあなた方の周波数を変えています。それは非常に卑怯なやり方です。この音を出している者たちは、その音が人間の心理にどのような影響を与えるかを知っています。救急車のサイレンは、不快感を催させ、心を不安にし、あなたは何か別なことに注意を向けることができなくなります。あの音の周波数は錠のようなもので、あなたに催眠術をかけ、あなたの意識と知性を虜にしてしまいます。あなたの知性が他のどんなことにも焦点を合わせることができなくなってしまうような感じです。それはまるで監獄に閉じ込められているような状態です。なぜなら、その音があなたの意識を監禁し、意識はある一つの周波数の中毒にかかって、あるいはその周波数の虜になってしまって、それ以外のものは何も模索できなくなります。あなたの意識は押さえ込まれます。テレビ、あるいはその他の電気製品から出る音についても考えてください。

さまざまなかたちで周波数がコントロールされているのを見るといつも私たちの心は乱れます。そしてまた、音というわれわれの強力な仲間が、あなた方をコントロールするために使われているのを見るのは辛いことです。意識を操作するために使われている秘密の装置について話を聞くと、多くの人たちは、怒り、不安になり、混乱し、興奮します。私たちがこのようなことをあなた方に話すのには、多くの理由があります。究極的な目的は、あなた方をより力づけることです。あなたはどのような状況に置かれても無力であることはないということ、そして、あなたの心こそ、あなたが創造する究極のものであることを自覚しなければなりません。あなたをコントロールするためにどのようなテクノロジーが使われようとも、あなたの心と思いが体験をデザインするのです。

自分の属する現実において、完璧なガイダンスにしたがい、調和と光にコミットして行動する人々は、それと同じことをしている他次元の存在と協合します。あなた方は光の橋をかけ、光がコード化されたフィラメントを柱として保持し、ポータルを開きます。仕事の一部として音を使うために自分は呼ばれたのだということを幸いにも理解している人々、そして、その使命に気付き応える人々は、急速なペースで進化をとげていくことでしょう。このペースで進化している人たちは、いつか、数多くの人々の代表となり、意識の世界全体での集まりに代表として参加し、現存の周波数を自分の音によって変えるようにとの要請を受けることになるでしょう。

第19章
内なる炎への点火

地球は自我のバランスを探し求めています。自我はすべてのものからなる合成物であるので、それは、あなた方の地球外生物としての自我、多次元的な存在としての自我、男としての自我、女としての自我のすべてのバランスをはかる調和振動です。

あなた方は信じられないほどに全人的な存在です。そして、あなた方は、いま、それを理解しはじめています。あなた自身が花開き、この完全な自分の姿になることを自らに許してください。あなたを妨げているのは、あなた自身以外の何者でもありません。この完結をあなたが自分に許すとき、想像もつかないような展望があなたを待ち受けているでしょう。あなたは感情的な身体を必要とし、あなたのもつ女性的な資質と男性的な資質の両方が必要であることを発見しつつあります。地球にこれから展開するであろうドラマのなかで生き残り、それを理解するためには、あなたに与えられているものすべてが必要です。あなたが生きている時代の厳しさを理解してください。私たちがあなた方一人ひとりとときをすごし、そして、あなた方は試練を受け、しかるべきときがきたときに他の人々を導くようになるでしょう。

気持ちを通してあなた方はより多くのことを発見することができます。それはあなた方があることを解決しようと求めているからであり、自分自身のなかに完全な何かを作ろうとしているからです。自分がいかに不完全な存在であるかを自分自身に見せるために、自分自身の外にあるように思われる、ものすごいばかりの分裂の状況をあなた方は作り出しました。あなた方のドラマは、強い女と強い男に関係があるように見受けられます。そのどちらが犠牲者になるのでしょうか。どちらが正しく、どちらが間違っているのでしょうか。この心の内なるドラマは、実際には何をいわんとしているのでしょうか。あなたの心の内側で進行していることを映し出しているこの鏡は、何なのでしょうか。

あなた方が多次元性にアクセスするとき、男と女を融合しなければなりません。何千年ものあいだつづいてきた、男と女の分裂・戦いを止めなければなりません。男と女の分裂を誰が作り出しているのでしょうか。それは創造神にほかなりません。彼らは、あなた方のためにこのパラダイムを設定し、別な視点からこれらの周波数を作り出したのです。

男の波動が、比較的最近、約五千年前に権力を握るようになりました。自分がいかなる存在なのかを徐々に理解するために、彼らはそれまで権力をもっていた存在から完全に自分を分離させました。その存在とは母権制であり女性でした。女性は伝統的に直観と感情の領域に基づいて行動します。男性もかつては直観と感情をもっていました。しかし、この分裂が起きたときに男性は感情を捨ててしまいました。これによって大きな亀裂が生じ、地球上の男性と女性は大きな戦いを展開することになりました。なぜ、これが起こったのでしょうか。それは罠が仕かけられたからです。地球を乗っとり、地球上の現実を襲い、そこで生じる感情的混乱を食事とし、それによって生命を保ち活動をつづけ、自らを太らせてきた存在がいるからです。

この惑星は、感情的な混乱をますます増幅することを意図した、ありとあらゆる種類の計画や活動のなすがままにされてきました。人々がこれらの活動にかかわればかかわるほど、感情的な混乱の可能性が増大しました。創造神たちはこれらの活動を煽動し、あなた方がお互いに争い合うように仕組んだのです。このパラダイムを打ち破るためには、それはあなた方の任務ですが、設定されているさまざまな対立の構造の多くを変えなければなりません。その分裂がどのようなものであろうと、男と女、黒人と白人、東洋人と西洋人等々、どのようなものであっても、それを変えなければなりません。

あなた方は、原型的な状況のなかに、光の家族の一員としての自分を潜入させるためにこの惑星にやってきました。前にもいったことですが、あなた方がそうしているのは、大衆を理解し、エネルギーを自分自身のなかで変えることによって、一般大衆のエネルギーを変えるためです。いったん、あなた方が癒しを完了し、それを自分の任務として引き受けるならば、自分自身だけでなく、人類全体と大衆の気持ちを癒すことができます。

あなた自身のドラマから一歩身を引いて、それはすべて象徴的なものにすぎないことを悟ってください。自分自身を、存在の本質を探し求める女性と考えてみてください。それから、男性という存在の本質が、つねにあなたのあり方と対立してくることに気付いてください。どのようにして、この二つの存在のあり方をあなたの内部で一つのものにできるか、その方法を発見しなければなりません。この合体があなたの内部で起これば、それは自動的にあなたの外側でも進行することになります。あなたがこの惑星を旅するなかで、癒そうとしてきたことの一つは、この男性による女性支配です。あなたは、現在、自分でやっていることをまるでそれが自分の問題であるかのように、自分の重荷と考えたり、自分の重荷として運んだりする必要はありません。それは、ただ、あなたのものであるだけではなく、宇宙全体のものなのです。

あなた方の一人ひとりが、集合体験のなかで解決しなければならないさまざまなエネルギーをもっています。光の家族の一員として、あなた方にはそれぞれ輪廻転生のテーマがあります。そのテーマの領域があなたをあなたらしくし、あなたもその領域を自分にとって刺激的なものとして体験します。あなた方一人ひとりが、それぞれ違った存在であるのは、それが理由です。光の家族のメンバーとして、あなた方は四方八方に広がっていき、人間であることのコツを会得するのです。人間の体験の全領域を体験して、どの程度まで変える必要があるのか、無力感がどれほど深いものであるのか、女神のエネルギーが、人間という種からどれほど失われてしまったのかを、細胞のレベルで理解する必要があります。

思い出してください。あなた方は周波数によって発達を阻止されている生き物です。あなた方の仕事は、意識的に自分を進化させることができるような場所へと人間を連れていくことです。周波数の操作とDNAの操作によって進化を阻止されているとき、放送できる周波数は一定のものにだけかぎられてきます。自我との戦いがあり、物事は分裂しているような印象を与えます。より完璧な存在に近づくにつれて、物事をそのようなかたちで分離させることはなくなります。すべてのものは人間体験の一部であることが理解できるようになります。ときとして、人間であることの体験にのめり込みすぎて、あなた方が地球に何の目的できているのかを忘れてしまうことがあります。

光の家族のメンバーとして人間という種のために変身する目的であなた方は地球にきています。人間のドラマへの執着が薄れてくれば、人間のドラマに囚われ、悩まされることはあまりなくなるでしょう。あなたが直面しているのは、エネルギーの集合体であることが理解できるでしょう。したがって、あなた方自身の内部でそれを実現することができれば、女性と男性が調和していくための、新しい周波数を集合的に放送することができます。

少し前進したかなと感じる度ごとに、あなたは前進しています。あなたが歩んだ前進の一歩一歩を見くびらないでください。自分自身の行動を見て、自分、あるいは他人を悪いと価値判断すれば、自分自身をおとしめることになります。すべての体験から、何かよいことを探し出してください。

進行している争いは、実際は、あなた自身のなかにある男と女の争いです。あなたの男としての部分と、女としての部分を、どうやって融合させるか、まだ、分かっていないのです。これと同じ悩みをもった人々が、何百万人といます。自分自身に対して優しくしてください。寛大であってください。あなた方自身のなかにある男と女のあいだに協調関係を築くことができるようになるにつれて、地球上でお互いに協力することが可能になり、すべてあなた方自身に他ならない宇宙からやってくる存在たちとも、協力することができるようになるでしょう。

あなた方は、それぞれ独立した存在にならなければなりません。変化をとげていくなかで、誰か他人のためにという義務を感ずることなく行動できるスペースを自分のまわりにもつ必要があります。と同時に、他人に対しても、これと同じ権利を認めずにさまざまな要求だけすることはできません。さまざまなかたちで、人間関係、協力とはどのようなものかを、再定義することになるでしょう。人間関係とは協力です。人間関係とは周波数の同意による協力、ないしは、周波数の融合です。あなた方のこれまでの関係のもち方の多くは、非常にイライラさせるものになりつつあります。それは、あなた方が自由の周波数を発見しつつあるからです。あなた方の任務は、その自由の周波数を地球に引っ張ってくることです。もちろん、まず最初に、その周波数をあなた自身の生活、家族、さまざまな人間関係にもってくることになります。理想をいえば、人生のさまざまな人間関係、人とのさまざまなかかわりをもちながら、自由でいられることをマスターするのが望ましいでしょう。

不幸なことに、この惑星においては、人間関係は所有権を意味的に内包しています。男と女が結婚するとき、その女性の父親は、伝統的に彼女を「あげる」という役割を果たします。別な言葉でいうと、男が彼女を手渡して与えるのです。人間関係には相手に対して信じられないほどの期待があります。人間関係というものについて、あなたがどう考えているか明確になってください。長い目で見ると、これがいろいろなことで役に立ってくるでしょう。親であることに、いかなる所有権もともなうことがないのと同じように、人間関係にも所有権はありません。お互いの人間関係というものは、エネルギーのやりとりです。理想的には、このようなエネルギーのやりとり、かかわり合いにはコミュニケーションがともなうのが望ましいことです。

男性の周波数も女性と同様に力を譲りわたします。所属する政府が、「君の生命を危険にさらしてきなさい。位置について、われわれのために発砲しなさい。身体が目茶目茶にされたら病院に入れて面倒は見てあげるし、お金も少しはあげましょう。くよくよせずに行きなさい」といえば、力を譲渡して、彼ら男性は素直にしたがいます。命令にしたがい、個々人のもつ力を譲渡するという連鎖は、これで完結します。

あなた方は感情のセンターを開くことになるでしょう。男性は女性に比べて感情のセンターが詰まっています。男性のエネルギーは、停滞しています。それは、男性のエネルギーは一番目のチャクラから二番目のチャクラに移動して、そこで止まってしまったからです。男の周波数の感情センターは、まだ、活性化されていません。これは、過去四千年から五千年にわたって行われてきた実験です。生命を地球にもたらし、創造性を代表する女性のエネルギーは、男性の周波数が感情抜きで世界を動かす機会を与えるために、従属的な地位に身をおいてきました。

全体のより大きな構図を見てほしいのです。私たちは意識の動きを見ています。魔術と直観を司っていた女性が、これを手放すことに同意しました。女性という意味は、単に女性の身体をもった存在であるということだけでなく、女性である意識体もふくめてのものです。地球とともに生き、生命の本質を理解していた原住民文化の多くは、きわめて女性的なものでした。思い出してください。女性が文字通り生命を地球にもたらすのです。なぜなら、生命は女性の身体から生まれるのですから。したがって、女性は感情を体現しています。それは、生命をこの惑星にもたらして、何も感じないということはありえないからです。あなたが感じないようにしてしまう麻薬を作る男性中心社会の運動に参加するのであれば、話は別ですが。あなたが生命を感じられないとき、あなたは生命を尊重していません。あなたが生命を感じ、生命の創造と出産に参加するとき、あなたは生命をこれまでになく尊重するようになります。それは生命について知ったからです。

過去五千年にわたる男性中心の運動は、出生のプロセスに目をつぶってきました。それは、戦争や人々を絶えず殺しつづけることをふくむ実験を遂行するためでした。生命誕生のエネルギーは、男性にあっては意図的に妨害されてきました。すでに述べたように、男性のエネルギーは、非常に詰まっています。私たちはあら捜しをしているのではありません。一般的にいって、この惑星における男性のエネルギーは二番目のチャクラ、つまり男性器のところで詰まっているといっているのです。女性のエネルギーはノドで詰まっています。それは、四千年か五千年前に、あなた方女性が代表し、二つの炎の一つとして自覚していた魔術と直観について、沈黙することに同意したのが原因です。その二つの炎とは、あなたが肉体的に男性であろうと女性であろうと、それとは関係なく、あなたの身体のなかに存在する男性と女性のことです。

男性中心の社会は、自我の男性的な側面によって動かされてきました。あなた方は、皆、自我の男性的な側面であったのです。あなた方は、皆、意識の実験を重ね、何が一番有効に働くかを覚え、これらの炎があなたの身体のなかで点火される日のために準備してきました。今回は、この二つの炎は、自我の外にあるパートナーとして求められているのではなく、男性の自我と女性の自我の融合、ないしは、自我が行ってきたことすべての成果であると理解されています。あなたがあなた自身の内部で男性と女性を統合し、あなた自身の二つの炎に点火した後で、パートナーを探せば、そのパートナーは、あなたが承認していないニーズを満たしてくれる誰かではなく、あるいは自分で満たしていないニーズを満たすための誰かでもなく、完全な誰かということになるでしょう。

この変化の時代にあって、女性たちはノドを開き、率直に発言する許可を自分自身に与える必要があります。いまこそそのときです。そして、男性の皆さん、女性や他の男性を理解しようとするとき、あなた方にとっての最大の挑戦は、感じるということでしょう。あなた方の人間関係におけるセクシュアリティに感情を入れることです。多くの男性は、女性との関係で非常な困難を体験しつつあります。男性は、女性に狂わされ、どうしたらよいか分からないでいます。これは本当です。

私たちが男性の周波数に対して、また、自我の男性的な側面に基づいて行動する女性に対して提案したいのは、セクシュアリティを分かち合うときに、感情のスペースに入りなさいということです。単なるセクシュアリティ、肉体の刺激にではなく、物事の感情性のスペースに入っていきなさいということです。感情的なコミットと、感情的な信頼を必要とする感情的な刺激というものがあります。この感情的な刺激が、電磁波を通してあなたのなかにある、ある周波数を開くことになるでしょう。このセクシュアリティを表す周波数は、あなたが神であることを思い出させるものです。

男性は、この惑星におけるリーダーシップをとるために、感情のセンターを閉鎖してしまいました。男性が戦争を遂行し、人を殺し、地球を支配することができたのは、感情のセンターを閉鎖してしまったからできたことでした。女性は率直に発言するセンターを閉鎖することに同意し、男性がこのシステムの責任をとることができるようにしました。

　こうしたことのすべてが、いま、安定した状況に向かいつつあります。女性は約三〇年前に声を出しはじめ、発言する機会をもつことを流行させせました。問題は、多くの女性たちは自分の発話のセンターを開いたときに、感情のセンターを閉鎖してしまったということです。女性は非常に男性に似てきました。一つのバランスが必要です。いま、女性は自分自身のなかに、女性の原則を目覚めさせる必要性を感じはじめています。女性は女性の身体でいながら、その身体のなかで男性の周波数を使う方法をマスターしました。女性は社会に出るという体験をして、自分が力強い存在であると感じています。女性は顔にベールを被らずに町を歩くことができ、結婚するかしないかも自分で決めることができます。女性は自分を自分で所有するようになったのです。アメリカでは女性は、自分で下す決定に関しては責任があります。女性はカドがとれて、彼女自身の源であり、生命をもたらしてくれる彼女自身の部分を覚醒させはじめています。女性が男性の部分と女性の部分を統合して全体的な存在になり、自らに進化したＤＮＡの体験を許すとき、女性はこの周波数を放送しはじめます。この周波数は、地球において非常な広がりを見せることになるでしょう。

　男性が感情のセンターを開けるというのは、不可避的なことです。男性が女性とのバランスを確立するための次のステップが、それになるでしょう。これはすぐに実現します。これは三〇年を要するプロセスにはならないでしょう。というのは、現在、男性全体が混乱の真っ直中に突入しており、男性はこの状況を好ましいものとは思っておらず、権威の信用性に疑いを抱きはじめているからです。

　ある時点で、この周波数が支配的になるでしょう。すると、たとえば、ある人が実験室で動物の実験をしているときに、突然、しかも徹底的に感情のセンターが開きます。するとその人は動物が感じている痛みを感じて、いままで彼らが実験室でやってきたことが、耐えられないほどひどいことであると感じはじめます。彼らは回れ右をして実験室から去り、二度とそこに戻ることはないでしょう。なぜなら彼らの心は、非常な動揺を覚えるからです。男の周波数には、こうしたことが待ち受けています。

男性の周波数は、非常に短期間のうちに変わるだろうといいました。なぜそうなのか、そして、どのようにしてそうなるかをいうことはしないことにします。なぜなら、あなた方のなかには、それはまったく忌まわしいことだと考える人もいるからです。しかし、変化の波が次々とやってくるなかで男性の意識が決定的に変わるであろうことだけはいっておきます。ある時点で男性が感情をマスターしようとしてもがき苦しんでいるとき、男性の感情センターが活性化されるでしょう。これは静かに起きるか、突然、起きるかのどちらかになるでしょう。

それと同時に女性たちも、男性が感情の体験をするのを同情心をもって見守ることができるように、突然、ハートチャクラが開くことになるでしょう。これは、光の波状攻撃によって、人類全体に起きる出来事です。生命を肌で感じ、生命と生命を繋ぐ女性のエネルギーが、すべての人のなかで目覚めつつあります。女性は女性であること、力というものを再定義しなければなりません。女性は、女性として強いとは、どういうことかを発見しなければなりません。それと同じように、男性は、男性として傷付きやすいとは、どういうことか、発見しなければなりません。男性が傷付きやすい存在となったときの男の魅力とは、何なのだろうか。女性が力づけられたとき、男性的な力ではなく、女性として力をもった存在になったときの魅力とは何なのだろうか。

女性たちは、これまで自分のエネルギーの磁場のまわりに堅い殻を巡らせてきました。自分自身をそうすることで守ってきたのです。いまや、女性たちは本当の感情の強さを発達させようとしています。あの外側の堅い殻は、氷解し、光体がその胸から輝き出すことでしょう。女神と神々が合意し、このエネルギーとともに仕事をすることになるでしょう。ドラマは、このようなかたちで展開するように定められています。

創造者、生命をもたらすことができる者、生命力そのものである血の神秘を保持する者、そして、その生命力を地球にかえすことができる者、そういう存在である女性のもつ魔術について語る昔のさまざまな物語は、葬り去られてしまいました。愛し、感じ、慈しむ女神の物語は、どこへいってしまったのでしょうか。男性も女神のエネルギーを体内に感じ、女神の必要性を感じていたものでした。

過去数千年のあいだ、地球をうまくコントロールするために、さまざまな神話が地球外存在によって、あなた方に与えられてきました。彼らが、あなた方の宗教団体の種をまいたのです。あなた方は一つの実験であると、私たちはいいました。ときには、この実験は愛に基づいたものであり、魂を高めることもありました。しかし、最近になってこの実験は信じられないほどに衰退してきました。あなた方は、光の家族のメンバーとして、この惑星を急襲し、光を地球に戻して、分裂とか戦争といった馬鹿げたことをふたたび信じ込まなくてもよいようにするためにやってきました。男と女は対立するためにではなく、お互いを補い合うために作られたのです。

思い出してください。気持ちは感情です。感情は、この地球から上昇していくための鍵となるものです。感情こそは、多次元の自我を理解し、癒し、実現するための鍵です。それは、また、地球を生きた図書館として愛情を込めて活性化し、貴重な存在のための場所を消滅から救うための鍵となります。過去数千年にわたって男性と男性中心社会が地球の主導権を握り、女性は相談相手どころか、まるっきり相手にもされない状態で、分裂が最大のテーマとなり、感情は脇に押し退けられ、悪者にされ、除け者にされてきました。あなた方はロボットとなり、あなた方を分裂させておくために与えられた役割を忠実に演じてきたのです。

あなた方は、強力な女性創造神のイメージを祀《まつ》った神殿を作っていません。強い女性の肯定的なイメージの原型となるものが、何もありません。それで、男性は男性であろうと努力し、女性は男の周波数を通して力づけをえようと努力するのです。それは、あなた方には力強い女性のビジョンがないからです。〝それを創造しなければなりません〟。自我の女性版のなかにある豊かなエネルギーを認識しはじめてください。それは、直観であり、受容性であり、創造性であり、慈悲心であり、滋養です。長いあいだにわたって相手にされてこなかったあり方のなかに、帰属性の宝庫をあなた方は発見しつつあります。もしも、あなたが女性であれば、もちろん、そのあり方を体現している存在です。男性は自分自身のなかに、女神が神と出会う場所において、独自の女神を見出さなければなりません。

その上、男らしさについての見方も歪められています。あなた方には力強く、かつ、感情豊かな男性のモデルがいません。あなた方の社会は、感情豊かな男性を〝軟弱である〟とみなし、男らしさを欠いているとみなしています。男たちは自分の気持ちを見つめ、「確かに俺はこう感じている」と発言しはじめています。感じても、それでも彼らが男であると認識しはじめています。したがって、男性と女性の双方が力強い、統合された男性版、女性版のモデルを作りはじめています。これらのモデルはすぐに誕生することになるでしょう。分裂の時代は終わりました。

すでに述べたことですが、あなた方が二つの炎のうちのどちらかのパートナーを探している場所は、あなたの外ではありません。女性と男性の本質の統合をあなた自身のなかに探し求めているのです。女性と男性の本質が一つの全体を構成します。このように全体となった人々が、信頼と、意欲と、選択に基づいた人間関係において、他の全体的な人々と繋がりをもとうとしています。その人間関係は、「私が完全になるためには、そして、私の存在を正当化するためには、あなたが必要です」という考えに基づいたものではありません。あなたはあなた自身において完全な存在となり、彼自身において完全で、まったく新しい開拓の地を提供してくれる人とともに活動を展開するようになるでしょう。

あなたのなかにある二つの炎を結婚させるとき、あなたは、力強く、合理的で理知的な自分だけでなく、直観的で、女神であり、生命をもたらし、繊細なあなたをも認識します。一方は非常に地球的であり、もう一方は強く魂の世界と繋がっています。この二つのエネルギーをあなた自身のなかで融合させたならば、そのあなたと同じような資質をもったパートナーを見つけることが絶対に必要です。この二つのエネルギーを統合したとき、全体的な存在になっていない人とは決してやっていけないでしょう。

あなたは自動的に、全体的な存在である人々を自分に引きつけるようになりますから、とくにそのことで意識的な努力は必要ありません。これまでの人間関係では、可能性すら認めていなかったようなことが達成できるようになり、人間関係というものに、まったく新しい性質を認め、新しい境界線を与え、新しい定義を与えることになるでしょう。あなた方自身が、この新しいタイプの関係のモデルとなるでしょう。あなた方の多くは、結婚という制度が意味のないものであると思うようになるでしょう。結婚制度は、あなた方の認識、あるいはどのように人生を生きたいと思うか、その生き方に適さず、不十分なものとなるでしょう。

あなた方が、皆、自分自身のなかにある両極性を統合する道を歩みはじめると、さまざまな困難な問題が、くりかえし、くりかえし、起きるでしょう。そのような問題がやってきたときには、それを歓迎しなさい。なぜなら、それこそあなたにとっての最高の先生になりえるからです。あなた自身の成長と、あなた自身の道、あなた自身に焦点を絞りなさい。他の人たちが何をやっているかに焦点を合わせる必要はありません。あなた自身の内なる男性と女性に呼びかけ、この二つの本質に会話をさせ、彼らがパートナーシップと調和のもとに協力しはじめるように導いてください。自分自身にたくさんの愛と励ましを与えてください。あなた自身とデートをして、「愛しているよ、自分。きみは素晴らしい自我だ。君はナンバーワンだ。最高だ」といってあげてください。

人民によって祝福を受ける王侯であるかのように、あなた自身に対して、あなた自身の愛の尊厳を与えるとき、すべてが変わります。力強さと統合があなたのものとなるのです。それは、あなたが自分を愛し、自分を信じるからです。あなたがあなた自身を信じ、愛するとき、すべてがあなたの思い通りになります。ほとんどの人々にとって一番難しいのは、自分が愛に値すると信じることにコミットすることです。あなた以外の誰もあなたを愛する必要はないのです。他人の愛を集めるために歩き回って、自分自身にお前は愛に値するのだと納得させるために地球にやってきたのではありません。

あなた方がこの惑星にきている理由は、暗黒につつまれ、本当の物語についてほとんど何のインプットもなく、刺激もなく、情報もないシステムのなかで、非常に困難な仕事を達成するためです。あなた方は不可能なことを達成するために、地球にきています。あなた自身を愛することにコミットし、このコミットを第一歩として毎日の生活を営むならば、すべてのことが順調に流れていくでしょう。あなたは全体的な存在となり、完全な存在となります。そのとき、あなたは完全な存在である別な人との深いきずなに結ばれた関係をもつ準備ができるでしょう。そして、その人との関係は、これまで足を踏み入れたことのない領域へあなたを連れていってくれるでしょう。

第20章 セクシュアリティ……より高い意識への橋

図書館の蔵書であるあなた方が、本棚からたたき落とされて、床に散乱させられ、DNAが分断され、わずか二つの束だけが残され、データも記憶もほとんど失われた状態で、セクシュアリティだけは、身体のなかにそのままの状態で残されました。それはもちろん生殖の一形態として残されました。すなわち、人間という種が、その本質との接触を保ち、生命を生み出すための一つのかたちとしてセクシュアリティは残されたのでした。セクシュアリティのメカニズムの非常に奥深いところに達成可能な一つの周波数があり、これは多くの人々が求めてきたものであり、また、誤解してきたものでもあります。この周波数はオーガズムと呼ばれています。

オーガズムは、本来の目的から逸脱してしまいました。あなたの身体は、その能力としてもっている宇宙的なオーガズムを忘れてしまいました。それは、社会が何千年にもわたってセクシュアリティは悪いものだと、あなた方に教えてきたからです。あなたがこのように教え込まれてきたのは、あなたをコントロールするためであり、セクシュアリティを通して入手可能な自由をあなたが求めることを阻止するためでした。セクシュアリティはあなたを恍惚の周波数と繋ぎ、その恍惚の周波数が、あなたを神の根源と情報に繋ぎ戻してくれるのです。セクシュアリティは、この惑星では悪者あつかいをされてきました。セックスは悪いものだという考えが、あなたの細胞の記憶に貯蔵されています。それは、この人生だけに由来しているのではありません。それは何千年におよぶ誤用と濫用からきています。セクシュアリティにまつわるマイナスのイメージをこの人生から払拭することが必要であり、同時に、あなたが多次元の自我において性的なエネルギーと表現をどのように活用しているかを体験し、調べてみることが必要です。

身体の性的な部分は、喜びにいたる道であり、それがひいては、肉体を癒し、刺激し、より高い魂のレベルへと導いてくれるかもしれない周波数を作り出します。セクシュアリティは地球においては非常に誤解されているために、それが二人の人間のあいだで交換されるときに、セクシュアリティを魂と結びつけようとする意図はほとんど見られません。セクシュアリティは自由な精神性を呼び起こし、自らを創造者とみなす精神性を呼び起こします。しかし、セクシュアリティが、あなた方をより高い意識のレベルへと橋渡ししてくれるものとして活用されることはほとんどありません。

光を活用している人たちと、個人的に話をしたことがあります。一夫一婦主義の状況で適切なパートナーを見つけている人たちであるので、彼らは非常に高いレベルの存在のあり方を達成していました。一夫一婦主義は、あなた方にとって、多くの場合、もっともうまく働くかたちのようです。それは、地球という場所の周波数と関係があります。多くのパートナーがいる場合は、あなた方は正直さを失う傾向があり、自分がどのような存在であるかを隠す傾向があります。いろいろなところで自分を性的にシェアして、種をいたるところにまき散らします。一人の人をパートナーにするのが一番よいでしょう。しかし、これは永久に同じ人という意味ではありません。いま、あなたがパートナーとしている人に忠誠をつくし、オープンにして、分かち合ってください。そして、その人と行けるところまで行きなさい。もし、それが一生であるならば素晴らしい。もし、そうでなかったならば、二人がもはやコミュニケーションをとることができず、お互いのためにならない状態になり、その関係が飛躍をとげることができないと感じたならば、その関係を完了し、あなたの周波数と合った別なパートナーを探しなさい。

一対一の親密な人間関係のなかで、信頼を育むことができます。あなた方は、皆、自分自身を信頼することがなかなかできませんが、それは、信頼を体現する模範となる人がいないからです。人間関係のなかで信頼を学ぶことが可能です。それは、人間関係はあなたに対して鏡の働きをしてくれるからです。あなた自身の観点からは見えないことを映し出してくれるのです。セクシュアリティと深い親密なかかわりのなかで、オープンなコミュニケーションをもち、セクシュアリティをより親密になるための気晴らしのために使わないとき、あなた自身の外にいるあなたを見ることができます。あなた方の多くは、セクシュアリティを親密な人間関係を発達させるための手段としてではなく、むしろ、単なる気晴らしとして、親密な関係を避けるための手段として使ってきました。誰かと出会い、お互いのエネルギーを感じはじめ、お互いの目を見つめ合い、熱くなって心がどきどきしはじめます。すると、そこからお互いを親密に探求する代わりに、感情のセンターを閉鎖し、鎧を身につけて、浅い、性器だけのセックスをします。それは、体全体を接続し、魂全体を接続するというより深い道を歩むことを恐れているか、それがあまりにも強烈すぎて尻込みしているからです。ときには、情熱に燃えただけのセックスでも、素晴らしくよいと感じるものです。しかし、それ以上のものがセックスにはあります。誰もその秘密を隠そうとはしていません。隠しているのはあなた自身でありあなたが作った境界線と壁をとり外すことに関して抱いているあなたの信念と恐怖心にほかなりません。

あなたがもっている恐怖心の多くは、あなたが自分自身のために作り出したもの、また、あなたがこれまでのセックス体験のなかで他人に対してやってきたことに根差しています。あなたのセックス歴はあなたの魂のすべての部分に影響をおよぼし、その結果、あなたの魂の問題のすべてが、あなたの肉体を通して声高に、はっきりと放送されています。それは苦痛に満ち満ちているために、あなたはそれを直視したくはないと思うこともあります。それは悪いものであると考えるがゆえに、価値判断を下します。価値判断を止めて、あなたがこれまでやったことに関して中立の態度をとってください。あなたがそこにどのようなことを発見したとしても、それがどれほど忌まわしく思われるものであっても、それがどんなに困難なことに思えても、どれほど多くのルール違反を犯していたとしても、そのことに対して中立の態度をとってください。あなたの目的はデータを集めることであり、あなたの自我を理解することだということを思い出してください。

セクシュアリティは一つの周波数です。あなたの歴史、記憶、本質的な存在は除去され、散逸させられてしまいましたが、まだ、あなたから奪われていないものをセクシュアリティは代表しています。あなたが誰であるかを発見するために残された能力は、性的な体験を通して発揮されることになっています。もちろん、あなたにとってこれは初耳です。ここで少し、教会バッシングをやらなければなりません。教会に所属する人は本当に気の毒だと私たちは思います。教会は、宗教を支配し、魂の発達を支配し、就職口を作り出し、縦の関係を作り出し、クラブを作るために、組織として生まれたのです。情報を人々にもたらすという目的で作られた教会はほとんどありません。宗教とは、あなた方に情報をもたらしつづけるものだとは、普通、皆さんは考えないでしょう。情報をもたらす宗教であればどのようなものであっても、それは真理の周波数で動いている宗教です。

魂の領域は、人間の身体がそこから締め出されてしまった存在領域です。セクシュアリティは人間がそれによって記憶をとり戻し、魂の世界の自我と結合し、魂の創造者と結合し、自分が締め出しを食らっている魂の世界にいたる道を発見するための機会を提供するものであるがために、教会が作られ、教会はセクシュアリティは生殖のためであると宣伝してきたのです。彼らは、あなたがセクシュアリティをもっている唯一の理由は、小さな人間を作るためであると教えてきました。

セクシュアリティは悪いものであると、宣伝されてきました。女性たちは、セックスとは男に奉仕するために耐えなければならないものであり、出生のプロセスについても、自分ではコントロールすることはできないと教え込まれてきました。女性たちは、これを信じました。というわけで、今日にいたるまで、あなた方は、全体的に見れば、あなたの身体のセックスに関する部分については、自分の思い通りにはならないものと信じています。あなたが子供を生むか生まないかを決定するのは、あなた以外の誰でもないということを理解しなければなりません。この問題は、これまでとり沙汰されてきたほどには複雑な問題ではありません。あなたという存在に体験をもたらすのは、あなたの決定であり、意図なのです。あなたが子供を生むか生まないかのコントロールは、あなたにできます。もしも、女性が過去数千年間にわたってこの能力をもっていたとするならば、そして、また、妊娠するかもしれないという恐怖心を抱くことなく、性的な自我を探求することができていたならば、おそらく、男性も女性も、信じ込まされてきたよりも、実は自分たちがずっと自由であることを発見したことでしょう。セクシュアリティの最高の周波数は、愛を体験することによって発見されます。それは、その関係が異性とのものであるか、あるいは同性とのものであるかとは、何のかかわりもありません。それは、二人の人間が、意識の周波数を開いてお互いに喜びをもたらし合うことと関係があります。あなた方は性的な表現において何が適切で、何が適切でないかという考えを信じ込んできました。

愛こそ、すべての関係において創造されるべき本質です。あなたが誰かを愛し、尊ぶならば、あなたがどのような人であるかは問題ではありません。大切なのは愛の周波数であり、この愛をあなたがどのように探求するかです。理想をいえば、この愛を探求するに当たっては、二つの炎を構成する男性と女性を統合することが望ましいでしょう。

理想的には、セクシュアリティは感情を通して探求されるべきものです。三番目のチャクラと四番目のチャクラが、あなたを情緒的な自我、同情心の厚い自我と結合させ、さらにそれらの自我があなたを霊的な自我と接続します。霊的な自我とは、多次元のあなたであり、多次元のあなたは、さまざまなかたちで、同時に存在しているものです。あなたという存在におけるこうしたすべての現実を意識することがあなたの任務であり、あなたが同意したことであり、あなたの仕事です。あなたが意識するとき、あなたはさまざまな周波数に波長を合わせることが可能となり、自分が誰であるかを思い出し、この宇宙の周波数を変えることができます。

私たちはセクシュアリティについて話をするのが大好きです。というのは、セクシュアリティはこの惑星においては、非常に不思議なものとされているからです。神秘主義者は、セクシュアリティの潜在的な利用価値についての知識の一部を隠してきました。あなた方は電磁波からなる存在です。したがって、あなたが誰か別な人と肉体的な恍惚感を体験するとき、電磁波の周波数を結合します。あなたの周波数が愛の周波数によって調和され、愛の周波数と一体になるとき、信じられないことが起きる可能性があります。

何千年も前のこと、地球の一部では母系的なものの見方が残っていたころ、女神のエネルギーがかぎられた個々人を通じて地球にまで届き、彼らを導いておりました。女性は自分のもつ力、直観力、感情のセンター、きずな、生命を創造したいという欲求を理解していました。女性は、また、〝もし、自分が望まなければ、子供を身ごもる必要はない〟ことを知っていました。

父系社会を行き着くところまで行かせるために、また、この意識の変革への準備を地球にさせるために、女性のエネルギーは補助的な役割に甘んずる必要がありました。そのようなわけで、女性の力、エネルギー、セクシュアリティについての理解は押さえつけられることとなりました。現代において、つまり、この二千年のあいだ、地球の女性たちは、いつ子供を生むかは自分の思い通りにはいかないと考えるようになり、セックスは悪いもので嫌なものだとみなされるようになり、セックスは結婚の枠のなかだけで行われるべきものだと教えられてきました。これはすべて市場コントロールの結果にすぎません。

セクシュアリティ、およびその表現について、これよりも強大な恐怖心を作り出そうという、現在、進行中の市場コントロールのプログラムの一部が、エイズ、ヘルペスといった新しい病気です。あなた方は新聞でこのような病気について読み、あなた自身を性的に表現することを恐れ、あなた自身の直観力を恐れ、あなた自身の喜びを恐れるようになります。何が進行しているのか分かるでしょうか。

ＤＮＡが再編成される以前、多くの人々が高い領域に到達し、自分自身の梯子を登って、地球外の周波数に到達したときに使った方法は、愛による電磁波の結合でした。彼らは現実の他のシステムに自らを放りあげるためにロケットのような体験を創造しました。これは、地球上でもっとも堅く守られてきた秘密の一つです。

当時その体験をした人々から個人的に話を聞きましたが、多くの人々は自分のセクシュアリティに関してきわめて深遠な体験をしたと語っていました。ここでもう一度指摘したいのですが、あなた方が、誰と性的に結合するかということについて、私たちは区別したり、価値判断をしてはいません。あなた方もそのような価値判断は捨てたほうがよいでしょう。それはもう、古いプログラミングです。あなたが異性と性的に結ばれようと、同性とであろうと重要なことではありません。二人の人間が、愛を分かち合いながら肉体的に結ばれるということが、大事なポイントです。人間の肉体の結合に、誠実さと愛が欠けるとき、人間たちはセックスの体験によい思いを抱かなくなります。そうすると、肉体にさまざまな障害が起きてくる可能性があります。

あなた方がより高い自分を思い出せるように、セクシュアリティのオーガズムの体験の周波数が残されたのです。あなた自身のこのエネルギー、またはあなた自身の歴史が明らかにされ、本来の自分の姿に目覚めるとき、あなたの多次元存在の数多くの身体を、いまの肉体のなかにまとめることになるでしょう。それはあなたという存在のグリッドワークの全衝撃を受け止め、一二の螺旋をあなたの身体に適合させ、光がコード化されているフィラメントが自分から配列を変えることを可能にするためです。このプロセスは、魂の身体と関係があります。それはむろん肉体と結びついているものです。魂の身体と繋がっている感情の身体は、誰もが飛ばして進みたいと思っている身体です。あなた方は次のように考えます。「私は進化したいんだ。進化のスピードをどんどん加速していきたい。だけど、それをするために感情のセンターは通りたくないんだ」。

あなた方は感情を通して、あなたの多次元の自我と結びついています。そして、あなた方が一番引っかかってしまうのは、この感情です。あなたの問題が浮上してくるのには、理由があるということを受け止めてください。あなた方の多くは、問題が出てくると、それがまるで醜いもので、自分ではないかのように隠したり、ゴミ箱に捨ててしまいたいと考えます。〝問題〟は、あなたが相手にしたくない、あるいは受け入れたくないあなたの本質の影の部分なのです。

時々、何か問題がもちあがると、あなた方はそれにレッテルを貼って、こういいます。「私はこんな自分は大嫌いだ。こういう自分はもう終りにして、どこかに隠して忘れてしまいたい」。ちょっと待ってください。あなた方の問題は、あなたの人生における宝物です。これらの問題を通してあなた方は、学ぶことができるのです。

あなた方は突然変異をとげ、光を身体のなかに入れ、光の家族をこの惑星で出生することに同意しました。光は情報であるがために、あなた方が自分自身にこれまで隠してきたことのすべてととり組まなければなりません。セクシュアリティはそのなかでも最大の問題です。なぜならば、それは秘密にされてきた自我であり、あなた方がそれから隠れている自我だからです。社会はあなた方に、「これはよい。これは悪い。あなたはこれをしなければならない。これをしてはいけない」といってきました。誰がこのような決まりをあなた方に提供したのでしょうか。そもそも、法律などというものを人間にプレゼントしたのは、誰なのでしょうか。

あなた方が停滞している理由は、自分に向かって使っている言葉の象徴を理解できないからです。そういうわけで、あなた方はそこでぐずぐずして停滞します。あなた方の物語は注意を引きつけてくれるので、あなた方はそれが大好きです。もしも、あなたに物語がなかったとしたら、誰があなたに話しかけてくるでしょうか。あなたの身体を観察して、それがあなたに何を教えているのか見つめてください。理想的な展開としては、あなたの肉体のなかにより完全なかたちで住み、セクシュアリティの新しいあり方をもつようになるにつれて、肉体の傷を癒し、慰めと喜びに満ちた場所を作るようになるでしょう。

セクシュアリティは、一つの鍵です。それはより高い意識の領域への入り口です。あなた方が自分自身を再定義し、光がコード化されたフィラメントがあなた方に新しい定義を下すとき、あなた方は、性的にも自らを変えていくことになるでしょう。セクシュアリティの問題は、あなた方すべてが直面しなければならない問題です。私たちは経験で分かっているのですが、セクシュアリティはあなた方が、いま、一番恐れている領域です。保証してもよいですが、後でもっと恐ろしい領域が必ず登場してきます。

もしも、あなたが愛の考えで行きづまっていて、いったいどうなっているのか理解できないとすれば、あなたの問題は、愛をあなたの外に探し求めていることです。あなたはあなたの人生に意味を与え、あなたという存在を正当化するために誰かを探し求めているのです。その人が見つからないと、あなたは怒りを覚え、自分は価値のない存在だと感じます。これがあなた方が育てられてきたパターンで、それはあなた方の両親や社会が教えてくれたものです。何度もくりかえしていってきたように、あなた方にできる一番大切なことは自分自身を愛し、地球を尊敬することです。しかし、あなた方は、いつもこのことを忘れては自分自身を完全な存在にするために、次の人間関係を探し求めています。あなた方は誰かとの関係が何かなければ、一人前ではないと感じるのです。したがって、あなたは孤独を感じます。一人でいるということをマスターしなければなりません。孤独感とは、単なる気持ちの状態にすぎません。あなた方は、決して、決して一人ではありません。あなた方のまわりには、さまざまな存在が絶えずいるのです。もしも、自己憐憫のゲームを止めれば、実に多くのデータがあなたに向けて送り込まれていることが分かって、そのデータを受け止めるために一人になりたいと思うかもしれません。

あなたが自分自身を愛し、誰か別な人に自分を愛してもらう必要性にこだわることを止めれば、誰かが提供するものを受け入れることができるようになります。自分自身を大切にして、まやかしの愛に満足してはいけません。もし、あなたがパートナーを探すことに決め、あるいは誰かと周波数を交換することに決めたのに、現れた人が望んでいたような人ではなかったとしても、その人を自分のニーズに応じるように変えようとして愚痴をこぼしたり、文句をいったり、膨れっ面をしたりしないでください。あなた自身にとっての価値観を設定したのにそれが創造されなかったならば、そのときはあなたの現実を変えて、あなたの価値観を反映する人に出会うまで、一人で道を歩きつづけてください。そのあいだ、自我への愛の周波数を出しつづけ、自我を尊重し、地球での旅は他人との関係において〝自分を発見する旅〟であることを理解してください。夫や妻ということだけではないのです。地球での旅は、多くの存在の生命に触れていくなかで、あなたの肉体を尊重し、自我の独自性を尊重する旅です。つねにあなた自身が自我とともに活動し、自我を進化させてください。

あなた方は、皆、自分自身と親密になること、すなわち、自我と一人きりになることを恐れています。いったん、親密さ、自己愛、エネルギーの抑制を身につけると、そういった親密さの側面を誰か別の人との親密さの基準にしたいと思うようになるでしょう。

あなた方が周波数を高め、かつ周波数を研究しているがために、いまの時代はセクシュアリティは非常に複雑で分かりにくいものになっています。あなた方が身体を結合するとき、お互いをハギングするときですら、周波数の交換が行われます。あなたが性的な体験をするとき、身体の内部でホルモンが放出されます。そのホルモンが細胞内のある種のエネルギーを目覚めさせ、一人の本質的な部分が他の人へと移動します。誰かと性的な体験をもつと、ときとしてその人のエネルギーを振り払うことができないのはこのためです。あなたとしてはその人といたくないのに、その性的な体験があなたに付き纏って離れません。それは、電磁波の交換を行ったからです。

あなた方はこの周波数の調節を体験しつつあり、周波数をあげて、つねに一貫して情報があり、愛があり、自我との親密な関係がある場所に行くにはどうすればよいかを学びつつあります。したがって、いま、あなたが学びつつある、この傷付きやすいものをもって他の人と融合するというのは、きわめて分かりにくいことであり、ときとして恐ろしいことでもあります。あなたの意識が高まれば高まるほど、あなたの身体をどう使うべきか、どこに接続すべきか、どこに座るか、もちろん、誰と性的に交わるべきかといったことについて、自分で責任をとるようになってきます。

あなた自身を性的に表現することが最大の成長を促すものであれば、その体験をあなた自身が自然に作り出していることでしょう。というのは、そういう場合、あなたはその準備ができているのですから。自我を進化させていく過程にあっては、性的な活動を休止させる期間が訪れることがよくあるということを理解してください。性的な関係をもつということは、性的な周波数のなかでエネルギーの交換をすることです。ですから、あなたとは周波数が異なった人と結合し、化学的なレベルの交換を行えば、彼らのゴミを背負い込むことになります。なぜなら、性交においては、エネルギーをきわめて親密に分かち合うのですから。

ときには、そのような行為から離れるような導きを受けることもあるでしょう。そんなとき、あなた方は、「これはいったいどういうことだ。私は年をとりすぎてしまったのだろうか。性的なエネルギーが枯れてしまったのだろうか。どういうわけだろう」と考えるかもしれません。そうではありません。あなたを性的に刺激するエネルギーを他の人に与えないで、利用することを学ぶことが可能です。混乱して、あわてふためかずに、マスターベーションの技術をマスターすることによって、このエネルギーを探求することができます。マスターベーションをすることには、まったく何の問題もないという理解のうえに立ってこうするのです。あるいは、自分が性的な興奮を感じたときに、それを観察し、その後でそれをどうするか決めるというアプローチもあります。たとえば、あなたはこう考えるかもしれません。「このエネルギーに基づいて、いま、行動するつもりはない。このエネルギーが、どこに行くか見てみよう」。そのエネルギーをあなたの身体のなかで昇華させ、別な領域で利用してみてください。

あなたが自分自身をまるで生まれたばかりの赤ちゃんを腕に抱いているように、自分自身を敬愛し、育み、愛しく思うときがやってくるでしょう。そんなとき、あなたは自分自身のために最善のことをしてあげたいと思うでしょう。あなた方のなかには、気持ちが混乱していて自分自身に焦点を合わせられない人が多いようです。自分で答えを見つけることのできる落ち着いた静かな場所を探しなさい。一日中電話のダイヤルを回して、いろいろな人に答えを聞いても、答えは出てきません。もしも、あなたがそのようなことをしているとすれば、それは答えを自分の外に見つけようとしているのです。答えを見つけるために自分自身のなかを見はじめると、自我が語りはじめるでしょう。普通は、あなたにはこの自我の声が聞こえません。それは、自分でも変えなければならないと思っている行動パターンのなかに、あなたがはまりこんでいるからです。その行動パターンを変えなければならないとは思っていても、変えたくないのは、自分がどんな存在になるかが見当もつかないからです。

まったく正直な話、あなたは自分自身を恐れています。これは非常によくあることです。あなたは自分が完璧でないことを恐れていて、完璧になりたいと強く願っています。それで自分にこう言い聞かせます。「私は完璧だ。私は独立した存在だ。私は誰かを必要としている。私は誰かに魅かれている。あっ、見てはいけない。それは怖すぎる。私には誰も必要じゃない。いや、やっぱり、必要だ」。あなたはこのように行きつ戻りつして考えつづけます。気持ちを落ち着けることを学びなさい。あなたのエネルギーを完全に管理する方法を学びなさい。それはどういう意味でしょうか。それは、あなたがどこにいても自分を観察するということです。あなたの身体がどのような位置に座っているか、どのように手を使っているか、同じことを何度も何度もくりかえしているかどうか、話しているか、それとも黙っているか、などを観察するのです。

あなた自身を何の価値判断もしないで、ただ、観察することを学んでください。自分を観察して、自分がこうであるということと、自分はこうありたいということを区別して、自分で訂正することを学びなさい。気持ちを静かに落ち着けることを学びなさい。

周波数は、あなたから別な人へと流れていきます。そこに愛のきずながあると、とくにそれが起こります。愛のきずながあるということは、二人が永遠にくっついているという意味ではありません。二人がお互いを尊重し、エネルギーを交換し合って、まるでオープンした電気回路をエネルギーが流れるように、エネルギーを交換するというところから見て、適切であるとあなたがみなす期間のあいだ、その関係を持続するという意味です。二人がお互いを愛しておらず、愛のきずなで結ばれていないときには、エネルギーの交換はありません。回路が開かないのです。しかし、それは素晴らしいセックスができないということではありません。ただ、愛のエネルギーの回路が開いていないというだけです。

この電流が高まれば高まるほど、人間の身体が受けとることが可能なオーガズムの体験がより高いものになっていきます。その理由は神経組織が、より高い恍惚の周波数をあつかうことができるようになるからです。神経組織が、あなたが自分をどのように表現するか、どのように感じるかを決定するでしょう。もしも、あなたの神経組織があまり進化していなければ、あなたの性的な体験は非常にかぎられたものとなるでしょう。それは、神経組織が電流の回路だからです。オーガズムの体験は癒しをもたらし、肉体を再編成します。

やがてあなたは、あなたと同じボルテージで動いていない人と一緒にいることもできなければ、その人の近くに行くこともできなくなるでしょう。合わないのです。それはまるで靴のサイズが二六センチの人が、一三センチの靴を履こうとするようなものでしょう。足はとても入らないでしょう。あなた方が合わないのは、周波数が合わないからです。

性的な融合が始まると、周波数による育みの大切さが理解できるようになるでしょう。性的に結合するというのは、同じレベルのボルテージで活動している人が、お互いに融合する一つの方法にすぎません。あなた方の現実は、私たちが見ていると実に興味深いものがあります。それは、あなた方が目を覚まして活動しているときの世界に、実に数多くの手掛かりがあるからです。たとえば、外国に行くとあなたの国の電気製品は使えません。電流が合わないのでアダプターが必要になります。性的な関係をもつ度に、この電気製品の場合と同じように、いつも周波数を変えなければならないとしたら、疲れてしまうでしょう。面倒すぎるのではないでしょうか。アダプターの役割をする装置を作るためにエネルギーのすべてを費やすことになってしまうでしょう。そのようなことになれば、性的な体験を否定するようになって、さらにパートナーを求める努力をする許可を自分に与えなくなってしまうでしょう。なぜなら、そうするためには自分の周波数を下げなければならないのですから。

一九六〇年代は、性的な探求の幕開けの時代でした。あっという間にパラダイムが変わりました。当時の地球にあったエネルギーが、さまざまな精神変革の物質の服用の助けも借りてものすごい速さで新しいパラダイムを作り、あなた方をそれ以前の世代から切り離しました。境界線があっという間に変わりました。あなた方は、戦争を信じ、感じることのなかった世代から分裂しました。その世代の人たちは性的な表現を、暗闇のなかで、そして、おそらくはたくさんの衣服を着たままで行っていた人たちでした。あなた方はいろいろな面でパラダイムを広く開放し、新しいトレンドを作り出し、新しいあり方を創造しました。それは素晴らしいものでした。「やあ、やあ、フリーセックスだ。自由な愛だ。身体も見せてよいんだ！」とあなた方は叫んだのです。

いまや、まったく新しい革命が始まろうとしています。この革命においては、あなた方は周波数を通して人と繋がるのです。セクシュアリティの本来の道から外れたり、自分にはコンプレックスはないような振りをすることはなくなるでしょう。こういう体位もできるし、こういう体位もできるから自分は性的に解放されているんだなどという振りをすることもなくなるでしょう。ポジションがどうのということは、セクシュアリティという領域での単なる身体のエアロビクスにすぎませんでした。私たちがいまあなた方にしてほしいことは、魂のエアロビクスであり、魂の運動です。つまり、周波数の問題です。二人の人間が深い深いところで結ばれ、性的に結ばれることこそ、あなた方が本当に望んでいることです。もしも、あなたがこれを恐れているとするならば、それはあなたの考えのなかにそうした枠組みがないか、モデルとなる存在がいないからです。それを作らなければなりません。宇宙の青写真のなかでデザインされているエネルギーが、自分自身を理解するための次のステップを望む気持ちに基づいた新しい動きをただちに作り出すであろうことを信じなければなりません。

あなたが男と女の両性を体験し、セクシュアリティのあらゆる側面を体験したとき、現実のさまざまな操作におけるあなたの性的表現をはっきりと思い出すことでしょう。これをするには勇気がいります。あなたが自分自身に対して本当に強い価値判断をする領域が一つあるとしたら、それは、また地球が価値判断する領域でもありますが、それはセックスです。性的に何が適切で、何が適切でないかということに関して、あなた方はいくつかのはっきりした考えをもっています。それで、あなた方が、昔、あなたのセクシュアリティに関してどのようなことをしたか思い出したならば、あなた方の多くは大変なショックを受けるでしょう。

思い出してください。この惑星においては、セクシュアリティは、つねにより高い周波数と肉体とを連結するきずなであったのです。身体のなかのデータの多くは散逸してはいますが、生命を創造するこのセクシュアリティの可能性は、あなたの存在の根底・核心においてあなたが誰であるかを完全に理解するために残されたのです。性的な周波数はあなたをあなたの宇宙的存在と繋ぐきずななのです。しかし、この概念は完全に誤解され、失われてしまいました。私たちは、あなた方が考えているよりもより大きな物語があり、それは誰にも想像がつかないほどに心ときめくものだということをいいたいだけです。

こうしたセックスの周波数とあなた方が波長を合わせることを望まない存在がいました。それは、性的な周波数によって、あなた方が自分で物事の真実を理解しはじめることが可能となるような周波数の場所にたどり着いてしまう可能性があったからです。セクシュアリティは、あなた方がその周波数に乗って神経組織を通り抜け、身体から外に飛び出すことによって、あなたの多次元の自分と結合できるように、一つの周波数として残されました。これが三次元から他の次元への抜け道であることを、あなた方が仮に知っていたとしたら、誰にもあなた方をコントロールしたり操作したりすることはできなかったでしょう。

人類は、性的な体験を何万年にもわたって色付けてきた否定的な意味合いや価値判断を捨てなければなりません。周波数を統合し、あなたの存在の本質を統合するために、セックスと和解しなければなりません。さまざまなことが操作され、限界の境界線が敷かれてきたために、セクシュアリティについての真実をあなた方は見ることを許されなかったのです。セックスによって子供を生むことはできるし、オーガズムも経験することはできると教えられてきました。しかし、セックスによって、周波数を開くことができるとは教えられませんでした。あなた方はセックスによって本来の自分と接触することが可能であり、自分が誰であるかを思い出すための手段としてそれを使い、身体の周波数を変えるための手段として使うこともできるのです。

これから数年のうちに、あなたのセクシュアリティの表現は、まったく新しい次元をもつことになるでしょう。あなたと同じ道を歩み、あなたと同じくらい心をオープンにする気持ちのあるパートナーが、あなたにいるとすれば、あなたは進化し、成長することでしょう。しかし、あなたのパートナーが、回避のゲームや否定のゲームをする人であれば、あなたはそこには行き着かないでしょう。

第21章 三次元で進化することにコミットする

　私たちの観点からすると、あなた方は、皆、すべてを知っています。あなた方がしなければならないのは、あなたという存在のなかに貯蔵されている記憶を活性化することだけです。あなた方のなかには、人生を体験するなかで呻き声をあげ、次のような悲鳴をあげているのが、私たちにも聞こえます。「ときには、助けてほしい」。それでは、あなた方が歩むことのできる道、絶対うまくいく公式を提案しましょう。

　その公式はきわめて単純なものです。瞬間瞬間、毎日毎日、あなたが何を体験したいかを明確に、首尾一貫してデザインすることです。おそらく、あなたが望むことは誰か別な人の境界線、限界線を敷いた考えからすれば、不可能の範疇に属するかもしれません。自分がいかなることにも値する存在であることを優雅に受け止めながら、あなた自身のなかに、何があなたに幸せをもたらしてくれるのかについての答えを探してください。あなたに上昇感を体験させ、接続感を感じさせ、生き生きと躍動させてくれるのは何でしょうか。あなたが人間の身体に入っているそのときに、地球に平和をもたらすどのような体験をあなたは望むのでしようか。

それがどのようなものであれ、いまこの瞬間から、それを願いはじめてください。次の言葉を唱えることによって、それをあなたに呼び寄せてください。「調和のとれたライフスタイルを生きるのが、私の意図である。創造的な冒険に私を導いてくれる健康とエネルギーを体験することを私は意図する。私が人生を体験するために必要な住むための場所、食べ物、すべてのものが私に豊かに与えられ、この豊かさを他の人々と分かち合うことが私の意図である」。あなた方は、このように考えるようには訓練されていません。

一日、二回か三回、少しの時間を割いて、あなたが何を望むのか明確にしなさい。毎日、光の周波数を呼び込むことによって、あなたの体内、身体の上にあるエネルギーセンターを開きなさい。私たちはこれを光の柱と呼んでいます。一条の光があなたの一二のチャクラセンター、七つは体内、五つは体外ですが、そのチャクラに入ってくるのを想像してみてください。これらのチャクラは情報センター、ないしは情報のヴォルテックスで、いったん、活性化されると回転しはじめます。チャクラが回転を始めると、あなたの身体のなかに一つの動きが生まれ、その動きが、光がコード化されたフィラメントを協調させ、ふたたび束ねて一二の進化する螺旋を体内に作り出します。

自分の身体と完全なバランスを保ちたいと願う人は、規則的に一種の深呼吸を練習することがきわめて重要です。これは呼吸が大切なプログラムで、身体に酸素を入れるための練習です。

エネルギーを一気に加速したいと願っている人たちに勧めるもう一つの活動は回転です。左から右（時計まわり）に回転し、回転しながら焦点を親指に合わせて、数を数えてください。一日に一回、三三回転することを勧めます。徐々に回数を増やして、一回に三三回転できるようにしてください。一日三回、三三回転、つまり、一日、九九回転できるようになったとしたら、あなたがいつまで地球にとどまれるか分かりません。

少なくとも、この次元からの上昇がずっと近づくことでしょう。回転が終わったならば、その回数には関係なく、両手のひらを胸のところで合わせてください。目を開けたままで、両手を合わせ、両足を肩幅に広げ、バランスをとり、地上に碇を下ろしながら同時に身体が回転するのを体験してください。これをすることによって、あなたの体内のチャクラの回転が非常に加速され、それが、ひいては、データを解釈し受けとる能力の上昇を圧倒的に加速させます。

ですから、方法は、意図、呼吸法、光の柱、身体の回転です。これにもう一つつけ加えると、あなたは電磁波からなる存在で、非常な速さで周波数を変えているわけですから、たくさん水を飲んでください。新鮮な水、純化された水、井戸水です。水は伝導体としての役目を果たします。水によってあなたのシステムは開放された状態で機能することができます。

この他にもできることはいろいろあります。次元変革の体験をし、しかもあわてずに落ち着いた態度を持続するようにしなさい。そのような体験を耕し、そのなかに入っていき、情報を収集し、可能性を変え、時間の回廊のなかに入り込み、あなたの人生を変革しなさい。それから、このような次元変革の体験をどのように利用するかについて、まったく自分自身の意思に基づいて、その状態から抜け出てきなさい。これができるようになったとき、進化の加速は目覚ましいものになるでしょう。地球にはそのような能力を登録できる数多くの意識があり、人間の意識を組織しモニターするネットワーク全体が、自己変革することになるでしょう。そして、さらに多くのエネルギーが、地球にやってくることが可能となるでしょう。それだけのエネルギーを受け止め、収容できる存在が地球にいるとき、それは可能となります。

誰でもこのエネルギーを受け入れ、尊重するようになることができます。このエネルギーは器に入れる必要があります。いってみればそれは油田のようなものです。もしも、油田を利用せずに、油があちこちから吹き出しているとしたら、油田も何の役に立つというのでしょうか。それでは役に立つどころか、環境を台無しにするだけでしょう。しかし、あなたが、油田、自然ガス、滝のような大地からのエネルギーの贈り物をあなたの意思で受け止めるとき、そのエネルギーに目的、ないしは方向性を与えることができます。すると、このようにして天然資源に方向性を与える人に富が生じることになります。エネルギーに方向性を与え、エネルギーを収容するプロセスのなかでもっとも大切なことは、大地を敬い、大地の体験を何よりも大切なものとすることです。あなた方は、いま、信じられないような天然の資源を与えられています。あなた方はそれを利用し、それに方向性を与えなければなりません。そうすればあなた方はエネルギーにアクセスし、それをマスターするという領域において、きわめて裕福な存在となるでしょう。

あなた方の多くはより高い領域に到達したいと願うあまり、ここ地球での仕事を忘れて、その高みにとどまっていたいと願っています。あなた方は地球にしっかりと根を下ろすことを学ばなければなりません。地球に根を下ろすことの必要性があなた方には分かっていないようです。あなたの進化が加速度的に進むにつれて、もしも、しっかりと大地と繋がっていないと、つまり、あなたを繋ぎ止め、多くの世界を一つにまとめるものがないと、神経組織に問題が生じてくるという体験を間もなくすることになるでしょう。周波数が変わり、もっと多くの光が身体に入ってくると、普通の場合はその身体はずっと多くのデータを受けとるようになります。ときとして、あなた方は三次元の世界での生活に退屈し、ただ異次元からの情報を受け止めるモードに入って、あなたが面倒なことだと思っている三次元の世界のことを忘れてしまいたいと思ったりします。もしも、あなたが大地に根を下ろしていないと、そうした情報があなた方の現実に入ってきて利用に供されるということができなくなります。あなたのシステムはオーバーロード状態となり、情報を翻訳することができず、混乱状態に陥るでしょう。

あなた方は多くの世界のバランスをとる必要があります。どうすればそれができるでしょうか。意図、練習、そして、神意によってです。大地に根を下ろすことにより、数多くの世界が融合することが可能となり、あなたが数多くの世界にアクセスすることが可能となります。それによってあなたはものすごいエネルギーの流れを感じ、それが必要とされている場所に、必要なときに送ることができるでしょう。そして、あなたは超人間になります。

あなた自身を大地に根を下ろさせるための一つの方法は、外に行って地面に座ることです。外にいって、自然のなかにいてみてください。木の傍らにしばらく立つか、座ってみてください。椅子を日の当たる場所にもっていって、太陽の光を一身にあびながら本でも読んでみてください。あるいは、泳ぎにいって、足を水に浸してごらんなさい。こうしたものは、すべて自然の基本要素です。それが大地を形成しています。

あなた方が進化をとげ、人間全体が動いて多次元の融合が起きるとき、あなた方の神経組織は、こうしたすべての情報を翻訳できなければなりません。その情報はあなた方の世界についての定義を変えるものとなるでしょう。これは起きます。昨年、あなた方が長いこと知っていたかもしれないことが、一般の人にも知られるようになりました。地球外生物とか自己開発といったことに関心のなかった人たちも、こうしたことに関心をもつか、少なくとも意識するようにはなりました。彼らは、いま、大きく広がりつつある運動の存在を自覚し、アメリカだけではなく、世界中で、何かが変わりつつあることを自覚するようになりました。

いま、エネルギーの相剋が進行しています。小競り合いといってもよいし、大戦争といってもよいでしょう。この戦いはさらに拡大するでしょう。なぜなら、この戦いは誰の周波数が、この惑星を支配し、誰があなた方人間を所有し、操作し、訓練するのかということがかかった戦争だからです。人間の変装をした周波数であるあなたは、誰なのでしょうか。そして、このときにあって、あなたの仕事は具体的にどのようなものでしょうか。

いま、自分が何者であるか、自分が何をしているのかを自覚することがきわめて重要です。次元間を往来し、多次元の存在になり、周波数が変わり、エネルギーが加速度的に上昇するにつれて、あなたの身体は急速にものすごい変化を体験します。そして、情報を伝達する機関である神経組織は、それに対応しなければなりません。

あなた方は数多くの現実に、同時に対応することを身につけなければなりません。それをやりながら、同時に、地球という場所にいて、その地球にこの情報を翻訳して導入しなければならないということを理解しなければなりません。この情報とエネルギーを地球に送りこむことが重要でなかったならば、あなた方は、いま、地球にいることはないでしょう。ですから、身体に電流を感じたり、エネルギーの流れを強く感じたならば、別な次元にいるのだということを自覚してください。また、いくつぐらいの次元変革状態があるかも観察することによって自覚し、あなたが太いパイプのようなエネルギーの伝導管になるように自分の身体に教えてください。あなたの次元が変わり、情報や癒しのエネルギー、喜び、高揚のエネルギーを受けとっているとき、伝導管の役目を果たしてください。そのエネルギーをあなたの身体を通して送り込み、あなたは多次元の表現をしているのだということを認識してください。これを登録してください。しかし、分析はしないでください。ただ、そのエネルギーを身体を通して大地に浸透させてください。後になれば、それがどういうことかが理解できるようになるでしょう。

あなたの感情は信頼してよいものだということを宣言することによって、あなたの感情の身体を発見することができます。感情は安全であり、よいものであり、あなたをどこかに連れていってくれるものであり、恩恵をもたらすものであり、邪魔なものでもなければ、ただ、誤解されているだけのものでもないと宣言してください。感情があなたのなかで解放されたとき、それがあなたのためにどのような働きをするか観察してみてください。あなたが自分の子供とケンカをして、子供があなたに向かって悲鳴をあげ、その後であなたもすまないと思って泣くとき、あなたの気持ちを見つめてください。その気持ちは、あなたのためにどのような働きをしてくれているのでしょうか。あなたが何かの感情を体験しているときはいつでも、数多くの現実からくる情報にアクセスしています。その周波数を見つけてそれを保持してください。

感情はコントロールすることはできないという考えはかなり一般的なものです。そんなことはありません。感情をコントロールすることはできます。そして、感情に流されてコントロールできない状態に陥る必要はありません。感情は、それによってあなたがあなたという存在のもっとも奥深い部分と触れるための周波数になることが可能です。しかし、そのような感情を体験しているあなたを誰かが見ても、何が進行しているのか見当もつかないことでしょう。これは、あなたがその流れをブロックしているということではありません。要するに、あなたはある気持ちを体験しても、それについてとくに悪くも善くも感じないというモードを設定したというだけです。気持ちに関してどのようなことが達成できるか実験してごらんなさい。感情はあなたをどこへ連れていってくれるでしょうか。次のステップは何でしょうか。その感情の原因となった出来事から自分を切り離してみなさい。そうすることによって楽になる人もいるでしょう。

ボディーワークは、感情の解放に役立ちます。あなた方は身体の筋肉組織を、骸骨を覆う鎧として使ってきました。筋肉組織は、しっかりと自らを固定して、骨が表面にでないようにしてきました。あなた方は骨のなかにある情報にアクセスする必要があります。というのは、骨のなかに物語が隠されていて、筋肉組織はそれをブロックしているからです。あなたの身体のなかに隠されている真実に到達するためには、これらのカバーを通り抜けていかなければなりません。

あなたの青写真、あるいは、あなたが地球にきた目的は、あなたがその近くにやってくると興奮します。それはあなたが子供のときにやった遊びと同じです。あなたが何かを隠して、誰かがそこに近づくと「近い」と叫びました。あなたの青写真が主導権を握って、あなたが論理的な頭脳を押しのけて、ただ、体験するスペースを作ると、身体は喜びます。それはあなたがあなたの目的と繋がるからです。あなたの頭脳ではなく、身体が情報を吸収します。あなたの気持ちを自由にさせれば、自分の気持ちを価値判断し、自分の体験を理解することもせず、ただ、感情をコントロールしようとするのに比べれば、ずっと満足のえられる体験をすることでしょう。

〝あなた方には感情が必要です〟。これはいくら強調しても強調しすぎることはありません。あなた方のなかには、感情をもたないことに誇りを抱いている人もいます。これは長つづきはしないでしょう。なぜなら、あなたが誇りを抱いていることが、あなたの崩壊をもたらすことになるでしょうから。

あなたはまるで自分の両親との問題を解決したかのように感じるかもしれません。ある時点で、可能なかぎりのビジョンを与えられていたのだといったほうがもっと正確かもしれません。あなたが何らかのボディーワーク、あるいは、クリスタルワークを体験したり、より高い地平への動きを創造したりするとき、あなたにはより大きな構図、全体像が見えてきます。

情報は石のなかに貯蔵され、石のなかに書き込まれています。情報は、また、骨のなかに貯蔵され、骨のなかに書き込まれています。骸骨の構造を研究することが大切なのは、それが理由です。骸骨はこの人生におけるあなたの体験の多くを宿しています。すべてのものをはき出しましょう。ある種の問題は、すでに片付いていたのにといって自分を責めたりはしないでください。こういってみてください。「これは素晴らしい。ここにはもっとたくさんのことが隠されていた。これは素晴らしいことだ」。その体験をまるで金鉱を発見したかのように活用しなさい。まるで、あなたが新しく金持ちに生まれ変わったかのようにです。

あなたが体験することのすべては、あなたが体験しなければならないと決定したことです。あなたがどれくらいクリアリングをしているかは、あなたには分かりません。あなたは自分自身のためにだけではなく、地球のために意識の道を開いているのです。幸いなことに、あなたが、いま、とり組んでいるのは比較的簡単な問題です。もっと極端で、奇妙な問題はもっと後になってやってくることになっていて、そのころにはあなた方はもううんざりしていて、とくに気にすることもないでしょう。すべてのことは起こるべきときに起こるようになっています。

いま、起きつつある突然変異は、内なるデータが外なるデータに進化、ないしは接続しているのです。起こりつつあるクリアリングは、あなた方がこれまで使うことを恐れてきたすべての感情の身体へのアクセスです。あなたの魂の身体を理解するためには、感情の身体にアクセスする必要があります。前にもいいましたが、精神の身体と肉体は平行していて、感情の身体と魂の身体が平行しています。魂の身体は非物質的なものであり、あなたは物質的なレベルに押し込められているので、非物質の世界にアクセスするには、あなたの感情を通る必要があります。

人間は自分の演ずるドラマがあまりにも大好きで、そうした体験を処理する過程で、道を見失ってしまうことがあります。問題処理が人生の生き方そのものになってしまいます。これはあまりよいことではありません。いつも問題の処理ばかりやっていて、友達に「電話は遠慮してくれ。いま、問題をプロセスしているところなんだ。問題の深いところに入り込んでしまってどうも分からないんだ」などとばかりいってるのはあまり〝冴えた〟話ではありません。確かに、あなたの個人的なドラマは検証する必要があります。確かに個人的なドラマは、その個人にとっての滋養となるものですが、その食べ物を食べて、人生を生きて、次なる人生のごちそうを作り出してください。あなたの過去に、まるでそれが大切な宝石であるかのようにしがみついて、それを解決してしまったら、これからの人生に何も心ときめくことはないだろうなどと心配しないでください。問題処理（プロセシング）を正しい展望のもとに見ることはよいことです。

人間の身体は進化し、変化をとげつつあります。一定の栄養物の組合せを摂取することが必要であると思うかもしれません。そう思うのは、これまであなた方がそのように教えられてきたからです。この時点で一番よいことは、これまで教えられてきたことを忘れることです。あなたの身体に耳を傾けて、身体に何がほしいか聞いてください。私たちが推測するところでは、あなた方の多くは、前に比べて食べたいと思うものが変わったはずです。いままで食べてきたものを食べる気がしなくなったはずです。それは、ある種の食べ物の周波数はきわめて強烈で、あなたとは合わないからです。あなた方も知っているように、食肉産業界では、牛、豚、鶏に食料を食べさせていません。彼らの多くは小さく仕切られた檻のような場所に住んでいて、太陽の光を見ることもありません。彼らの多くは小さな金属の箱が積み重ねられたような場所に住んでいるので、お互いの上に排便をしているのです。彼らはこのように育てられています。彼らは食料ではないステロイドや抗生物質を食べさせられています。愛情をもって育てられていません。屠殺されるときも、愛情をもって殺されてはいません。そういうわけで、あなた方は、このような周波数を摂取することになります。

すべてのものは周波数として存在するということを思い出してください。動物はあなた方人間の仲間として、地球上で生活し、あなた方に食料を提供し、必要とあればあなた方を守るために地球に配備されたのです。これはすべて愛情に基づいて行われるべきことです。もしも、あなたが農場で鶏や豚を飼い、彼らに食料を与えて、彼らを屠殺するときがきたならば、同情と愛情をもって屠殺する、そうであれば何の問題もありません。あなたは動物たちに豊かな生命の本質を与え、彼らもまた、自らを再循環させて、あなたに愛情と生命の本質を提供するのです。これが理想です。この地球においてもそのような状態が長いあいだつづきました。しかし、いまはそうでなくなりました。もののなかにある周波数に気をつけてください。

あなたの身体に、何がほしいか語らせてください。あなた自身も喜んで変わる気持ちになってください。あなたの身体は、周波数をあげ、光の身体を作ろうと意図する過程である種の食べ物から遠ざかっていきます。食べ物を変えたいと思うことを意図し、それから必要なものがあなたのところにやってくるように意図しなさい。何度も強調しますが、あなた方は肉体的な存在を遙かに超えた存在です。あなた方は数多くの現実に同時に存在し、数多くの指導霊に見守られています。ですから、何を意図するかについてもっと明確になる必要があります。あなたは何がほしいのですか。はっきりいってください。「私は進化したい。私は食べ物を変えたい。もっと直観力がほしい」。あなたが意図することが何であるか明確になってください。〝私は意図する〟という言葉にはものすごい力が秘められています。

本当の意味での健康とは、身体のなかの一二の螺旋が完全に変化をとげ、進化したときに実現します。そのとき、頭脳が一〇〇パーセント活性化されることになります。一二の螺旋が完全に活性化されるまでには、多少の時間がかかりますが、接続は間もなく開始されるでしょう。あなた方のなかには、接続したことは感じても、活性化を体験していない人もいます。一二の螺旋が活動しはじめると、頭脳がフル回転を開始して、あなたは天才になります。あなたにはすべてのことが分かり、テレパシーの能力も生まれ、どんなことでもできるようになるでしょう。なぜなら、あなたは生きた図書館で、すべての情報にアクセスできるのですから。あなたにはカードがあって、そのカードを使えば地球上いたるところに貯蔵されているいかなる種類の情報にもアクセスできるのです。

もしも、あなたが進化してどんな高さにでも昇ってよいという気持ちがあるならば、私たちはあなたに

〝周波数の守り手〟になるように依頼します。あなた自身のなかに、もっとも高い段階、無限の段階の知識と情報をおいてください。その周波数を生きることによって、あなたのまわりの人々に、それを入手可能なものにしてください。町中を歩き、店で買い物をし、夜は枕に頭を休めて、自分がどのような存在であるかを自覚するだけでそれは可能です。

あなた自身の外に情報を求める必要がなくなるときがやってきます。いまは、他の存在もふくめて私たちのような存在がやってきて、あなた方の引き金を引き、同じ場所に集めてお互いが自分を反映して、電磁波的にお互いに充電し合う機会を作ったりします。私たちがあなた方に働きかけると、光の火花が生じて、それが「開き」を作り出します。このような開きがあなた方のなかに生ずると、あなたのまわりのすべての人に影響をおよぼす周波数をあなたは送りはじめます。あなた方の一人に何かの「開き」が生ずると、分かったという認識の周波数が送り出されて、他の人たちがそれを受け止めます。グループの意識は、このようにして成長します。それはあなたが論理的に理解したり、それと具体的に気付いたりしないうちに起きます。その理由はそれが身体のなかで電磁波的に起きるからです。エネルギーの上昇は、あなたが処理できる量にしたがって起こります。

一人ひとりが多次元の存在へと自らを発射させせなければなりません。自我の一部がその決定を下して、「よし、私はこの多次元の体験とやらをやってみたい。私は何をしたいのだろうか」というところから始まります。そうしたいという欲望が、まず、最初になければなりません。欲望とは一つの悟りであり、それがあなたをこの瞬間と接触させるのです。そして、あなたはその欲望をどうしたらよいかという決断に迫られることになります。明日になったらそれを忘れてしまうかもしれません。この欲望に構造を与え、あなたは本当にそれについて真剣なんだということを示すために、あなたのコミットを証明する催し物、活動、儀式などに参加しなさい。それからさらに歩みを進めて、あなたの生活をこれこそ私が意図する生活だということを示すようなかたちに組み立ててみてください。これは生活しながらの祈り、歩きながらの祈りにすることが可能です。教会では、ある一定の神々に自分が望むものをくださるようにと祈り、許しをこい願ったりするように教えます。私たちがここで提案しているのは、生きながら祈ることです。すなわち、一日のすべての瞬間は、あなたの行動が祈りを捧げることに焦点を絞ったものであるがゆえに、意味深いものであり、あなたを導いてくれるような生き方です。

生きながらに祈るということには、自分の環境にあるものについて、きわめて明確な意図をもつということがふくまれます。祭壇をもち、神聖なものをもつこともふくまれます。あなたにとって意味のないものは、あなたの現実のなかに何ももたないこともふくまれます。あなたの現実のなかに意味のないものは何ももたないといったりすれば、あなた方のなかには度肝を抜かれる人もいることを承知しています。しかし、自分の生活のなかで、必要のないものを我慢してもっている人が何と多いことでしょうか。一五年も着ている腕の下のところに虫に食われた穴が開いているコート、あるいはあなたが三五年ものあいだ連れ歩いてきた虫の穴も一つ以上は絶対にあるパートナーなどなど。あなたにとって意味のないものをすべて捨てるのは、やさしいことではありません。しかし、不可欠なことです。

祭壇を祀ることとは、儀式を活性化するのに非常に役立つでしょう。儀式は細胞の記憶をかき立て、あなたの体内に貯蔵された古代の教えを思い出させてくれます。儀式によって、古代の教えが記憶のなかで活性化してきます。儀式はあなたを、いま、という瞬間に接続し、一つの拡大しつつあるいまから、別ないまへとあなたを連れていってくれます。それは、あなたにとって個人的な意味のある母なる大地の側面を尊重することによって実現します。あなたがあなた自身にとって大切なものを決定します。すべてのものが生まれるのは、誰かがそれにエネルギーを与えると決めたからです。どんなものにでもエネルギーを与えることはできます。意思を活性化して、現実を再編成するために、その活性化された意思を使うのは、結局は個人の頭脳の力しだいです。

現在、地球に住んでいる人で、進化したいという衝動をもたない人は一人もいません。この衝動をもっていなければ、いまの時代に地球に生まれてきてはいないのです。開かれたすべてのポータル、この時代のために用意された青写真のすべてが、自己啓発、自己の進化加速、急速な進化をもたらすようになっています。この本そのものも一つのプロセスであり、引き金です。いろいろな鍵がこの本のなかに隠されています。あなたの耳に向かって、「あなたは光の家族の一員ですよ。そして、地球は生きた図書館ですよ」と囁きかけるエネルギーにしたがって行動することを奨励したいと思います。あなた方にやる気を出してもらうためにいうと、たくさんのご褒美が待っています。困難な挑戦がいつかは終わるだろうとは保証できませんが、あなたは達成のあり方というものを身につけることでしょう。

象徴を読みとり、衝動にしたがってその最高の可能性まで突きつめていきなさい。多次元的な存在であるということの意味は、チャンネルを解放して、ダイヤルを回してさまざまな周波数に合わせ、送信されてくるメッセージを受けとるということです。

非物質界の感情を伝えるための適切な言葉は、現在、あなた方がもっている語彙では十分ではありません。私たちが語る神はさまざまな考えを包含していますが、基本的には、非物質的な存在であり、三次元の世界に存在しないものをさしています。

この多次元への跳躍をトランポリンの上で、ものすごいジャンプをすることにたとえることができるでしょう。ただし、このジャンプでは二度とトランポリンには戻ってきません。どんどん跳んでいって、魂の世界にまで行き着くのです。これは、あなたが迷子になってしまうとか、破壊されてしまうとか、あなたの身体の分子がばらばらになってしまうという意味ではありません。それは、かつて地球上に存在した古代のシャーマンたちが、皆、やっていた跳躍であり、彼らが一つの潜在的な可能性として維持していた跳躍であるというだけです。それは、さまざまな知的な生命形態を接続し、進化しつつある人間を助力するための一つの方法です。

多次元性というのは、私たちにとっては生き方そのものです。教師としての私たちが直面しなければならない問題の一部は、私たちの生き方、生活様式を進化しつつあるシステムに変換することです。しかし、あなた方を安心させるためにいっておきますが、あなたが地球を離れさえしなければ、多次元性こそがあなた方が進みつつある方向です。ただし、どういうふうにそれと遭遇するかは、あなたしだいです。

あなたが断崖の端に行って、そこから一歩踏み出し、そのまま空中に立つことができるようになってほしいのです。私たちはあなた方にそのようなスペースにいてほしいのです。あなたの内部に埋もれている異端者のあなたを認識してほしいのです。それはすべてを知っているあなたの部分であり、この現実を華々しく打ち砕いて、まったく新しい意識のパラダイムを確立するものです。これは一人の世界的なリーダーによって達成されることではありません。それは大衆によって達成されるでしょう。なぜなら、一般大衆はそれをする準備体制が整っているからです。

現在の地球には、光の守り手たちが何百万と存在しています。あなた方は自分自身を進化させるだけでよいのです。あなたの現在の仕事は、自我に深くかかわるものです。その自我とは、あなたが、現在、入っている肉体の乗り物です。それが、現在、あなたにこのゲームをプレーすることを可能にしてくれている自我です。その自我を愛し、敬い、慈しみ、よく面倒を見、尊敬を込めて語り、それが最高の能力を発揮するように意図してください。光の家族としての自分と繋がるためには、そうするだけで十分です。それから後は、光が誰と出会ったか、光があなたを誰に紹介するか、光とはそもそも誰なのかを発見する心の準備をしてください。

あなたが光を超越したとき体験するのは愛です。あなたには光が必要です。そして、この愛にアクセスするには光が必要です。光とは情報にほかなりません。情報の周波数がないと、愛の周波数は誤解されることになります。光の周波数がない状態で、愛の周波数だけがくると、あなたは〝愛はあなたそのものである〟と考えずにあなたの外にあると考えてしまいます。そうすると地球上の人々が何百万年ものあいだやってきたことを始めます。つまり、あなた方はすべてのものを崇拝し、神として崇め、愛は自分のなかにあるのではなく、外にあるものだと考えます。そのようなわけで、私たちは、まず、あなた方に情報を提供しながら光をもって地球にやってきて、あなた方を強化し、情報にしたがってあなた方の青写真を焼くことにしたのです。

いま、あなた方は情報を与えられ、あなたが誰であるかについて多次元の光を注入されるときにどんなことに直面するかも分かったので、愛の周波数を体験しはじめるでしょう。この愛の周波数によって、あなたは多次元の別な自分に対しても愛を送り、数多くのレベルで意識の癒しをもたらすことができるようになります。このような活動領域のなかであなた方がする体験はきわめて強烈なものとなる可能性があります。それによってあなたは変わり、いつもにこにこ笑いながら歩き回ることになり、他の人たちはいったい何があったんだろうと不思議がることでしょう。あなたがこのようにして歩くのは、恍惚の周波数のなかにいるからです。また、あなたは他の人々と結ばれた周波数のなかにいることともなり、あなたのところに引きつけられるすべての人、すべてのものが、その周波数の一部となるでしょう。この周波数に共鳴しないものは、どんなものであってもあなたの近くにくることさえできないでしょう。事実、あなたがさらに高い周波数を発するとき、その周波数にいない人には、あなたが見えることすらないでしょう。

あなたが創造力と愛をもって、情報の周波数のなかで動くようになると、その周波数を広める任務につくことになります。他の人々のためにしてあげるのではなく、彼らがあなたと接触することによって、その周波数を感じさせてあげることによって広げるのです。

あなた方は本当に貴重な存在なのですよ。このようなことをマスターする人たちは、あなた方は、皆、これができる人たちなのですが、近い将来、非常に必要とされるときがやってきます。あなた方はスーパーマンとみなされることになるでしょう。しかし、自分自身を一般大衆と遊離させてはいけません。ただ、そういうスペースから、一般大衆に教え、どうすれば彼らにも同じことができるのかを教え導くのがあなた方の任務です。周波数は自由に与えられ、シェアされ、誰でも自分に何ができるかを発見することができるでしょう。この惑星はこのようにして進化していきます。

第22章 銀河系からくる光の津波

この惑星の一般大衆のあいだに、一つの意識が、いま、目覚めつつあります。さまざまな出来事が加速度的に展開するなかで、その全体的な効果がすべての人々の現実のなかに浸透しつつあります。これらの出来事は、あなた方人間全体を、この新しい光の表現のオクターブへと高めるようにデザインされています。この銀河系の光の津波は、私たちが共有してきた旅路、そして、物語をあなた方が歩み、そして、織り成していくときに地球に開かれるポータルを通して、未来からやってきます。一般大衆が目覚めつつあります。あなたのまわりで人々が目覚め、意識が音を立てて崩れるのが聞こえ、地球の内部が変化しつつあるのが感じられるはずです。これは本当の意味で、人類全体にとっての通過儀礼となるでしょう。

私たちの先生たちの大きな助けを借りながら、私たちの目的を調和させ、私たちのエネルギーをプールすることを可能にすると思われる情報を地球に提供してきました。いまこのときにあって、この惑星に対してインスピレーションという簡潔なメッセージを与えたと私たちは感じています。そのメッセージは真理の周波数を保持するものです。それは、また、くすぐりのメッセージでもあります。つまり、これまで隠され、眠ってきた自我の部分を唆《そそのか》して呼び起こすためのメッセージです。この本を通して伝えてきたメッセージは、あなた方がすでに知っていることを、あなた方の内部に呼び起こすためのものであると感じています。それは、あなた方が信じ込まされている現実とは異なった現実を理解させるためであり、こうしたすべてのことにおけるあなたの役割は何なのか、あるいは、あなたがどんな役割を果たすことが可能なのかを理解させるためのものです。

私たちは、さまざまな考えを引き起こすメッセージを与えることによって、あなた方一人ひとりに刺激を与えました。あなた方一人ひとりを、現在いる場所から動かし、刺激を与えるのが、私たちの意図したことで、あなた方に不快感を感じさせることではありません。あなた方が不快に感じることは一向にかまいませんが、私たちとしては、皆さんが心地よい体験をすることを勧めたいと思います。それと、あなた自身のなかにある意識の山脈を、いくつか登ってみることを勧めたいと思います。快適な、これまで行ったことのない場所に行き、永遠の若さと、永遠の活力、創造性がつねに表現される谷間を発見することを勧めます。そういう場所に身をおいたとき、新しい意識の展望を見出し、未来からやってくる銀河系の光の津波を体験することでしょう。

最終章である二二章において、最後のメッセージを伝えるにあたって、二二というマスターナンバーの周波数を活用するのが、私たちの意図するところです。この数字はもっとも根本となる教えを、この現実に刻印し、伝えることに関係しています。それは暗号解読にかかわるメッセージです。そのメッセージは、ただ言葉がどのように連なっているかということだけにあるのではなく、この本の方式、および展開のなかに幾重にも重なった情報が隠されています。さまざまな考えが提示され、衝突が生まれ、解決策が提案され、インスピレーションが生まれ、つねに、自分自身にインスピレーションを与えるという最終的なコミットをうながす、それがこの本の展開です。

私たちが背後から影響を与えて行ってきたこの一大交響曲の演奏ともいうべき展開から、あなた方が恩恵を受けることになるだろうと感じます。この本が提示する理解への一つのプロセスがあります。混沌と混乱だけがあったと思われた場所に、すべてのものがごちゃ混ぜになってしまったと思われた場所に、その混乱そのものが独自の秩序を作り出したのです。この秩序がどのようなものか、二二という刻印のもとに最後の章で要約されます。

この最後のメッセージにおいて、私たちは、あなた方一人ひとりの魂と心に向かって語りかけています。あなた方が、この呼び声を聞き、それを聞き分けて、光の家族のメンバーとして名乗り出てほしいと思います。この地球という惑星の上を歩む一日一日のなかで、光そのものを生き、そして、その光を、出会うすべての人と分かち合う勇気をもってください。これは説教したり、光のよさを売り込んだりするという意味ではありません。あなたが自覚している光の存在としての自分本来の人生を生き、もっとも単純なあり方のなかであなたの存在目的を発見し、その目的とともに花開き、いま、深遠な変化をとげつつある地球という場所にふたたび種をまくという意味です。

理解のより高いオクタープのなかに入っていくプロセス、つまり、多次元の融合と新しい領土の創造によって、あなた方は、皆、死というものについてより深い理解をえることができるでしょう。あなたの光が必要となるでしょう。あなたの光は、あなたが知っていることを表しています。私たちが話すすべてのことをあなた方は知っていて、その知識はあなた方のなかにあるということを、この本はさまざまなかたちで思い出させるように工夫してあります。ただし、それはあなた方には気がつかないようなデザインとコードを通じて行われています。あなた方が知っている、世界の死を意味することにもなる変化と変遷の時代にあって、肉体という乗り物を操作することの奇跡とこの発見を他の人たちにシェアすべきときです。死があれば必ず生命の誕生があります。何かが死ねば、何か新しいものが生まれます。

地球がこの大きな変化を迎えるときが近づくにつれて、あなた方一人ひとりが光の柱として立つようにとの依頼を受けるでしょう。人々がどうしたらよいか分からず右往左往しているときに、あなた方は道案内となるでしょう。これまでのやり方は、もはや解決策とはなりません。古いやり方はもはや合わず、適用できなくなるでしょう。光がこの惑星に混乱を引き起こすだろうことは、前にそれとなくいった通りです。そういう混乱が地球を席巻するとき、あなた方の力が必要となります。あなた方は逃げ隠れするわけにはいきません。あなた方はそれぞれの地域にあって、これまでのあり方とは違った生き方を身をもって織り成すのです。あなたの思いによって現実を創造するという信念を分かち合い、信念による現実の創造は、癒すことにより、また、新しい文明の理想を創造し、協力し合うことによって可能になるということを他の人々に示すのです。

激変の日々が訪れるとき、古代の予言が明らかにされ、実現することになるでしょう。これらの古代の予言はずっと華やかなもので、地球に最大の教訓を教えながら独自の展開を見せるでしょう。

あなたは進化するにつれて、あなたが知っていることを前進させ、分かち合い、その知識を体現して生きることになります。あなたはより大きな光の担い手となり、より大きな光を表現するようになります。このプロセスによって、これからの数年間のうちに、あなたが知ることになるであろうことによって、光よりも速いスピードで前方へ放り投げられることになるでしょう。あなたにやってくるさまざまな能力、才能、情報は、要するにあなたのなかにあります。

未来からあなた方の地球に向かって、銀河系の光の津波がやってくることを覚えておいてください。この光の津波と地球の接触は、一九九三年、一般大衆のあいだに感じられるでしょう。まるで、地球全体の意識が一気に上昇したように思われるでしょう。周波数をコントロールされて身動きができない一般大衆すべてに影響をおよぼすためには、この光の波は巨大なものでなければなりません。この銀河の光の津波を身体に受け入れ、光の身体の一番外側の部分が一般大衆によって保持されることを可能にするのは、いま、地球に何百万といる光の家族であるあなた方です。

光の身体は、人間という種の完全な突然変異を保持する身体です。光の身体は、テレビのチャンネルを変えるのと同じように、意図によって意識を次々に転換することにより、一つの画面から別な画面へと現実をお手玉にとることができます。光の身体はコード化されたデータのすべてを保持して、それを思いのままに翻訳することができます。それは内次元的に、かつ、多次元的にコミュニケーションができます。

思い出してください。物体とは光が閉じ込められた状態にすぎません。あなたが光の身体を作るとき、あなたは分子構造を再編成しています。その再編成とは、物質界のある側面に対する把握を少しゆるめて、あなたの霊的な理解が毎日の生活と波長が合うようにすることです。光の身体を作るということは、光がもっと自由な状態にある物体を現実化することであり、表現、および源泉の探求においてより自由な光があなたそのものになり、あなたの固体性がより薄くなることを意味します。

あなたの周波数があがるにつれて、あなたは光の身体となります。文字通りあなたの身体が変わるのが分かるでしょう。あなたの肉体は、より活力にあふれ、もっと若々しくなり、それ自身のあり方のなかでより滋養を与えられ、もちろん、さまざまな情報を処理するものとなるでしょう。超存在になるでしょう。光の身体を作ることも、超存在になることをふくみます。

若返りや細胞の寿命を延長することによって、肉体の寿命を延長することがふたたび流行の兆しを見せています。これは、光の身体を作ることに付随する現象です。つまり、あまり重くない身体、自己を破壊しない身体、自己を再生する身体を作ることです。あなた方が目指しているのはこれです。あなたの論理的な頭脳がそれが可能かどうか心配したりしなければ、あなたは光の身体となり、あなたもそれを感じることでしょう。あなたの社会はそれは不可能だと断言します。

何度くりかえしてもくりかえし足りないので、またいいますが、社会のいうことに耳を傾けてはいけません。これはあなたにとって一番難しい仕事で、これが達成できれば最高です。あなたには社会的な自我と魂レベルの自我がいますが、あなたはどちらが神聖な自我なのか心を決めなければなりません。このどちらがあなたにとって権威の源なのでしょうか。あなたの直観にしたがってください。直観的な自我をあなたの体験を生み出す基準にしてください。これはあなた以外の誰も有効とは認めない体験です。あなたの体験は、あなたが存在の深いところで知っているかもしれないけれども必ずしも覚えてはいない、あなたの任務から生まれるものです。

あなたが知っているすべてのことにアプローチするに当たって、あなたのエゴの側面が必ずしもそれをつねに理解できなくとも、そこには神の秩序と神の目的があるのだという態度をもっていれば、さまざまな現実を急速に移動できるでしょう。この銀河系からの光の津波は、さまざまなかたちで体験されることになるでしょう。それによって、すべての人が、それぞれがもっている最大の機会が途方もなく拡大されたような、素晴らしい機会に向けて放り投げられることでしょう。もちろん、それは個々人の選択しだいではありますが。

最後に、あなたの存在の一部であり、この本を読むようにと突き動かした原因である光の源に気がついてくれたあなた、そして、また、あなたという存在の回廊の金色の螺旋を伝わって聞こえてくる沈黙の囁きにしたがっているあなたに、感謝したいと思います。私たちはあなたを尊敬しています。あなたが誰であるかを知っています。そのあなたに助力するために私たちは地球にきています。私たちは、皆、光の家族の一員として、進化するという選択と自由を、この惑星にふたたびもたらすために地球にきています。その選択と自由はこの惑星にやってきて、生きた図書館の一部として、新しい星として、数多くの意識世界の地平線に輝く新しい星として、新しい光として輝く、それが私たちの意図することです。

あなた方の過去が、私たちの現在と交錯し、すべての存在を新しいオクターブ、存在のもっとも高いオクターブへと放り投げるのを、未来で待っています。このプロセスであなた方の援助がえられることは、私たちにとって本当に嬉しいことです。

訳注

＊1　ハーモニック・コンバージェンス　バシャールによるとハーモニック・コンバージェンスとは、一九八七年八月以来、人間がさまざまな次元のエネルギー周波数が同時に存在することを初めて認識しはじめた時期であるという。この時期、日本の富士山、アメリカのシャスタ山、ハワイのハレアカラなど各地の聖地で霊的な儀式が行われたことで知られる。

＊2　ホルスの目　ホルスはエジプト神話に登場する光の神。父オシリスにかわって地上を治める鷹神であり、その目をかたどった印は「ホルスの目」と呼ばれ、太陽を象徴している。ホルスの目はセトとの戦いでばらばらにされたが、トト神が繋ぎ合わせたことでホルスの視力は回復した。「ばらばらであったものが繋ぎ合わさり、すべてを見通す神の視力を回復」するという意味がここに込められているのかもしれない。

＊3　マカバの乗り物　人間が次元上昇をするために、身体のまわりに作るエネルギーの磁場のこと。心を開き、すべての存在への愛を体現し、一八段階からなる呼吸法によってこの磁場は完成するといわれる。最終段階の呼吸法は、それぞれのハイヤー・セルフと接触することによってのみ得ることができる。

＊4　ミステリー・サークル　近年、毎年、夏季になるとイギリス南部の麦畑に出現する謎の幾何学模様のサークルのこと。

＊5　ロゼッタストーン　ナポレオン一世がエジプト遠征の際、一七九九年にナイル河口のデルタ地帯にあるロゼッタで発見した石碑、ヒエログリフ、デモチック、ギリシャ文字の三種類の文字でエジプト王プトレマイオス五世の賛辞を記してあったもの。一八八二年にフランスのシャンポリオンがこの石碑に基づきエジプト文字を解読し、エジプト学の基礎を築いた。

＊6　クリスタルスカル　南米で発見された頭蓋骨の形にデザインされた水晶製の古代遺物。その使用目的などは謎とされている。また、水晶の研磨技術は現代でもおよびもつかないものであるといわれる。

＊7　アンク　古代エジプトにおける王権のシンボルの杓。

＊8　ジェリコの町の話　聖書に見られるジェリコ（Jericho）の城壁の話。イスラエルの人々は、六日間、日に一度ずつ町のまわりを回り、七日目に七度回り、最後に祭司たちがラッパを吹き鳴らし、民が命じられた通りに叫ぶと、ジェリコの城壁が崩れ落ちたという。

訳者あとがき

異次元空間という言葉を最初に聞いたのはいつだったろう。宇宙存在などという、ＳＦの世界でしか考えてこなかったような言葉が、いつごろから自分にとって現実のものになりはじめたのだろうか。プレアデスからのメッセージの翻訳を終えたいま、私は自分に聞いてみた。地球に住み人は誰でもそれぞれの未知との遭遇を、異次元空間との出会いを体験しているにちがいないと思う。それを意識しているかどうかは別であるが。ここでは、私自身の体験を話したいと思う。バシャール流に言えば、シェアリングをしたいと思う。

私が最初に出会った宇宙存在はラムサだった。一九八六年、ハワイの書店でふと手にとった、白い表紙の『ラムサ』という本に魅せられ、むさぼるように読んだ。ラムサのメッセージは強烈だった。たとえば、彼はいう。

「目覚めなさい。あなた自身のなかに在る神に目覚めなさい」。これは初めて聞いた言葉ではなかった。しかし、私がかぎりなく魅せられたのは、内容だけでなく、ラムサの発する言葉の美しさ、純粋さ、力強さ、そして、人間に対する深い愛情と理解だった。それは、言葉一つ一つからにじみ出てくるように私には感じられた。ラムサの言葉は私の頭に語りかけただけでなく、私の肉体、いや、存在全体に語りかけ突き動かした。

「こんなにも美しい言葉を語れるラムサっていったい何者だ」と私は思った。彼は三万五千年前に、レムリアに賤民として生まれ、当時の地球の大半を征服し、死によってではなく、次元上昇することによってこの地球を去っていったという。そしていまは、宇宙のブラザーフッドの一員として人間が大転換をとげる手伝いにきているると。この言葉の真実性を確かめることは不可能だ。しかし、私にとってそれよりも大事なのは、彼の語る言葉だった。私の存在の内奥の隠れた琴線に触れるかのように思われる彼のメッセージ、それが私には問題だった。

一九八七年、ハワイの海岸でバシャールとの出会いがあった。厳密にいうと、ダリル・アンカが三〇人程の人を前にして、バシャールのチャネリングをするのを聞いたのである。それは私にとって初めての体験で、異次元空間からまるで風にのってやってくるかのように感じたものである。ものすごい早口の英語で、機関銃のように出てくる、そのメッセージは、またしても胸に響くものだった。チャネリングなるものは、私がこれまで受けてきた現代の、理性をもっとも重要とみなす教育のパラダイムでは説明することもできなければ、まして肯定することなどありえないようなものだ。にもかかわらず、そのメッセージの真実性は私を貫いた。

バシャールはいう。「あなたの本来のあり方に照らしてみて、あなたの心をときめかせるものの後を追いかけなさい」。なんと心ときめく言葉だろうか。われわれの心を本当にときめかせるものの後を追いかけるとき、宇宙は全面的にサポートしてくれると彼はいう。自分自身の人生を振り返ってみても、まさにその通りだ。私は、三〇歳のとき、それまでのすべてを捨てて、妻とともに一年間、ヒッチハイクをしながら世界一周の旅行をした。その理由は、バシャールのこの言葉そのものだ。心のときめきだ。その後の人生がどうなるかと計算した旅行などありえない。しかし、すべてがうまくいった。宇宙はかぎりなくサポートしてくれた。これ以来、この言葉は私の口癖、指針、人とシェアする宝物になった。

一九九二年、私と私の家族は野生のイルカ五〇頭とハワイの海で泳いだ。ジュリア・ブラッケンという異次元交流ができるアメリカ人女性との出会いがこれを可能にしてくれた。ジュリアが野生のイルカと泳いでいることを聞いて、私たちもぜひ泳ぎたいと頼んだら、彼女はそれではイルカにいつがよいか聞いてみると言って、一瞬瞑想して、明日の朝七時半がよいという。翌朝、交通渋滞に巻き込まれたため三〇分遅れて約束した場所に行くと、イルカが五〇頭待っていてくれた。私たちは、三時間、喜々としてイルカと泳いだ。

すぐその後にスターゲートに入って瞑想した。スターゲートとは、三次元と別な次元との交流がより簡単にできるようにするために作られた、銅のパイプでできたプラミッドである。これは、アルカザーという宇宙存在がプラギートを通してチャネリングした情報をもとに作られた物である。このとき、私は初めて、多次元に存在する自己という話をジュリアから聞いた。スターゲートに座っているときに、私は宇宙の四つのカウンセル（委員会）に出席していたとジュリアに教えられた。それは私の現実的な意識ではなかった。ジュリアは、これから私たちの人生の出来事すべてのスピードがものすごい加速を見せるだろうともいった。

その日、一一歳の娘の香がピアノで作曲を始めた。その曲を聞いた私たちはなぜか泣けてしょうがなかった。美しく胸にしみとおり、心が洗われ、癒されるのを感じた。その後、香は次々と曲を書き、いまでは三本のテープになっている。私は、演歌、民謡、フォークソング、ジャズ、クラッシックは特にバッハが好きな人間だったが、いまでは香の音楽しか聞いていないといっても過言ではない。香は、作曲するとき、明かりを暗くして静かに座り、異次元のエネルギーが彼女と一体になって静かにピアノを弾きはじめる。彼女によると、最初の曲はイルカの贈り物だという。これについても証明することは不可能である。あるのはただ、かぎりなく美しく、心をひかれてやまない音楽がここにあるという事実だけである。

もう一つの加速度的な出来事は、妻のジャネットがユリエルのエネルギーのチャネリングを始めたことである。彼女はそれまでもチャネリングをしてはいたが、大天使の一人であるユリエルの波動は非常に高く、そのメッセージは純粋で、美しかった。ユリエルのエネルギーをジャネットが体現するその場にいると、私の目から止めどなく涙が出た。なぜとかどうしてとか頭が考える前に、涙が出た。かぎりない愛に触れているような感じがした。

一九九二年の秋、ジュリアが来日して、山中湖の自宅や、ペンションで数回にわたってワークショップが行われ、私は通訳を務めた。ワークショップの基本的なテーマは、多次元の自己に目覚め、本来の自己の使命に目覚めるというものだった。いうなれば、三次元の現実と他次元の現実を同時に生きるという新しいパラダイムがこのワークショップのなかで作られた。延べにして二〇〇人程の人が参加したが、私が一番驚いたのは、参加した人たちが涙を流して喜んでこのパラダイムを受け入れ、これで自分がこれまで感じてきたことの正しさが分かった、これで元気が出てきたというように感じているらしいことだった。ここでも香の音楽を聞いてもらうと皆、涙を流し、力づけられ、なぜかは知らないけれど心ひかれてやまずという体験をするようだった。

ちょうどこの頃、プレアデス人のメッセージであるという本書の原書である“BRINGERS OF THE DAWN”が私のところにやってきた。歩いてやってきたわけではないが、アメリカの友人が送ってくれたのである。読み出した途端、これは絶対、日本の人たちとシェアすべきだと感じた。これを日本語に翻訳するのは自分の使命だと思った。そこに書いてあることはとんでもないような内容もあった。しかしそこにある言葉は、美しく、純粋で、深く、澄み切っていて、私の存在の深いところが揺り動かされた。そこにのべられていることは、ラムサ、バシャール、その他の宇宙存在のメッセージと深く共通するものだった。宇宙存在にはそれぞれの個性があると私は感じているが、プレアデスのメッセージの特徴は、地球と人間がいま迎えようとしている大きな変化を前にして人間は何をすることができるかについて、さまざまな情報を提供していることである。人間が置かれた状況を五〇万年ぐらいの歴史的な展望で見せてくれる。

彼らは教えるとは決していわない。ただこれをわれわれに思い出させるだけだという。情報はすべてわれわれ人間のなかにある。それをわれわれは忘れてしまっただけだという。いまこそ、それを思い出すときだという。このメッセージをチャネリングしたバーバラ・マーシニアック、編集者のテラ・トーマスの体験も心ひかれるものがあった。プレアデスのメッセージの一つは、思いが現実を創作していくということと、信頼である。宇宙の在り様を信頼することである。テラ・トーマスがアメリカでこの本を出版するとき、プレアデス人にガイダンスを求めたところ、出版社は自然に出てくるから待てばよいといわれた。実際にそのようなかたちで自然に物事は運び出版されたというわけである。

これを読んで私もそうすることにした。宇宙のあり方を一〇〇パーセント信頼して、出版社と何の接触もとらずに、とにかく翻訳することにした。一九九三年の四月から始めて八月に翻訳は完了した。その時点で、友人の石崎洋一さんがいくつか出版社を紹介してくれていた。その頃、妻のジャネットはプレアデスの存在のチャネリングもやっていたので、ガイダンスを求めたところ、すべては順調にいっている、心配はいらないという。彼らは私を承認し、励まし、さまざまな提案はしてくれたけれども、この出版社がよいですよとはけっしていわなかった。それは私が決めることなのである。考えてみると、この本のもっとも基本的なメッセージの一つはまさにそれなのである。答えはあなたが知っている。教えるなんてことはありえない。あなたがまさにこれだという波動を感じ、心のときめきを覚えるならば、その後にしたがっていけば、宇宙は絶対あなたを応援してくれるよということである。

前文までが本書の初版が出版されたときの「訳者あとがき」である。それは一九九四年八月であったから、それからちょうど一〇年の歳月が流れたことになる。プレアデスの兄弟たちは、本書の第1章で、「あなたの現在の進化のスピードはものすごく加速されており、今後の一〇年間の一年、一年は、前世紀の一〇年、あるいはそれ以上の年月に匹敵するでしょう」と語っている。まさにこれ以上適切な表現はないような一〇年間だった。この計算からすると一〇〇年たったわけであるが、確かにまったく異なった時代に生きているという感じがする。

最初に出版してくださったコスモ・テンが廃業するに至り、本来であれば絶版になるところを、太陽出版が版権を取得し新たなる装丁のもとに出版されることとなった。この場をお借りして、コスモ・テンの高橋さんと太陽出版の籠宮さんに心からのお礼を申し上げる次第である。

『プレアデス＋かく語りき』を読み直してみた。言葉の一つ一つが躍動して心に迫る。その斬新な響きはプレアデスの兄弟たちの言葉の特徴であるが、一〇年が経過した今これを読むと、このうえなくいとおしさ、親しさを覚える。たとえば「多次元世界との交流」という当時の私にとっては破天荒なコンセプトであったが、今ではそれが現実になって、高次元の世界の存在と交流をさせてもらいながら仕事をしている。プレアデスの兄弟たちのメッセージと出会ってから起こった変化を振り返ってみたい。

プレアデスの兄弟たちが本書でくれたメッセージのなかでも、もっとも強烈だったのは、「愛になりなさい」ということだった。「愛になって、愛の周波数を周囲の人たちと分かち合いなさい」と彼らはいった。

このメッセージは深遠な真実の響きをもって私に迫った。「確かにその通りだ」と思った。しかし同時に、「でも、どうすれば愛になりきることができるのだろうか？　愛の周波数を発するようになるにはどうすればよいのだろうか？」という疑問がわいてきた。本書は使命探求のコードに火をつけてくれた。かくして、私の静かな探求が始まった。

そんな私に宇宙（神・根本創造主・ありてある我れ）が最初に与えてくれた贈り物は『奇跡のコース』（"A Course in Miracles"）だった。『コース』についてはその一〇年前から知っていて少しは勉強していたが、今回は翻訳してほしいとの依頼を「内なる安らぎの財団」から受けたのである。『奇跡のコース』は英文で一二〇〇ページの本であるが、その深遠さははかりがたいものがある。私は財団との契約に基づいて、四年間翻訳に取り組み主要な部分であるテキストの六六九ページの翻訳を完了した。さまざまな学びがあった。さらなる探求の思いに駆られた。私が学んだことを一言で言えば、「人間が本来の自分を思い出すためにはゆるしが必要である」ということだった。『コース』のなかでイエスが語る言葉が強烈だった。「私の短い生涯において私は何をしたでしょうか。兄弟を愛し、愛を説き、奇跡を起こして兄弟の力になった。それが私の生涯です。その私を兄弟たちは十字架にかけました。私はそれを甘んじて受け入れ十字架に登ったのです。なぜでしょうか。世界中の兄弟たちに、ゆるしの大切さを知ってもらいたかったからです。私は自分を十字架にかけた兄弟たちをゆるします。だから、あなた方もどうぞ何があっても、何をされても兄弟たちをゆるしてほしいのです」

どうすればゆるすことができるか、これは人間にとってきわめて困難な問題だ。それに対する『コース』の答えの一つは「知覚を変えてみなさい」、つまり見方を変えるといいよというのである。たとえば自分のパートナーとの間がうまくいかず悩んでいるとする。相手に不当なことをされていると感じて別れようかと思っている。そんなあなたに対して、「何かが欠けているのが見えたならば、その唯一の理由はあなたがそれを提供していないからです」と『コース』はいう。知覚を変え、ゆるしたいという気持ちがあれば、そのプロセスはしっかりと始まる。

しかし、それにしても人間にとってゆるすということはなかなかに大変である。不当なことをした人をゆるすなんてとんでもないというのが世間の常識である。その常識の結果としてどのような地獄を心のなかにつくるかは別として、それは常識としてまかり通っている。私が二番目にいただいた贈り物は『生命の贈り物』（ナチュラルスピリット）というゆるしの祈りの本であった。これは過去、現在、未来にわたって私たちが出会い、出会うであろう存在のすべてにゆるしを依頼し、自らもゆるすと宣言する祈りの書である。ハワード・ウィルズがインスピレーションによって書いたこの祈りは不可思議な力を持っていて、多くの人たちが様々な奇跡を体験している。

『奇跡のコース』を翻訳するという「内なる安らぎの財団」との契約が終わったとき、ロナ・ハーマンを通して伝えられるアーキエンジェル・マイケルのメッセージとの出会いがあった。これはまさに運命との出会いとでも言うべきもので、プレアデスの兄弟たちによって点火された私の運命のコードがフルに展開しはじめた瞬間だった。シリーズ最初の本、『光の翼』を翻訳し出版されたのが二〇〇二年の七月であるが、この二年の間に『黄金の約束』（上・下巻）、『聖なる探求』（上・下巻）（いずれも太陽出版）が出版された。ロナとアーキエンジェル・マイケルのワークショップも二度開催したが、文字通り日本中から「マイケルの家族」たちが参加した。

天使とともに地上に天国を築くときがきたとアーキエンジェル・マイケルは語り、そのために、「顕現の法則」をはじめとして数々の道具を与えてくれる。実に分かりやすく、単純で、しかもこのうえない効果があるのが、マイケルさんがくれる道具の特徴である。私はパートナーのジャネットとともに「安らぎのワークショップ」を開催し、『奇跡のコース』、『生命の贈り物』、そしてアーキエンジェル・マイケルの教えをシェアしている。そして、面白いことに、そこに集まる人たちの多くは『プレアデス＋かく語りき』のメッセージを読んでいるのである。私と同じように、その人たちもまた本書によって運命探求のコードが点火された人たちであるに違いない。

プレアデスの兄弟たちから「愛になりなさい」というメッセージを受け取って、スピリチュアルな道の探求を開始した私の近況はこんなところである。非常に簡単な言い方をすれば、高次元の存在とともに、天使さんたちとともに、共同創造主として地上に自分のバージョンの天国を築くことに心をときめかせながら、毎日を生きている自分がいる。そんなとき、本書を新たなる装丁のもとに日本の読者とシェアできるのはこのうえない喜びである。これによって、数多くの人々の運命のコードが点火されるであろうことを願っている。いや、それは確定した事実だ。とすれば、心から喜ぶ、ただそれだけでいいのだろう。

最後に、本書の顕現に関わってくださったすべての存在に心から感謝申し上げます。マイケルの家族の一員として愛と明確な意図をもって出版業務に携わってくださった太陽出版の飽本雅子さん、経済的な困窮のなかでいっぱいの愛情を注ぎながら豊かに私を育ててくれた両親、この心ときめく人生を共に私たちの子供として生きる選択をしてくれた星、玲、香、海、美奈、様々なレベルでのパートナーであり親友であるジャネット、私の四人の天使たち、ホワイトローズの兄弟たち、アーキエンジェル・マイケル、本書の真に心ときめくメッセージをもたらして私の運命のコードに点火してくれたプレアデスの兄弟たちに心からお礼を申し上げます。そして、この本をいま手にとってくださっているあなた、本書のメッセージによってあなたの運命のコードが点火され、ますます心ときめく冒険の旅を楽しまれることを祈っています。

二〇〇四年七月八日　緑深き山中湖にて

大内　博

（太陽出版版を一部変更して記載）

著者
バーバラ・マーシニアック（Barbara Marciniak）
1988年5月18日、ギリシャのアテネでプレアデス人とのチャネリングを始めた、国際的に知られる北カリフォルニア出身のトランス・チャネラー。アメリカ合衆国各地でワークショップやセッションを開催するほか、ペルー、メキシコ、エジプト、ギリシャ、オーストラリア、バリなどの聖地の調査活動を続けている。仕事は、個人、地球、そして宇宙の変容のための機会を結び合わせることであり、こうしたワークができることに対して、彼女は大きな感謝の念を抱いている。著書に本書の他に『プレアデス＋地球をひらく鍵』『プレアデス　光の家族』（太陽出版）、『アセンションの時代』（風雲舎）がある。

ホームページ　https://www.pleiadians.com/

訳者
大内　博（Hiroshi Ohuchi）
1943−2013年。福島県生まれ。上智大学外国語学部英語学科卒業。元玉川大学文学部教授。数多くの翻訳によって新しい精神文化を日本に紹介する一方、自らジャネット夫人と共にワークショップを開催。また世界の飢餓を終わらせることを目指す特定非営利活動法人ハンガー・プロジェクト協会理事長、特定非営利活動法人ヴァーチューズ・プロジェクト・ジャパン理事長などを務めた。著書に『コミュニケーションの英語』（講談社）、『言葉の波動で生き方が変わる』（大和出版）ほか。訳書に『ゆるすということ』（サンマーク出版）、『愛への帰還』『光の翼』『ヴァーチューズ・プロジェクト：52の美徳教育プログラム』『終わりなき愛』（太陽出版）、『聖なる愛を求めて』『創造の12光線』『生命の贈り物』『奇跡のコース第一巻：テキスト』『奇跡のコース第二巻：学習者のためのワークブック／教師のためのマニュアル』（ナチュラルスピリット）など多数。
2013年2月14日帰天。

ホームページ「大内 博の世界」
http://www.mfi.or.jp/hiroshi/

本書は１９９４年にコスモ・テン、２００４年に太陽出版より出版されたものの復刊です。（一部、改訂しています）

プレアデス＋かく語りき
地球30万年の夜明け

●

2021年8月8日　初版発行
2023年1月13日　第2刷発行

著者／バーバラ・マーシニアック
訳者／大内 博

DTP／山中 央

発行者／今井博揮
発行所／株式会社 ナチュラルスピリット
〒101-0051 東京都千代田区神田神保町3-2 高橋ビル2階
TEL 03-6450-5938　FAX 03-6450-5978
info@naturalspirit.co.jp
https://www.naturalspirit.co.jp/

印刷所／創栄図書印刷株式会社

ISBN978-4-86451-371-5 C0014